ALEXANDRE DUMAS FILS
DE L'ACADÉMIE FRANÇAISE

THÉATRE
COMPLET
AVEC PRÉFACES INÉDITES

II

LE DEMI-MONDE
LA QUESTION D'ARGENT

PARIS
CALMANN LÉVY, ÉDITEUR
3, RUE AUBER, 3

1898
Droits de reproduction et de traduction réservés.

THÉATRE COMPLET

DE

ALEXANDRE DUMAS FILS

DE L'ACADÉMIE FRANÇAISE

II

CALMANN LÉVY, ÉDITEUR

ŒUVRES COMPLÈTES
D'ALEXANDRE DUMAS FILS
DE L'ACADÉMIE FRANÇAISE

Format grand in-18

AFFAIRE CLÉMENCEAU. — Mémoire de l'accusé.	1 vol.
ANTONINE	1 —
AVENTURES DE QUATRE FEMMES	1 —
LA BOITE D'ARGENT	1 —
CONTES ET NOUVELLES	1 —
LA DAME AUX CAMÉLIAS	1 —
LA DAME AUX PERLES	1 —
DIANE DE LYS	1 —
LE DOCTEUR SERVANS	1 —
ENTR'ACTES	3 —
LE RÉGENT MUSTEL	1 —
LE ROMAN D'UNE FEMME	1 —
SOPHIE PRINTEMS	1 —
THÉATRE COMPLET, avec préfaces inédites	6 —
THÉRÈSE	1 —
TRISTAN LE ROUX	1 —
TROIS HOMMES FORTS	1 —
LA VIE A VINGT ANS	1 —

ÉMILE COLIN — IMPRIMERIE DE LAGNY

LE DEMI-MONDE

COMÉDIE EN CINQ ACTES, EN PROSE

Représentée pour la première fois, à Paris,
sur le théâtre du GYMNASE-DRAMATIQUE, le 20 mars 1855.

A
HENRI MIRAULT

AMICISSIMO

A. DUMAS FILS.

AVANT-PROPOS

En 1853, j'allais quelquefois au bal de l'Opéra, et je m'y ennuyais comme je pense qu'on s'y ennuie encore maintenant, quand on n'est pas payé pour s'y amuser.

Un samedi soir du mois de janvier, j'étais adossé à la porte d'une loge, entre les colonnes, et je regardais tourbillonner le flot noir et triste, en me demandant ce que je faisais là, quand un domino très élégant, très frétillant et très avenant s'approcha de moi.

— Je ne viens pas vous intriguer, me dit-il ; je viens faire connaissance avec vous, comme si nous étions dans un salon. Je me nomme madame de M... Me connaissez-vous?

— De réputation seulement.

— Et l'on vous a dit de moi?

— Que vous êtes très jolie, très spirituelle et... très gaie.

— Voulez-vous vous assurer du fait?

— Je ne demande pas mieux.

— Venez, mardi, passer la soirée chez moi.

— A quelle heure commence la soirée chez vous?

— Comme partout; quand on arrive.

— Et elle finit?

— Quand on s'en va.

Le domino me donna tout bas son adresse, me tendit la main et disparut dans la foule.

Cette dame était une des célébrités de la galanterie parisienne, mais de la galanterie aristocratique. Fille d'un très grave et très honorable personnage de l'Empire, elle avait été mariée toute jeune, en 1840, à un étranger de distinction. Sa beauté, son esprit, son élégance, lui avaient acquis bien vite, dans le monde auquel elle appartenait, cette renommée tapageuse qui aboutit toujours à une catastrophe et presque toujours à un scandale. La catastrophe avait eu lieu en 1847, le scandale en 1848. Cette gracieuse personne avait trouvé le moyen de faire son petit bruit à elle au milieu des grands bruits de cette année mémorable. Surprise par son mari pendant une conférence que le droit de réunion, proclamé tout récemment, n'autorisait pas encore, elle avait été chassée de la maison conjugale. Le mari et l'amant s'étaient battus. Le mari avait reçu un coup d'épée (jugement de Dieu!), et le monde (il y a toujours un monde, même sous les républiques), et le monde avait fermé sa porte au nez de la maladroite qui avait oublié de fermer la sienne. Elle en avait pris bravement son parti, et, pour donner raison au proverbe : « Il n'y a que le premier pas qui coûte, » elle s'était mise à piquer tête sur tête dans le courant qui l'avait entraînée.

J'ai vu à peu près tous les spectacles qu'un homme de mon âge peut et doit avoir vus, je n'en ai pas vu de plus pénible que celui d'une femme qui a été estimée et qui ne l'est plus, qui a été madame X*** et qui est devenue la X***. Quand cette malheureuse souffre de sa déchéance, le spectacle est un peu moins douloureux; elle conserve ainsi des droits à la pitié, dernière forme du respect; mais, quand elle va droit devant elle, en croyant que tout est pour le mieux, c'est navrant.

Le mardi, à l'heure indiquée, je me rendis chez madame de M... A la porte de la rue, je me rencontrai avec le comte de R..., le Parisien le plus parisien que j'aie connu, qui m'avait déjà, sans le savoir, servi de type pour Gaston Rieux dans *la Dame aux Camélias*, pour Maximilien dans *Diane de Lys*, et qui allait être Olivier de Jalin dans *le Demi-Monde*.

— Où allez-vous dans cette maison? me dit-il.

AVANT-PROPOS.

— Je vais chez madame de M...
— Vous la connaissez?
— Non, mais elle m'a invité pour aujourd'hui.
— Alors, c'est la première fois que vous venez dans cette société?
— Oui.
— Vous ne connaissez ni madame A..., ni madame B..., ni madame C...
— Non.
— Eh bien, ouvrez les yeux, vous allez voir un drôle de monde.
— Comment cela?
— Regardez, vous verrez.

J'entrai dans le salon de madame de M..., où m'introduisit un valet de chambre dont la tenue était irréprochable. Dans ce salon : trois femmes, deux jeunes filles, un agent de change d'une soixantaine d'années, et le marquis d'E..., que l'on avait surnommé Fidèle-au-Roi, autant à cause de ses opinions légitimistes, qu'il affichait alors avec un grand courage, qu'à cause de sa chance persévérante à l'écarté, et dont les rois, sans doute par reconnaissance, faisaient presque tous les frais.

L'aînée de ces dames était la baronne de V... Elle pouvait avoir de cinquante-deux à cinquante-cinq ans; elle était la mère de deux jeunes filles, extrêmement jolies toutes les deux; madame S... venait ensuite, avec ses quarante ans bien comptés; enfin madame M..., qui n'avait que trente et un ans alors, et qui se peignait déjà le visage, sans doute pour qu'on ne le remarquât pas plus tard.

La première de ces dames était veuve d'un véritable baron qui avait été receveur général sous la Restauration et qui avait fait à la lune un trou assez grand pour y passer avec sa caisse. Le bonheur avait voulu que l'Amérique se trouvât justement de l'autre côté du trou. Il disparut dans les brumes hospitalières du nouveau monde, laissant derrière lui une femme et deux filles.

Aidée de quelques *anciens amis*, qui n'auraient pu

l'abandonner tout de suite sans une ingratitude flagrante, la baronne avait, à partir de cet événement, nagé de son mieux entre les eaux parisiennes pour atteindre à la nubilité de ses filles, qui promettaient d'être fort belles, et sur qui reposaient naturellement les espérances de sa vieillesse. Malheureusement, l'une des deux avait déjà cru devoir donner naissance à un petit enfant du sexe masculin que l'on faisait élever en cachette, tout comme s'il eût été l'Homme au masque de fer. Personne, d'ailleurs, autour de la jeune mère, n'avait l'air de soupçonner ce détail, que tout le monde connaissait. Ce que c'est que les grandes traditions !

La seconde dame était, comme les autres, bien entendu, séparée de son mari. La cause de la séparation était plus originale. Celui-ci l'avait congédiée après avoir acquis toutes les preuves que son valet de chambre partageait avec lui des faveurs que le sacrement n'attribue qu'à l'époux. L'aventure avait eu un grand retentissement. Le mari, tout en congédiant la Putiphar de ce Joseph en livrée, moins récalcitrant que celui de la Bible, avait gardé son fils avec lui. Le jeune homme avait été élevé dans la conviction que sa mère était morte, celle-ci ayant changé de nom et s'étant engagée, moyennant une pension de vingt mille francs, à ne pas démentir cette légende. Elle vécut, en effet, sans chercher à voir son fils et probablement sans se souvenir de lui, se livrant à tous les désordres pasiphaesques que devait faire prévoir ce début folâtre dans l'amour galonné.

Ces sortes d'existences se résument un jour en un fait culminant, effroyable, logique, qui est comme le total des autres, que l'on ne peut plus chiffrer et qui semble fait exprès pour le moraliste qui les étudie.

Une nuit, cette femme était au bal masqué, et elle *marivaudait* très familièrement et très gaiement avec un grand et beau garçon qui lui offrait à souper, comme entrée de jeu. Elle allait accepter, et elle avait déjà pris le bras de son amphitryon pour partir avec lui, quand, heureusement, une de ses amies s'approcha d'elle et lui dit tout bas :

— Prenez garde! c'est votre fils.

Se serait-elle pendue comme Jocaste?

Tout ce que je viens de raconter étant absolument vrai, le lecteur reconnaîtra que malgré nos hardiesses, nous restons toujours au-dessous de ce que la réalité nous donne.

Enfin' venait madame de M..., dont je vous ai déjà raconté l'histoire et dont la maison, la plus confortable et la plus célèbre de cette société interlope, servait de rendez-vous de chasse à ces vagabondes bien nées, toujours en quête d'aventures, de plaisirs et d'émotions.

Tous ces gens-là se tenaient aussi bien dans le salon que le domestique dans l'antichambre. Pour un étranger, pour un naïf, pour un homme de génie occupé d'astronomie, d'histoire ou de mathématiques, rien dans les émanations extérieures qui sentît la mauvaise compagnie. Une des deux jeunes filles brodait près de la table, l'autre préparait le thé.

Madame S... jouait du piano en causant avec Fidèle-au-Roi, et madame de M..., étendue sur un fauteuil, tenant de la main gauche un écran de Chine, garantissait son visage, un peu trop émaillé, du feu où se rôtissaient ses petits pieds chaussés de bas à jours et de pantoufles de satin noir. Elle causait avec l'agent de change, lequel, tout cravaté de blanc, adossé à la cheminée, se chauffait ou plutôt se cuisait dans cette posture que les femmes trouvent si inconvenante et les hommes si agréable. Quant à la baronne de V..., elle avait mis son lorgnon comme une bonne douairière sans prétention, et elle parcourait un journal du soir, où elle cherchait sans doute si un de ses nombreux amis venait d'être nommé à quelque poste lucratif.

La maîtresse du lieu me tendit la main avec un charmant sourire et une légère inclination de tout son corps souple et facile; puis eurent lieu les présentations d'usage, faites de cette voix inintelligible qui semble dire : « Pure formalité! vous vous connaissez certainement, vous êtes tous gens du même monde. » Bref, sauf l'absence inévitable des maris (et encore un étranger aurait-il pu croire qu'ils étaient tous occupés à fumer dans une autre partie de l'appartement), c'était là, en apparence, un salon de l'ancienne Chaussée-d'Antin, ou du nouveau faubourg. L'origine, la race, l'éducation, les premières habitudes passaient un vernis brillant sur ce tableau dont, pour un œil exercé, certains sous-entendus, certains sourires, certains regards trahissaient seuls les *embus* et les *repeints*.

Vers dix heures et demie, la baronne se retira avec ses deux filles. En prenant congé d'elle, madame de M... lui dit :

— Voulez-vous me donner Angelina demain soir ? (Angélina était la jeune mère.) J'ai une loge.

— Pour quel théâtre ?

— Pour la première du Palais-Royal.

— Merci, chère ; mais je veux d'abord savoir ce que c'est que cette pièce, avant d'y laisser aller ma fille. Vous comprenez ça, n'est-ce pas ?

Textuel.

A peine la baronne avait-elle fermé la porte derrière elle et ses filles, que madame S... s'écria :

— Dites donc, mes enfants, maintenant que la baronne et ses deux petites grues sont parties, nous allons rire un peu, n'est-ce pas ? Ce n'est pas drôle ici !

Alors, tout à coup, sans transition, comme dans une féerie à un coup de tam-tam, il se fit un changement à vue. Les princesses se changèrent en chouettes, chauves-souris et autres animaux nocturnes. Je me trouvai transporté soudain, avec baccarat, souper, anecdotes graveleuses, désinvoltures de toute sorte et facilités de tout genre, dans le clan des courtisanes les plus franches, seulement sans facture à payer le lendemain, l'amour étant ici volontaire et gratuit.

Quelle trouvaille ! j'étais en vue du Demi-Monde, cette terre nouvelle qui manquait à la topographie parisienne ! et, avec un peu de pénétration, le lecteur reconnaîtra dans le drame quelques-uns des types qui me frappèrent dans la réalité. Mais de même qu'on a donné au sol découvert par Colomb le nom du navigateur qui n'y est venu qu'après lui, de même on devait donner à ce mot « Demi-Monde » une autre signification que celle qu'il a, et ce néologisme que j'étais fier d'introduire dans la langue française, si hospitalière au xixe siècle, sert à désigner, par l'erreur ou par l'insouciance de ceux qui l'emploient, la classe des femmes dont j'avais voulu séparer celles-là, ou tout au moins à confondre en une seule deux catégories très distinctes et même très ennemies l'une de l'autre.

Établissons donc ici, pour les dictionnaires à venir, que le Demi-Monde ne représente pas, comme on le croit, comme on l'imprime, la cohue des courtisanes, mais la classe des déclassées. N'est pas du Demi-Monde qui veut. Il faut avoir fait ses preuves pour y être admise. Madame d'Ange le dit au deuxième acte : « Ce monde est une déchéance pour celles qui sont parties d'en haut, mais c'est un sommet pour celles qui sont parties d'en bas.. » Ce monde se compose, en effet, de femmes, toutes de souche honorable, qui, jeunes filles, épouses, mères, ont été de plein droit accueillies et choyées dans les meilleures familles, et qui ont déserté. Les noms qu'elles portent sont portés simultanément dans le vrai monde qui les a exclues par des hommes, des femmes, des enfants pour qui vous et moi professons l'estime la plus méritée, et à qui, convention tacite, on ne parle jamais de leurs femmes, de leurs filles ou de leurs mères. Cependant, comme il ne faut pas être trop sévère, surtout quand on veut s'amuser toujours, ce monde accueille aussi : les jeunes filles qui ont débuté dans la vie par une faute, les femmes qui vivent maritalement avec un homme dont elles portent le nom, les étrangères élégantes et jolies recommandées et garanties par quelqu'un des familiers, sous sa responsabilité personnelle, enfin toutes les femmes qui ont eu des racines dans la société régulière, et dont la chute a pour excuse l'amour, mais l'amour seul : *nudus, sed pauper*.

Ce monde commence où l'épouse légale finit, et il finit

où l'épouse vénale commence, il est séparé des honnêtes femmes par le scandale public, des courtisanes par l'argent. Là, il est borné par un article du Code ; ici, par un rouleau d'or. Il se cramponne à ce dernier argument : « Nous donnons, nous ne vendons pas ; » et l'on en est bannie pour s'être vendue, comme on est bannie de l'autre pour s'être donnée. L'homme y reste éternellement débiteur de la femme, et celle-ci peut s'y croire encore respectée en voyant ce débiteur la traiter dans les rues, comme si elle était toujours son égale. A ces femmes devenues libres il ne faut pas donner son nom, mais en tout temps on peut offrir son bras. Elles sont à qui leur plaît, non à qui elles plaisent. Bref, tout s'y passe entre l'amour du plaisir et le plaisir de l'amour ; et ce monde pourrait être confondu maintenant plutôt avec celui des femmes qui ne veulent pas de lui qu'avec celui des femmes dont il ne veut pas. Malgré tout, il ne faut pas nier que les différents mondes se sont mêlés si souvent dans les dernières oscillations de la planète sociale, qu'il est résulté du contact quelques inoculations pernicieuses. Hélas ! j'ai grand'peur, au train dont la terre tourne maintenant, que la bousculade ne devienne générale, que ma définition ne soit pour nos neveux un détail purement archéologique, et que, de bonne foi, ils n'en arrivent à confondre bientôt le haut, le milieu et le bas.

Cette comédie, écrite en 1854, a été représentée en 1855. Comme les deux premières, elle a sa légende administrative. J'en avais déjà terminé un acte lorsque M. Fould, alors ministre de la maison de l'empereur et des beaux-arts, me pria de passer au ministère, et me questionna sur ce que je faisais. Je lui répondis que j'écrivais une comédie en cinq actes pour le Gymnase. Alors, il me demanda s'il me serait possible de la mettre en trois actes seulement, et, sur ma réponse négative, il m'annonça que cette pièce serait jouée certainement au Théâtre-Français, l'administration ayant décidé, la veille, j'en étais informé le premier, que le Gymnase et autres théâtres de genre resteraient dorénavant dans les termes rigoureux de leurs privilèges et ne pourraient plus représenter que des ouvrages *en trois actes, mêlés de chant.* M. Fould ajoutait, avec une bonne grâce parfaite, que cette décision avait été prise surtout à cause de moi et pour me forcer de venir au théâtre où m'appelaient mon genre d'esprit, mon talent, etc..., etc...; et, puisque ma pièce ne pouvait être réduite, il était bien sûr de l'avoir, et s'en réjouissait. En un mot, on me faisait une de ces douces violences où la victime doit crier seulement pour la forme, et tomber en remerciant son vainqueur.

Si flatteuse que fût la proposition et si spirituellement qu'elle fût faite, je ne crus pas devoir l'accepter. J'avais toujours eu pour principe de craindre les ministres qui font des avances, comme Laocoon craignait les Grecs qui faisaient des présents; et puis j'étais engagé avec Montigny, j'avais promis à madame Rose Chéri ce rôle qui devait, à mon avis, montrer sous un nouveau jour son talent déjà si varié; j'aimais mieux, en vertu du vieux dicton, être le premier dans une bourgade que le second à Rome; enfin je désirais avoir le droit, qui me paraissait naturel, d'écrire pour le théâtre qui me convenait, et le Théâtre-Français ne me convenait pas. J'étais bien difficile; soit, mais j'avais ou je croyais avoir mes raisons pour l'être.

Je fis observer au ministre que mes antécédents ne me donnaient aucun droit à la faveur dont j'étais l'objet, qu'il fallait voir en moi un auteur de tolérance, et que ma littérature (mes démêlés avec la censure étaient là pour le prouver) relevait bien plus de la préfecture de police que du ministère des beaux-arts; j'ajoutai que j'avais au Gymnase des avantages que le Théâtre-Français ne pourrait m'accorder, sans déchoir; qu'ainsi je recevais des primes particulières en dehors des droits communs, que ma pièce était acceptée d'avance sans lecture préalable, qu'aucun des artistes de cette troupe excellente n'était autorisé à refuser le rôle que je lui donnais, ce qui était le privilège des sociétaires; que j'avais un tour choisi par moi au Gymnase; que j'entrerais en répétition dès que j'aurais livré mon manuscrit, que ces répétitions ne dureraient pas plus d'un mois, que l'année de l'Exposition m'était réservée ; que ma troisième pièce était encore dans les eaux des précédentes, que le sujet et la forme choqueraient peut-être les traditions de la grande scène tragique, que je ne demandais pas mieux que de m'essayer plus tard dans cette arène redoutable, mais qu'en attendant, puisqu'on voulait absolument m'être agréable, le seul moyen, c'était qu'on me laissât faire ce qui me plairait.

M. Fould resta galamment inflexible. Il prit avec moi les mêmes engagements que Montigny. J'étais reçu d'avance ; je ne passerais pas au comité ; on me donnerait des primes équivalentes ; j'aurais Bressant, qu'on venait justement d'enlever au Gymnase, et madame Plessy-Arnould, qu'on venait de reconquérir sur la Russie ; je serais mis en répétition huit jours après que j'aurais livré mes cinq actes, et les répétitions ne dureraient pas plus de six semaines. Qu'est-ce que j'avais encore à demander ? Quant à mon sujet scabreux, c'était justement celui-là qu'on voulait. Il s'agissait de violer un peu les traditions et de chatouiller ce public, qui commençait à s'endormir. On me tenait, on ne me lâchait pas. « Rendez-vous, belle, rendez-vous ! »

Je me rendis, ou j'eus l'air de me rendre, puisqu'il n'y avait pas moyen de faire autrement. J'annonçai la mauvaise nouvelle à Montigny, et je me remis à mon travail, les choses étant bien convenues, bien arrêtées entre le ministre et moi.

Maintenant, comme je n'ai plus de secrets pour toi, lecteur, je vais te dire quelles étaient, avec les raisons excellentes que j'avais données à M. Fould, les raisons, encore meilleures, que j'avais cru devoir garder pour moi et qui me poussaient à décliner l'honneur qu'un autre, plus innocent ou plus ambitieux, eût accepté avec reconnaissance.

Le Théâtre-Français n'était pas, à cette époque, ce qu'il est aujourd'hui et surtout ce qu'il pourrait être si l'on y introduisait certaines réformes, qui viendront toujours un peu trop tard, comme toutes les réformes indispensables. Mademoiselle Rachel, dont personne plus que moi n'a admiré le talent, régnait alors despotiquement, comme règnent tous les artistes d'une valeur exceptionnelle. Si elle avait pu jouer tous les jours, il n'y aurait rien eu à dire; si elle avait pu étendre son domaine en annexant des œuvres modernes à son répertoire, c'eût été parfait; mais les forces lui faisaient défaut, et elle était souvent condamnée au repos, ou du moins au silence, car la mort seule devait calmer cette nature excessive que la vie du théâtre, si grandes qu'en fussent les émotions, usait encore moins que les habitudes et les agitations de la vie privée. Elle passait donc son temps à menacer le Théâtre-Français de sa retraite, qu'elle eût opérée certainement si elle eût été bien sûre qu'il en mourrait, et dès qu'elle voyait apparaître à l'horizon une lueur quelconque pouvant être prise pour un astre nouveau, son énergie fiévreuse la ressaisissait, elle annonçait qu'elle se portait bien, elle chaussait à la hâte le cothurne triomphant, elle étendait devant l'astre naïf le manteau de Camille ou d'Hermione, et l'intrus rentrait dans l'ombre. Elle excluait ainsi la littérature contemporaine, qui, si inférieure qu'elle fût à celle du xviie siècle, avait le droit de vivre cependant et se répandait alors dans les théâtres de genre, à la tête desquels le Gymnase s'était placé en appelant à lui Balzac avec *Mercadet*, madame Sand avec *le Mariage de Victorine*, Augier avec *le Gendre de M. Poirier*, toutes œuvres qui, malgré leur mérite, auraient passé inaperçues au Théâtre-Français, où une œuvre nouvelle n'avait de valeur ou plutôt d'autorité qu'autant que la grande tragédienne avait daigné en accepter le principal personnage. Elle avait bien créé quelques rôles nouveaux; mais, en général, ces tentatives n'avaient pas été heureuses, car on ne pouvait compter comme de vrais succès les *Judith*, les *Cléopâtre*, les *Rosemonde*, les *Catherine II*, les *Valéria*, les *Virginie*, etc., et elle revenait au plus vite, après ces tentatives avortées, a on vieux répertoire. Même en cas de réussite, comme ses préférences étaient toujours pour les maîtres, en quoi elle avait raison, elle abandonnait très promptement son rôle nouveau, écrit pour elle, pour les spécialités de sa nature absorbante, qu'elle avait animées un jour de son souffle puissant (car, en étant inférieure à elle-même, elle était encore supérieure aux autres), et l'œuvre mourait, nulle autre femme n'osant se mesurer avec la créatrice. Cette artiste admirable, regrettée, qui n'aura peut-être jamais sa pareille, était donc à la fois l'éclat et la ruine, la vie et la mort de ce grand théâtre; car, les jours où elle ne jouait pas, le public allait autre part, et elle jouait, en moyenne, soixante fois par an.

En 1854, l'administrateur du Théâtre-Français, homme de goût et d'initiative, aurait voulu équilibrer les choses en trouvant un contrepoids à cette individualité pneumatique. Le seul moyen était de renforcer la troupe de la Comédie et d'attirer enfin les jeunes talents, assez originaux, assez connus déjà pour amener leur public avec eux. Je me trouvais, à ce qu'il paraît, dans les conditions de ce programme, et mes tableaux indécents, ma littérature de mauvais lieu que l'administration flétrissait récemment encore, tout à coup, par un de ces revirements inexplicables qu'explique l'intérêt commun, devenaient des objets de première nécessité. De là les propositions si attrayantes de M. Fould et les résistances de mon pauvre *moi* qui connaissais le danger et qui savais ou croyais savoir que, si j'avais le malheur de triompher dans le même quartier que Melpomène, sur un autre autel que le sien, elle n'aurait pas de cesse qu'elle ne m'eût chassé du temple, et qu'elle userait pour cette exécution de toute sa force et, au besoin, de toutes ses influences, qui étaient grandes. Voilà pourquoi je me faisais à la fois si exigeant et si modeste. *Le Demi-Monde* était, dans mes prévisions, la plus grosse partie que j'aurais encore jouée, celle qui déterminerait ma place dans la carrière : je ne voulais donc livrer ma bataille que sur le terrain qui me convenait, avec tous mes avantages stratégiques, sans autres adversaires que mes adversaires naturels, le soleil dans le dos et non dans les yeux. C'était mon idée. Chacun a la sienne, — n'est-ce pas, monsieur ?

Aucune de mes objections ne m'ayant réussi, j'appartenais, bon gré, mal gré, au Théâtre-Français. Il ne me restait plus qu'à essayer de faire un chef-d'œuvre et à prier le Dieu des armées de m'être favorable. Je disparus. Pendant dix mois, je fis le mort; puis, un matin, je tombai chez M. Fould sans crier gare, comme don César au quatrième acte de *Ruy Blas*, mon terrible manuscrit à la main et demandant lecture pour la semaine suivante. Quinze jours après, M. Fould me rendait ce manuscrit, avec la permission de le porter au Gymnase, qu'il rétablissait du même coup et définitivement dans son droit de représenter des ouvrages en cinq actes, non mêlés de chant!

Qu'est-ce que cela signifiait? Que s'était-il passé? Rien dont on doive accuser M. Fould. C'était moi qui, pour arriver à mes fins, avais trouvé un moyen excellent, puisqu'il réussissait. Un auteur dramatique, âgé de trente ans, qui a déjà écrit deux ouvrages arrêtés par la censure et représentés quand même, qui en écrit un troisième où l'intrigue joue le plus grand rôle, serait bien à plaindre s'il n'avait pas dans son sac quelques **bons** tours avec lesquels il pût en remontrer à un grand financier, ministre des beaux-arts dans ses moments perdus, et qui a bien autre chose à faire que de surveiller la politique d'un pauvre petit homme de lettres !

Admirateur de Brutus, de Lorenzaccio et de tous les silencieux en général, j'avais toujours pensé et je pense encore qu'un bon conspirateur ne doit avoir d'autre confident que soi-même. J'avais donc arrêté un petit plan dont je n'avais entretenu personne, pas même mon vieil ami Henri Mirault, à qui cette pièce est dédiée. Ce plan était bien simple, il se réduisait à ceci : ne plus me montrer en haut lieu jusqu'à ce que j'eusse écrit ma pièce, et l'écrire pour M. Fould qui ne connaissait pas mes procédés, comme je l'aurais écrite pour Montigny, qui les connaissait.

Or, mes procédés en matière théâtrale étaient et sont les suivants : j'écris la pièce comme si les personnages étaient vivants, et je leur prête le langage de la vie familière. Autrement dit, je travaille en pleine pâte, j'obtiens ainsi des dessous d'une grande fermeté, des localités d'une grande vigueur. C'est dans cet état que je livre la pièce à Montigny. Pour le premier venu, ce n'est encore qu'une ébauche grossière, pour un œil exercé comme le sien, le tableau est fini. En effet, quelques glacis, quelques lumières, *la chose* est au point, l'harmonie éclate et se répand sur le tout.

Je livrai donc à M. Fould un manuscrit dans lequel un ministre des beaux-arts devait d'avance voir palpiter et vivre l'œuvre telle qu'elle serait après ce dernier petit travail connu sous le nom de dernière toilette, mais (là était ma grosse malice !) j'attendis pour remettre ce manuscrit au ministre le moment où M. Scribe annoncerait sa grande pièce *la Czarine*, dont le principal rôle était écrit pour mademoiselle Rachel. Instruit de ce qui se préparait chez mon illustre confrère, j'arrivai au ministère trois jours avant lui. Les termes de mon traité avec M. Fould étaient catégoriques. Je devais, étant prêt le premier, passer le premier ; il n'y avait pas à dire. Mais M. Scribe ! mais mademoiselle Rachel ! Ce n'étaient pas là gens devant qui un nouveau venu comme moi pût tirer des bordées sans les saluts d'usage. Comment faire cependant ? Heureusement, il se trouva, pour tout concilier, que ma pièce était impossible, plus dangereuse, plus brutale encore que les deux autres, toute pleine de monstruosités. On me laissa entendre, après plusieurs lectures secrètes, dont une même eut lieu à Saint-Cloud, devant Leurs Majestés, que le sujet de ma comédie nouvelle, le milieu où elle se développait, la forme dans laquelle elle était écrite, étaient incompatibles avec la première scène du monde. C'était tout ce que je voulais. Je baissai la tête en homme qui reconnaît ses torts, mais en faisant comprendre qu'un dédommagement m'était dû, et je ne voyais ce dédommagement que dans l'autorisation de faire représenter cette malencontreuse pièce au Gymnase. Quelle occasion de contenter tout le monde, M. Scribe, mademoiselle Rachel, M. Montigny, la morale et moi! Le ministre me donna cette autorisation, et l'on put, au Théâtre-Français, mettre immédiatement à l'étude le drame nouveau de M. Scribe, qui n'offrait aucun des dangers du mien.

Quant à moi, je portai la nouvelle et le manuscrit à mon ami Montigny, qui fut enchanté de l'une et (voyez un peu comme les jugements diffèrent!) enchanté de l'autre. Enfin, après ces quelques retouches nécessaires dont il a été question tout à l'heure, le Demi-Monde fut représenté le 20 mars 1855.

De quelles diplomaties, de quelles ruses, de quelles finasseries ne faut-il pas user quelquefois pour trouver le moyen de faire ce qu'on devrait avoir le droit de faire tout simplement!

M. Léon Faucher, en voyant les tendances déplorables du théâtre moderne, avait eu l'idée, pendant qu'il était au ministère, et pour motiver les rigueurs dont *la Dame aux Camélias* avait eu à souffrir, de fonder une prime annuelle de cinq mille francs « pour l'auteur d'un ouvrage en cinq ou quatre actes, en vers ou en prose, représenté à Paris, pendant le cours de l'année, sur tout autre théâtre que le Théâtre-Français, et qui *serait de nature à servir à l'enseignement des classes laborieuses, par la propagation d'idées saines et le spectacle de bons exemples.* »

C'était tout simplement absurde. Il fallait être aussi parfaitement ignorant que l'était M. Faucher des choses de l'art, pour rédiger un programme de cette espèce. Quelle est l'œuvre d'art, *représentée avec succès* à Paris ou autre part, qui pourra être *de nature à servir à l'enseignement des classes laborieuses par la propagation d'idées saines et le spectacle de bons exemples?* Est-ce que l'art, au théâtre surtout, est chargé d'épurer les mœurs des classes laborieuses? Est-ce que l'art ne s'adresse pas avant tout à l'intelligence, à la passion, aux sens mêmes des classes délicates, raffinées, plutôt qu'aux classes laborieuses? Montrez-moi un chef-d'œuvre reconnu tel, qui aurait pu obtenir le prix de M. Léon Faucher! Sera-ce *Tartufe?* sera-ce *Hamlet?* sera-ce *le Mariage de Figaro?* sera-ce *Phèdre?* — *Athalie, le Misanthrope, Polyeucte*, sont-ils de nature à servir à l'enseignement des classes laborieuses par la propagation d'idées saines? Qu'est-ce qu'elles y comprendront, ces classes laborieuses? Vont-elles les voir quand on les représente? Et sont-ce là des chefs-d'œuvre qu'on fait pour cinq mille francs? Cinq mille francs! Pourquoi pas des bons de pain ou une inscription perpétuelle aux bureaux de bienfaisance pour le poète et sa famille? Quelle manie a donc l'État de vouloir diriger, détourner, canaliser l'esprit, moyennant un pourboire de quelques billets de mille francs! Si vous voulez fonder des prix de littérature en argent, fondez des prix dignes de l'artiste et dignes de vous, qui ne ressemblent pas aux prix que vous donnez pour les jockeys et les chevaux de course! Attribuez deux cent, trois cent, cinq cent mille francs, non pas à l'œuvre la plus morale, mais à l'œuvre la plus belle qui aura été exécutée, ce qui est absolument beau n'étant jamais immoral, sachez-le une fois pour toutes. La première condition du génie, c'est la sincérité, et ce qui est sincère est toujours chaste. La Vénus pudique est nue. L'émotion causée par la peinture d'une vraie passion, quel que soit l'ordre de cette passion, du moment qu'elle est exprimée dans un beau langage, traduite dans un beau mouvement, cette émotion vaut mieux que les tirades toutes faites que vous nous demandez au prix de fabrique, comme des soumissions cachetées pour les travaux de la ville, et elles moralisent bien autrement l'homme en le forçant à regarder en lui, en faisant monter à la surface tous ses mystères intérieurs, en remuant le fond de la nature humaine. Ne nous donnez rien, cela vaudra encore mieux, car nous n'avons besoin de rien que de justice, de liberté ou d'indifférence. C'est à vous, têtes de société, c'est aux prêtres, c'est aux princes, c'est à ceux enfin qui se déclarent et s'imposent au-dessus des autres, d'éclairer les classes laborieuses, de leur donner de bons exemples, et de les instruire assez pour qu'elles préfèrent nos travaux sans danger aux dangers du cabaret, de la barrière et de tous les mauvais lieux que vous autorisez. Épurez les mœurs des autres, et les vôtres en même temps, et nous, peintres de mœurs, nous peindrons des mœurs pures. Aristophane est pour Athènes et non pour Sparte.

J'envoyai *le Demi-Monde* au concours Faucher. Je savais parfaitement qu'il ne serait pas *primé;* mais je voulais, je l'avoue, embarrasser le ministre chargé de faire exécuter le programme de son prédécesseur. C'était M. Baroche. Il ne fut pas embarrassé du tout. Président de la commission qui m'adjugea le prix, il déclara net que le gouvernement ne pouvait permettre qu'il me fût donné. Il était difficile, en effet, d'adjuger un prix de littérature morale fondé par le ministre qui avait interdit *la Dame aux Camélias* à une pièce que le ministre d'État avait trouvée trop indécente pour le théâtre auquel il la destinait. Les membres de la commission, MM. Lebrun, Nisard, Mérimée, Camille Doucet, Rolle, Théophile Gautier, Édouard Thierry, Sainte-Beuve, durent s'incliner devant la décision du président, soutenu d'ailleurs par M. Scribe, le seul membre qui ait voté contre moi. Alors, M. Sainte-Beuve, chargé d'adresser un rapport au ministre, conclut à la suppression du prix, puisque ce prix ne pouvait pas être donné à qui le méritait. Ce rapport, dont les termes m'étaient bien autrement agréables que les cinq mille francs Faucher, se terminait par ces lignes, où l'ironie d'un grand critique et la dignité d'un grand écrivain éclatent à chaque mot sous le forme académique et parlementaire :

« Aujourd'hui que, selon une expression mémorable, la pyramide a été retournée et placée dans son vrai sens, quand la société est remise sur sa large base et dans son stable équilibre, ne serait-il pas plus simple, dans cet ordre aussi de récompenses dramatiques, de rendre aux choses leur vrai nom, d'encourager ce qui a toujours été la gloire de l'esprit aux grandes époques, ce qui est à la fois la morale et l'art, c'est-à-dire l'art même dans sa plus haute expression, l'art élevé, sous ses diverses formes, la tragédie ou le drame en vers, la haute comédie dans toute sa mâle vigueur et sa franchise? La commission, en terminant un travail qui, *cette année comme la précédente*, est resté sans fruit, ne se hasarderait pas toutefois à exprimer ce vœu, monsieur le ministre, si elle ne sentait qu'elle va en cela au-devant de vos désirs, et si elle ne confiait l'idée à votre goût. »

Le goût du ministre ne se rendit pas à ces bonnes raisons. Au lieu de modifier le programme, il supprima le prix. Autant d'économisé.

Pour en finir avec l'historique de cette comédie, M. Thierry, étant devenu administrateur général du Théâtre-Français, eut la bonne pensée, pour moi, de la joindre au répertoire de la rue de Richelieu, le succès qu'elle avait obtenu sur une autre scène lui paraissant une consécration suffisante comme pour *Philiberte, le Gendre de M. Poirier, la Ciguë, l'Honneur et l'Argent, Lucrèce* et tant d'autres. Il me la demanda. Madame Rose Chéri était morte. Montigny consentit à la translation, mais, quand il fallut l'opérer, Son Excellence M. le comte Alexandre Walewski, alors ministre des beaux-arts en remplacement de M. Fould, s'y refusa obstinément, déclarant toujours et décidément l'œuvre trop immorale.

Cependant, en nommant ce ministre, l'empereur avait cru bien certainement rendre un service aux lettres, puisque M. Walewski s'était occupé de littérature avant de s'occuper de politique. Il avait pu faire représenter, lui, en 1840, au Théâtre-Français, grâce à la position exceptionnelle qu'il avait toujours eue, une comédie en cinq actes : *l'École du monde ou la Coquette sans le savoir*. La pièce était tombée ; mais l'auteur, accusé d'immoralité bien avant moi, avait répondu à cette accusation par ces paroles, que je mettrais dans la préface de ma comédie si je ne les trouvais dans la préface de la sienne, et qui vont me servir contre lui ; c'est de bonne guerre : *Mais on a jeté en avant le grand mot d'immoralité; on a dit que les caractères n'existaient pas, que le langage blessait les convenances de la société. L'auteur résiste de toute sa force à ces accusations. Immoralité, dites-vous? L'immoralité consiste à déguiser la laideur de la corruption et à parer le vice des couleurs les plus séduisantes, à trouver des phrases mignardes, des afféteries de mot et de style, pour voiler la misère des civilisations corrompues et des âges pervertis; mais signaler la profondeur de la plaie, se tenir au bord du précipice et le montrer du doigt afin qu'il soit évité, l'auteur le demande à tous les hommes consciencieux : est-ce là de l'immoralité?*

Cette comédie (*l'École du monde*) était dédiée à Victor Hugo. La dédicace commence ainsi :

Par le temps où nous vivons (en 1840! déjà!), s'il est une vertu rare et une noble vertu, c'est dans un homme le courage de son opinion, etc., etc.

Un homme qui, arrivé au pouvoir, pense, dit et fait exactement le contraire de ce qu'il disait, pensait et faisait avant d'y arriver, ça n'est pas nouveau, ça n'est pas original, — mais c'est toujours amusant.

PERSONNAGES

	Gymnase.	Théâtre-Français.
OLIVIER DE JALIN	MM. Dupuis.	MM. Delaunay.
DE NANJAC	Berton.	F. Febvre.
HIPPOLYTE RICHOND	Landrol.	Got.
DE TONNERINS	Villars.	Thiron.
Premier Domestique	Brunet.	Roger.
Deuxième Domestique	Louis.	Tronchet.
Troisième Domestique	Ismael.	Masquillier.
LA BARONNE SUZANNE D'ANGE	Mmes Rose Chéri.	Mmes Croizette.
LA VICOMTESSE DE VERNIÈRES	Mélanie.	Nathalie.
VALENTINE DE SANTIS	Figeac.	Tholer.
MARCELLE	Laurentine.	E. Broisat.
Une Femme de Chambre	Constance.	Martin.

A Paris.

Au premier acte et au cinquième, chez Olivier; au deuxième, chez la vicomtesse; au troisième et au quatrième, chez Suzanne.

LE
DEMI-MONDE

ACTE PREMIER

Un salon chez Olivier de Jalin.

SCÈNE PREMIÈRE

LA VICOMTESSE, OLIVIER.

LA VICOMTESSE.

Alors, vous me promettez que l'affaire n'aura pas de suites?...

OLIVIER.

Elle ne peut pas en avoir.

LA VICOMTESSE.

J'ai voulu venir moi-même pour vous le demander, au risque de me rencontrer chez vous avec Dieu sait qui !

OLIVIER.

Je reçois donc une bien mauvaise société?

LA VICOMTESSE.

On le dit.

OLIVIER.

On se trompe, il ne vient ici que des amies à vous.

LA VICOMTESSE.

C'est flatteur pour mes amies.

OLIVIER.

D'ailleurs, vous ne faites qu'une démarche parfaitement avouable. Deux de vos familiers, M. de Maucroix et M. de Latour, ont eu chez vous, à une partie de lansquenet, un petit malentendu ; une explication est devenue nécessaire, elle doit avoir lieu chez moi. Je suis le témoin de M. de Maucroix ; vous venez me prier d'arranger l'affaire, c'est tout naturel.

LA VICOMTESSE.

Certainement ; mais j'aime autant qu'on ne sache pas que je suis venue, parce que j'aime autant que tout Paris ne sache pas qu'on joue dans mon salon. Si l'affaire tourne mal, il y aura procès, et une femme comme il faut ne tient pas à paraître, même comme témoin, devant un tribunal, et à voir son nom dans les gazettes. Tâchez donc que l'affaire s'arrange, ou, si elle ne s'arrange pas, faites en sorte, par amitié pour moi, que le duel ait une cause à laquelle je ne sois pas mêlée, même indirectement. Je donne à jouer pour qu'on s'amuse, et non pour qu'on se querelle.

OLIVIER.

C'est dit.

LA VICOMTESSE.

Sur ce, comme madame de Santis n'arrive pas, je vous laisse.

OLIVIER.

Madame de Santis va donc me faire l'honneur?...

LA VICOMTESSE.

Quand elle a su que je venais chez vous, elle m'a dit : « J'irai vous reprendre ; je ne serai pas fâchée de le voir, ce grand mauvais sujet-là. » Mais elle est si étourdie, qu'elle l'aura oublié, et je ne puis pas l'attendre plus longtemps. Adieu. Je vous ferai observer que vous ne m'avez pas demandé de nouvelles de ma nièce, qui, elle, m'a chargé de vous dire bien des choses.

OLIVIER.

Des choses agréables?

LA VICOMTESSE.

Naturellement.

OLIVIER.

C'est fort aimable de sa part.

LA VICOMTESSE.

Certainement, c'est aimable; rien ne l'y oblige; elle sait bien que vous ne l'épouserez pas.

OLIVIER.

Oh! non!

LA VICOMTESSE.

Mon cher, vous pourriez plus mal tomber.

OLIVIER.

Quand on tombe, on ne tombe jamais bien.

LA VICOMTESSE.

Du reste, nous avons mieux que vous.

OLIVIER.

Êtes-vous sûre?

LA VICOMTESSE.

Vous êtes de petite noblesse; et vous n'êtes pas riche?

OLIVIER.

Trente mille francs de rente.

LA VICOMTESSE.

En rentes

OLIVIER.

En terres.

LA VICOMTESSE.

Ah! ce n'est pas mal, cela; mais vous avez une famille?

OLIVIER.

On a toujours une famille; mais ma famille se réduit à ma mère, qui s'est remariée, et, comme j'ai dû plaider avec son mari, à ma majorité, pour rentrer dans la fortune de mon père, nous nous voyons rarement, et je crois qu'elle ne m'aime pas beaucoup. Une mère veuve ne devrait jamais se remarier! En rayant de sa vie le nom du père de ses enfants, elle devient presque une étrangère pour eux. Voilà, ma chère vicomtesse, comment il se fait que j'ai été, si jeune, livré à moi-même, que j'ai fait des folies et des dettes que j'ai payées depuis, et que je suis maintenant un homme trop raisonnable pour m'unir à votre nièce, bien que je la trouve charmante, qu'elle ait pour moi une grande qualité, celle d'être orpheline, et que j'aie eu un instant la crainte de l'épouser.

LA VICOMTESSE.

Vous?

OLIVIER.

Moi! Je devenais tout bonnement amoureux d'elle, et, si j'avais continué à aller chez vous, comme je suis un honnête homme, j'aurais fini par vous la demander, ce qui eût été une folie...

LA VICOMTESSE.

Parce qu'elle n'a pas de fortune?

OLIVIER.

Cela m'était bien égal; je ne suis pas homme à faire un mariage d'argent. Non, il y a une autre raison.

LA VICOMTESSE.

Laquelle?

OLIVIER.

Nous autres hommes du monde, nous ne sommes pas aussi bêtes que nous en avons l'air. Quand nous nous marions, c'est pour trouver dans notre femme ce que nous avons inutilement demandé aux femmes des autres, et plus nous avons vécu, plus nous tenons à ce que la femme que nous épousons ne connaisse rien de la vie. Ces petites demoiselles qui ont, avant leur mariage, une réputation toute faite d'esprit et d'indépendance, donnent des femmes déplorables. Voyez madame de Santis !

LA VICOMTESSE.

Mais Marcelle n'a pas le caractère de Valentine.

OLIVIER.

Ce qui n'empêche pas madame de Santis, séparée d'un mari inconnu, compromise et compromettante comme elle l'est, d'avoir pour amie intime mademoiselle de Sancenaux, votre nièce. Voyons, madame de Santis est-elle une compagne pour une fille de vingt ans ?

LA VICOMTESSE.

Que voulez-vous ! Marcelle n'a pas beaucoup de distractions, je n'ai pas de fortune ; madame de Santis aime le spectacle, elle a une voiture, Marcelle en profite. Il faut bien que cette enfant s'amuse. Elle ne fait pas de mal, après tout.

OLIVIER.

Elle ne fait pas de mal, mais elle donne à penser qu'elle en fait, et elle en fera.

LA VICOMTESSE.

Mon cher Olivier !...

OLIVIER.

Vous êtes dans le faux. Savez-vous comment vous auriez dû vous y prendre ? Vous auriez dû confier votre nièce au marquis de Thonnerins, il y a trois ans, quand elle est sortie de sa pension et qu'il voulait la placer auprès de sa fille. Aujourd'hui, Marcelle vivrait dans un monde convenable, et elle aurait fait ou elle serait sûre de faire un bon et vrai mariage, ce que je doute qu'elle fasse jamais.

LA VICOMTESSE.

Je l'aimais trop pour me séparer d'elle.

OLIVIER.

Égoïsme que vous regretterez plus tard et qu'elle vous reprochera un jour.

LA VICOMTESSE.

Non; car, si elle veut, dans deux mois elle sera mariée, et elle sera une femme charmante; les femmes sont ce que les font leurs maris...

OLIVIER.

Mais les maris sont aussi ce que les font leurs femmes, et la compensation n'est pas suffisante. Et à qui la mariez-vous, cette fois-ci?

LA VICOMTESSE.

A un jeune homme.

OLIVIER.

Qui aime mademoiselle de Sancenaux et qui est aimé d'elle?

LA VICOMTESSE.

Non, mais peu importe. Dans le mariage, quand l'amour existe, l'habitude le tue, et, quand il n'existe pas, elle le fait naître.

OLIVIER.

Vous parlez comme La Rochefoucauld. Et d'où vous vient ce jeune homme?

LA VICOMTESSE.

C'est M. de Latour qui me l'a présenté.

OLIVIER.

Présenté par M. de Latour, marchandise de pacotille, moitié fil, moitié coton.

LA VICOMTESSE.

Écoutez, je me connais en hommes comme il faut, celui-là en est un, je vous en réponds. Ce serait juste le mari qu'il faudrait à Marcelle. Il est jeune, il a une figure distinguée, trente-deux ans au plus, militaire, décoré, pas de famille, excepté une jeune sœur déjà veuve et qui vit fort retirée dans le fond de son faubourg Saint-Germain, une vingtaine de mille livres de rente, libre comme l'air, pouvant se marier demain si bon lui semble; ne connaissant à Paris que M. de Latour, Marcelle et moi. L'occasion est belle et je ne trouverai jamais mieux, vous serez le premier à me le dire, quand vous le connaîtrez.

OLIVIER.

Je connaîtrai donc ce monsieur?

LA VICOMTESSE.

Aujourd'hui même; c'est le témoin de M. de Latour.

OLIVIER.

C'est ce M. de Nanjac qui a remis hier sa carte chez moi, et qui va venir aujourd'hui à trois heures?

LA VICOMTESSE.

Lui-même. Maintenant, soyez gentil, vous l'êtes quand vous voulez. Si M. de Nanjac se lie avec vous, il n'y aurait rien d'étonnant à cela, et qu'il vous parle de Marcelle, tâchez de ne pas dire toutes les sottises que vous avez dites tout à l'heure.

LE DOMESTIQUE, annonçant.

Madame de Santis.

SCÈNE II

LES MÊMES, VALENTINE

LA VICOMTESSE.

Arrivez donc, chère enfant! d'où venez-vous?.

VALENTINE.

Ne m'en parlez pas..., j'ai cru que je n'en finirais jamais... (A Olivier.) Vous allez bien, vous?

OLIVIER.

A merveille.

ALENTINE.

Figurez-vous que ma couturière est venue; il m'a fallu essayer des robes; j'en aurai une demain pour aller aux courses, vous verrez! Ensuite, j'ai été retenir une voiture à deux chevaux, je me suis fait montrer le cocher; c'est un Anglais; il est très bien. Ensuite, j'ai été chez mon propriétaire, car vous savez que je déménage... Combien payez-vous ici?...

OLIVIER.

Trois mille francs.

VALENTINE.

Mais vous êtes dans les nouveaux quartiers, dans un désert; on pourrait s'y égorger, personne n'y verrait rien. Je mourrais d'ennui par ici. Moi, j'ai trouvé, rue de la Paix, un amour d'appartement au second, sur la rue, sept mille cinq cents francs, et le propriétaire met les papiers. Le salon sera rouge et or, la chambre à coucher en brocatelle jaune et le boudoir en satin de Chine bleu. Je renouvelle tout mon mobilier, ce sera ravissant.

OLIVIER.

Avec quoi payerez-vous tout ça?

VALENTINE.

Comment, avec quoi? est-ce que je n'ai pas ma dot?

OLIVIER.

Il ne doit plus en rester beaucoup, au train dont vous allez?

VALENTINE.

Il me reste trente mille francs, à peu près. (A la vicomtesse.) Ah! ma chère, si vous avez besoin d'argent, je vous recommande mon homme d'affaires, M. Michel. Je n'avais pas le temps d'attendre qu'une propriété que j'ai en Touraine fût vendue, je lui ai remis les titres, il m'a avancé tout de suite cinq mille francs dessus, les intérêts à huit; ce n'est pas trop cher. Je vais, en sortant d'ici, chercher le reste de la somme.

OLIVIER.

Ce Michel est un petit maigre, avec des moustaches, des chemises brodées et des boutons de gilet en émail?

VALENTINE.

Il a l'air très comme il faut.

OLIVIER.

Ça dépend des quartiers. Vous savez que c'est un voleur. Je le connais, il m'a prêté de l'argent avant ma majorité. Si vous êtes déjà entre les mains de cet homme-là, les trente mille francs iront vite, et, quand ils seront mangés, comment ferez-vous?

VALENTINE.

Est-ce que je n'ai pas mon mari? Il faudra bien qu'il me serve une pension, ou, s'il ne me reste que ce moyen, je retournerai avec lui.

OLIVIER.

Voilà un mari qui aura de la chance! Et quand on pense qu'en ce moment il ne se doute peut-être pas de son bonheur! Mais s'il allait se refuser à cette combinaison?

VALENTINE.

Il ne peut pas. Nous ne sommes pas séparés judiciairement. J'ai le droit de retourner au domicile conjugal quand bon me semblera. Il sera forcé de me recevoir. D'ailleurs, il ne demandera pas mieux; il est toujours amoureux de moi.

OLIVIER.

Je serais curieux de voir ça.

VALENTINE.

Vous le verrez; il faut faire une fin! Où donc ai-je été encore? C'est tout. Je suis revenue par les Champs-

Élysées; il y avait un monde ! J'ai rencontré tous ces messieurs : le petit de Bonchamp, le comte de Bryade, M. de Casavaux... Je leur ai dit de venir prendre le thé chez moi demain ; serez-vous des nôtres ?

OLIVIER.

Non, merci.

VALENTINE.

J'ai été chercher une loge pour ce soir, une avant-scène de rez-de-chaussée... J'ai été payer ma note chez ma modiste. Je la quitte. Oui ; elle ne travaille que pour des actrices... Voilà ma journée... (A la vicomtesse.) Ah ! nous dînons mardi chez M. de Calvillot. Il pend la crémaillère. Il a un hôtel charmant. Il m'a priée de faire les invitations des dames. Vous viendrez avec Marcelle ; ce sera très gai.

OLIVIER, la regardant.

Pauvre femme !

VALENTINE.

Qu'est-ce que vous avez ?

OLIVIER.

Rien, je vous plains.

VALENTINE.

Pourquoi donc ?

OLIVIER.

Parce que vous êtes à plaindre. Si vous ne le comprenez pas, je ne perdrai pas mon temps à vous l'expliquer.

VALENTINE.

A propos ! je savais bien que je voulais vous demander quelque chose.

OLIVIER.

Elle n'a pas entendu ce que je lui disais !... Rien dans la tête. Qu'est-ce que vous voulez savoir ?

VALENTINE.

Avez-vous des nouvelles de madame d'Ange?

OLIVIER.

Pourquoi?

VALENTINE.

Est-ce qu'elle ne vous a pas écrit de Bade?

OLIVIER.

Non.

VALENTINE.

C'est à moi que vous dites cela, à moi qui... (Elle rit.)

OLIVIER.

A vous qui?...

VALENTINE.

C'est moi qui mettais les lettres à la poste. Je sais garder une confidence, allez, toute folle que je parais. Et elle vous écrivait des lettres charmantes! (Elle rit).

OLIVIER.

Pourquoi riez-vous?

VALENTINE.

Parce que vous jouez la discrétion avec moi et que j'en sais plus long que vous.

OLIVIER.

Eh bien, je n'ai pas reçu de ses nouvelles depuis quinze jours.

VALENTINE.

C'est cela; pas depuis que je suis partie.

OLIVIER.

Elle ne vous a donc pas écrit non plus?

VALENTINE.

Elle n'écrit jamais. (Elle lui rit au nez.)

OLIVIER, la regardant dans le blanc des yeux.

Qu'est-ce que vous avez donc là?

VALENTINE.

Où, là?

LA VICOMTESSE.

Il veut encore vous faire enrager

OLIVIER.

Autour des yeux, c'est tout noir.

VALENTINE.

Vous voilà comme les autres : vous allez dire que je me peins les yeux et les sourcils. Quand on pense que la moitié des gens qui me connaissent croient que je me peins le visage !

OLIVIER.

Et que l'autre moitié en est sûre.

VALENTINE.

Vous êtes fou.

OLIVIER.

Vous ne mettez pas de blanc?

VALENTINE.

Je mets de la poudre de riz, — comme toutes les femmes...

OLIVIER.

Et du rouge...

VALENTINE.

Jamais.

OLIVIER.

Jamais?

VALENTINE.

Un peu le soir, et encore c'est bien rare.

OLIVIER.

Et vous ne vous peignez pas les yeux?

VALENTINE.

Puisque c'est la mode.

OLIVIER.

Pas pour les femmes comme il faut, en tout cas.

VALENTINE.

Pourvu que cela siée à la figure, qu'est-ce que cela fait? On sait bien que je suis une femme comme il faut.

OLIVIER.

Et cela se voit de reste.

LA VICOMTESSE.

Êtes-vous assez bavarde! Allons-nous-en donc!

VALENTINE, à la vicomtesse.

Si vous voulez, je vais vous mener voir mon appartement?

LA VICOMTESSE.

Volontiers, je n'ai rien à faire.

VALENTINE, à Olivier.

Venez avec nous, vous me donnerez des conseils pour les tentures.

OLIVIER.

Je ne peux pas sortir, j'attends quelqu'un.

VALENTINE.

Qui donc?

OLIVIER.

Un de mes amis.

VALENTINE.

Qu'on appelle?

OLIVIER.

En quoi cela vous intéresse-t-il?

VALENTINE, avec indifférence.

C'est pour dire quelque chose.

OLIVIER.

On l'appelle Hippolyte Richond. Depuis dix ans, il a

beaucoup voyagé. Voilà huit jours qu'il est de retour à Paris. C'est le fils d'un riche négociant de Marseille mort dans les huiles. Êtes-vous contente ? Le connaissez-vous?

VALENTINE, troublée.

Non.

LA VICOMTESSE.

Il est marié?

OLIVIER.

Oui; ne vous dérangez pas.

VALENTINE.

Vous connaissez sa femme?

OLIVIER.

Et son fils aussi.

VALENTINE, avec étonnement.

Il a un fils.

OLIVIER.

Qui a cinq ou six ans. En quoi cela peut-il vous étonner, puisque vous ne le connaissez pas ?

VALENTINE.

Et ce M. Richond demeure?

OLIVIER.

Il demeure rue de Lille, numéro 7. Vous voulez le voir? Attendez un instant; je vous le présenterai.

VALENTINE.

Non, non, je ne veux pas le voir.

OLIVIER.

Qu'avez-vous donc?

VALENTINE.

Rien; adieu !...

LE DOMESTIQUE, annonçant.

M. Hippolyte Richond.

ACTE PREMIER.

OLIVIER, à Valentine.

Voulez-vous?

VALENTINE.

C'est inutile. (Elle baisse son voile et passe devant Hippolyte en détournant la tête. Elle sort avec la vicomtesse.)

SCÈNE III

HIPPOLYTE, OLIVIER.

OLIVIER.

Comment vas-tu?

HIPPOLYTE.

Très bien, et toi?

OLIVIER.

A merveille; et ta femme?

HIPPOLYTE.

Tout le monde va bien. Qu'est-ce que c'est que cette dame?

OLIVIER.

C'est une nommée madame de Santis.

HIPPOLYTE.

Valentine!

OLIVIER.

Tu la connais?

HIPPOLYTE.

Personnellement, non; mais j'ai connu beaucoup son mari.

OLIVIER.

Elle est donc mariée réellement?

HIPPOLYTE.

Tout ce qu'il y a de plus mariée.

OLIVIER.

Ah! vraiment! Elle prétend que son mari a eu bien des torts.

HIPPOLYTE.

C'est vrai : il a eu le tort de l'épouser, d'abord ; car il paraît qu'elle a jeté son bonnet par-dessus les moulins.

OLIVIER.

Pas tout à fait; mais, comme c'est une femme bien élevée, elle les salue quand elle les rencontre.

HIPPOLYTE.

Tu la connais beaucoup?

OLIVIER.

En tout bien tout honneur! Elle venait ici chercher cette vieille dame que tu as vue avec elle. Du reste, quand je lui ai appris ton nom, elle a changé de physionomie. Cependant, elle m'a dit ne pas te connaître.

HIPPOLYTE.

Nous ne nous sommes jamais parlé; mais elle doit savoir que je suis au courant de toute sa vie.

OLIVIER.

Et où est M. de Santis?...

HIPPOLYTE.

Son mari ne s'appelle pas de Santis. Ce nom de Santis est le nom de la mère de Valentine, nom qu'elle a pris lors de sa séparation, son mari lui ayant défendu de porter le sien.

OLIVIER.

Qu'est-ce qu'il avait donc à lui reprocher?

HIPPOLYTE.

Elle avait indignement trompé ce brave garçon, qui était amoureux fou d'elle. Elle était charmante, je dois le dire : on l'appelait la belle mademoiselle de Santis.

Pas un sou de fortune. Le prétendant était riche, il était amoureux, il était jeune, très timide, il n'osait pas demander sa main. Un de ses amis, qui l'avait présenté dans la maison, lui offrit de faire la demande en son nom; il accepta. Le mariage fut résolu; l'ami fut un des deux témoins du marié.

OLIVIER.

Tu étais l'autre?...

HIPPOLYTE.

Oui. Six mois après son mariage, le mari vint me trouver; il avait la preuve que sa femme était la maîtresse du misérable qui les avait mariés. Il se battit avec cet homme, le tua et partit en laissant à sa femme la dot de deux cent mille francs qu'il lui avait reconnue, mais en lui défendant de porter son nom, de dire même qu'elle le connaissait. Depuis, ils ne se sont pas revus; il y a dix ans de cela.

OLIVIER.

Et où est le mari, maintenant?

HIPPOLYTE.

Il vit à l'étranger. Je l'ai rencontré en Allemagne, il y a deux mois.

OLIVIER.

Et il n'aime plus sa femme?

HIPPOLYTE.

Je ne crois pas.

OLIVIER.

Elle prétend cependant qu'il l'aime toujours et qu'il ne dépend que d'elle de retourner avec lui.

HIPPOLYTE.

Elle se trompe. Quelle est cette vieille dame avec qui elle sortait de chez toi?

OLIVIER.

C'est un reste de femme de qualité que le besoin du luxe et du plaisir a entraînée peu à peu dans une société facile. Elle a ruiné son mari, qui a pris le parti de mourir, il y a dix ou douze ans. Quelques anciens amis, des actions qu'on lui donne au pair et qu'elle revend à prime, les épaves de sa fortune naufragée que le vent rejette de temps à autre aux rives du présent, voilà ses ressources. Elle a une nièce très jolie, sur le mariage de laquelle elle compte pour redorer son blason; seulement, on ne trouve pas de mari. En attendant, elle lutte tant qu'elle peut; elle donne des soirées où l'on sent qu'il n'y a pas d'argent dans les tiroirs et que, le lendemain, il faudra vendre ou engager quelque bijou pour payer les bougies roses, le punch et les glaces, les jeunes gens qu'elle invite mangent les glaces, boivent le punch, envoient des bonbons le premier jour de l'an, épousent des filles du vrai monde et ne saluent la vicomtesse et sa nièce que du bout de leur chapeau, quand il les rencontrent, pour n'avoir pas à les inviter dans l'intimité de leurs mères et de leurs femmes.

HIPPOLYTE.

Et madame de Santis est l'amie de cette dame?

OLIVIER.

Quelle autre société veux-tu qu'elle voie?

HIPPOLYTE.

C'est juste! Maintenant, tu m'as écrit que tu avais un service à me demander. Je t'écoute.

OLIVIER.

Quelle heure est-il?

HIPPOLYTE.

Deux heures.

OLIVIER, sonnant.

Alors, pour que nous puissions causer à notre aise, laisse-moi terminer quelque chose.

HIPPOLYTE.

Ne te gêne pas; j'ai le temps. (Le domestique entre.)

OLIVIER, au domestique en lui remettant une lettre.

Vous allez porter cette lettre à M. le comte de Lornan. Vous le connaissez bien? Dans le cas où il serait absent, vous feriez remettre cette lettre à madame la comtesse. Allez. (Le domestique sort.)

HIPPOLYTE.

Tu écris donc des lettres à deux fins, qui peuvent servir pour les maris et pour leurs femmes?

OLIVIER.

Non. J'écris une lettre qui ne peut être lue que par la femme; mais, pour ne pas la compromettre, je l'adresse au mari.

HIPPOLYTE.

Et si c'est au mari qu'on la remet?

OLIVIER.

Nigaud! Le mari est à la campagne.

HIPPOLYTE.

Tu m'en diras tant! Sais-tu que c'est très ingénieux, ce moyen-là?

OLIVIER.

Je te le loue, si tu en as besoin. C'est aujourd'hui la première et la dernière fois que j'y ai recours, et c'est dans l'intérêt de la dame.

HIPPOLYTE.

En es-tu sûr?

OLIVIER.

Voici l'histoire, elle est bien simple. Je te nomme les personnages, pour te prouver que le mari n'a rien à craindre de sa femme, et la femme rien à craindre de moi! L'automne dernier... Tiens, voilà une saison dangereuse, à la campagne surtout, où la solitude donne carrière à l'imagination, où chaque feuille qui tombe est une élégie toute faite, où l'on sent le besoin de devenir poitrinaire pour être dans le ton de la nature mélancolique et décolorée.

HIPPOLYTE.

Millevoye, *la Chute des feuilles*, livre I*er*, page 21. Je ne connais que ça; j'ai été poitrinaire.

OLIVIER.

Qui ne l'a pas été? La maladie de poitrine et la garde nationale à cheval, depuis 1830, tout le monde a passé par là. Enfin l'automne dernier, on me présente à la comtesse de Lornan, qui passait le mois d'octobre à la campagne, chez la mère d'un de mes amis, tiens, chez la mère de Maucroix dont nous allons parler tout à l'heure. Une femme blonde, distinguée, poétique, sentimentale, vaporeuse, le mari en voyage, tu sais la tradition? Je fais la cour à la femme, et me voilà convaincu que je suis amoureux d'elle. On revient à Paris; elle me présente à son mari.

HIPPOLYTE.

Un imbécile?

OLIVIER.

Un homme charmant, d'une quarantaine d'années, qui se prend d'amitié pour moi, et pour qui je me prends d'affection; si bien qu'au bout de quinze jours j'étais l'ami intime du mari et ne pensais plus du tout à la femme, mais plus du tout. Alors, voilà une femme qui ne m'avait donné aucun espoir, et qui, entre nous, n'est pas plus faite pour les intrigues que pour... (Il cherche.)

HIPPOLYTE.

C'est bon, tu trouveras la comparaison une autre fois.

OLIVIER.

Voilà une femme dont l'amour-propre se blesse, qui croit que je me suis moqué d'elle, et, bref, qui m'écrit hier que son mari est parti pour quelques jours, qu'elle veut avoir une explication avec moi, et qu'elle m'attend aujourd'hui à deux heures. J'ai brûlé sa lettre, et, au lieu d'avoir cette explication inutile, embarrassante, je viens de lui écrire la vérité, que je veux être son ami, mais que je ne l'aime pas assez, ou plutôt que je l'aime trop pour essayer de l'entraîner dans une fausse route. Elle m'en voudra un peu, mais elle sera sauvée, et, ma foi, c'est quelque chose que de sauver l'honneur d'une femme...

HIPPOLYTE.

Eh bien, c'est brave, ce que tu as fait là!

OLIVIER.

Et je l'ai fait sans arrière-pensée, je te le jure! Soit que j'aie déjà trop vécu, soit que décidément je sois un honnête homme, je suis résolu à ne plus commettre toutes ces petites infamies dont l'amour est l'excuse. Aller chez un homme, lui serrer la main, l'appeler son ami et lui prendre sa femme, tant pis pour ceux qui ne pensent pas comme moi, mais je trouve cela honteux, répugnant, écœurant.

HIPPOLYTE.

Tu es magnifique.

OLIVIER.

Je suis comme ça.

HIPPOLYTE.

C'est que tu es amoureux d'un autre côté.

OLIVIER.

Sceptique...

HIPPOLYTE.

Avoue-le.

OLIVIER.

Pardieu! il est bien certain...

HIPPOLYTE.

Je me disais aussi : « Voilà un gaillard qui fait le Joseph, il doit y avoir une raison. » Et je la connais la belle?...

OLIVIER.

Non. Elle était partie pour les eaux avant ton arrivée à Paris. D'ailleurs, je ne te l'aurais pas nommée, pour ne pas la compromettre. C'est une femme du monde.

HIPPOLYTE.

Allons donc!

OLIVIER.

C'est elle qui le dit. En attendant, elle est libre, elle se prétend veuve, elle n'a plus vingt ans, elle se met à merveille, elle a de l'esprit, elle sait conserver les apparences; pas de danger dans le présent, pas de chagrins dans l'avenir, car elle est de celles qui prévoient toutes les éventualités d'une liaison et qui mènent en souriant, avec des phrases toutes faites, leur amour de convention jusqu'au relais où il changera de chevaux. J'ai pris cette liaison-là comme un voyageur qui n'est pas pressé prend la poste, au lieu de prendre le chemin de fer; c'est plus gai et l'on s'arrête quand on veut.

HIPPOLYTE.

Et cela dure?

OLIVIER.

Depuis six mois.

HIPPOLYTE.

Et cela durera encore?

OLIVIER.

Tant qu'elle voudra.

HIPPOLYTE.

Jusqu'à ce que tu te maries.

OLIVIER.

Je ne me marierai jamais.

HIPPOLYTE.

On dit cela, et, un beau jour.

ACTE PREMIER.

LE DOMESTIQUE, entrant.

Monsieur!...

OLIVIER.

Qu'est-ce que c'est?

LE DOMESTIQUE, bas.

C'est cette dame qui était en voyage.

OLIVIER, lui montrant la chambre à côté.

Faites entrer là, je suis à elle tout de suite. (Le domestique sort.)

HIPPOLYTE.

C'est elle?

OLIVIER.

Justement.

HIPPOLYTE.

Je m'en vais.

OLIVIER.

Quand te reverrai-je?

HIPPOLYTE.

Quand tu voudras.

OLIVIER.

Eh bien, dis donc?

HIPPOLYTE.

Quoi?

OLIVIER.

Voilà comme tu t'en vas?

HIPPOLYTE.

Comment veux-tu que je m'en aille?

OLIVIER.

Et Maucroix? Nous avons causé de tout, excepté de son affaire.

HIPPOLYTE.

C'est vrai, nous l'avons oublié. Sommes-nous bêtes!

OLIVIER.

Si tu voulais bien parler au singulier.

HIPPOLYTE.

Volontiers. Es-tu bête!

OLIVIER.

Monsieur fait des mots?

HIPPOLYTE.

Quelquefois.

OLIVIER.

Eh bien, voici de quoi il s'agit : M. de Maucroix a eu une querelle au jeu avec un M. de Latour, chez cette dame de Vernières que tu as vue ici tout à l'heure. Le de Latour doit m'envoyer un témoin à trois heures. Du moment qu'il n'envoie qu'un témoin, c'est que l'affaire peut être arrangée. Si cependant elle ne s'arrange pas, il faudra prendre un nouveau rendez-vous, et nous devrons être deux témoins de chaque côté. Ce rendez-vous aurait sans doute lieu ce soir. Autant en finir tout de suite. Où te trouverai-je, si j'ai besoin de toi?

HIPPOLYTE.

Chez moi, jusqu'à six heures, et, de six à huit, je dîne au café Anglais, avec toi si tu veux.

OLIVIER.

Très bien! viens me prendre à six heures alors, c'est ton chemin.

Hippolyte sort.

SCÈNE IV

OLIVIER, SUZANNE.

OLIVIER, allant à la porte de côté, qui s'est ouverte quand la porte du fond s'est fermée.

Comment! c'est vous? (Il lui tend la main).

ACTE PREMIER.

SUZANNE, prenant sa main et souriant.

C'est moi.

OLIVIER.

Je vous croyais morte.

SUZANNE.

Je me porte bien.

OLIVIER.

Quand êtes-vous arrivée de Bade?

SUZANNE.

Il y a huit jours.

OLIVIER.

Huit jours!

SUZANNE.

Oui!

OLIVIER.

Tiens! tiens! tiens! Et je ne vous vois qu'aujourd'hui! Il doit y avoir du nouveau.

SUZANNE.

Peut-être. (Un temps.) Avez-vous toujours de l'esprit?

OLIVIER.

Bien davantage.

SUZANNE.

Depuis quand?

OLIVIER.

Depuis votre retour.

SUZANNE.

C'est presque un compliment.

OLIVIER.

Presque.

SUZANNE.

Eh bien, tant mieux.

OLIVIER.

Parce que?

SUZANNE.

Parce qu'en revenant de Bade on n'est pas fâché de causer.

OLIVIER.

On ne cause donc pas à Bade?

SUZANNE.

On parle tout au plus.

OLIVIER.

Eh bien, il paraît que vous n'aviez pas grande envie de causer, puisque vous êtes arrivée depuis huit jours et que je vous vois aujourd'hui seulement.

SUZANNE.

J'ai passé tout ce temps à la campagne; je viens à Paris aujourd'hui pour la première fois; personne ne sait que je suis revenue. Nous disons donc que vous avez toujours de l'esprit.

OLIVIER.

Oui, au fait.

SUZANNE.

Nous allons bien le voir.

OLIVIER.

Où voulez-vous en venir?

SUZANNE.

Mon Dieu! à une seule question : voulez-vous m'épouser?

OLIVIER.

Vous?

SUZANNE.

Pas trop d'étonnement, ce serait de l'impolitesse.

OLIVIER.

Quelle idée!

SUZANNE.

Alors, vous ne voulez pas? N'en parlons plus. Eh bien,

mon cher Olivier, il me reste à vous apprendre que nous ne nous reverrons pas. Je vais partir.

OLIVIER.

Pour longtemps?

SUZANNE.

Pour longtemps.

OLIVIER.

Et vous allez?

SUZANNE.

Très loin.

OLIVIER.

Vous m'intriguez.

SUZANNE.

C'est pourtant bien simple. Il y a tous les jours des gens qui partent; c'est même pour ces gens-là qu'on a inventé les voitures et les bateaux à vapeur.

OLIVIER.

C'est juste. Eh bien, et moi?

SUZANNE.

Vous?

OLIVIER.

Oui.

SUZANNE.

Vous?... Vous restez à Paris, je pense.

OLIVIER.

Ah!

SUZANNE.

A moins que vous ne vouliez partir aussi.

OLIVIER.

Avec vous?

SUZANNE.

Oh! non.

OLIVIER.

Alors, c'est fini?

SUZANNE.

Quoi?

OLIVIER.

Nous ne nous aimons plus?

SUZANNE.

Nous nous sommes donc aimés?

OLIVIER.

Je l'ai cru.

SUZANNE.

Et moi, j'ai fait mon possible pour le croire.

OLIVIER.

Vraiment!

SUZANNE.

J'ai passé ma vie à vouloir aimer; mais, jusqu'à présent, cela m'a été impossible.

OLIVIER.

Merci pour moi.

SUZANNE.

Ce n'est pas pour vous seul que je parle.

OLIVIER.

Merci pour nous, alors.

SUZANNE.

Sachez cependant que, lorsque je suis partie pour Bade, c'était moins pour aller aux eaux comme une femme oisive que pour réfléchir comme une femme sensée. A distance, on se rend mieux compte de ses véritables sentiments. Peut-être aviez-vous pour moi plus d'importance que je ne voulais le croire. Je suis partie pour voir si je pourrais me passer de vous.

OLIVIER.

Eh bien?

SUZANNE.

Eh bien, je m'en suis passée. Vous ne m'avez pas suivie ; les lettres que vous m'avez écrites n'étaient que spirituelles. Quinze jours après mon départ, vous m'étiez devenu complètement indifférent.

OLIVIER.

Vous avez un grand mérite dans vos discours, c'est la clarté.

SUZANNE.

Ma première idée, à mon retour, était de ne pas même venir vous voir et d'attendre, pour avoir cette explication, que le hasard nous fît trouver ensemble. Mais j'ai réfléchi que nous étions gens d'esprit tous deux, qu'au lieu d'éluder la situation, il était plus digne de la trancher tout de suite ; et me voici, vous demandant si, de notre faux amour, vous voulez faire une amitié vraie... (Olivier rit.) Qu'est-ce qui vous fait rire ?

OLIVIER.

Je ris en pensant que, sauf les expressions, je disais ou plutôt j'écrivais la même chose il y a deux heures.

SUZANNE.

A une femme ?

OLIVIER.

Oui.

SUZANNE.

A la belle Charlotte de Lornan ?

OLIVIER.

Je ne connais pas cette dame.

SUZANNE.

Dans les derniers temps de mon séjour à Paris, vous ne veniez plus me voir aussi régulièrement que par le passé. Je me suis bien vite aperçue que les raisons que vous me donniez pour n'être pas venu, ou les prétextes que vous mettiez en avant pour ne pas venir, cachaient quelque mystère. Ce mystère ne pouvait être qu'une femme. Un jour que vous étiez sorti de chez moi en me disant que vous alliez rejoindre un de vos amis, je vous ai suivi jusqu'à la maison où vous alliez, j'ai donné vingt francs au portier, j'ai appris que madame de Lornan demeurait dans cette maison, et que vous veniez chez elle tous les jours. Ce n'est pas plus difficile que ça. C'est alors que j'ai compris que je ne vous aimais pas, car j'ai fait ce que j'ai pu pour être jalouse, et je ne l'ai pas été.

OLIVIER.

Et comment se fait-il que vous ne m'ayez pas parlé plus tôt de madame de Lornan?

SUZANNE.

Pour vous en parler, il eût fallu vous dire de choisir entre cette femme et moi. Comme c'était nouveau pour vous, j'aurais été sacrifiée, mon amour-propre en eût souffert; je ne le voulais pas.

OLIVIER.

Eh bien, vous vous trompiez; j'allais en effet chez madame de Lornan, mais elle n'était, n'est et ne sera jamais qu'une amie pour moi.

SUZANNE.

Ceci ne me regarde plus. Vous pouvez aimer d'amour qui vous voudrez, je ne vous demande que votre amitié, me la donnez-vous?

OLIVIER.

A quoi bon, puisque vous partez?

SUZANNE.

Justement. Les amis sont plus rares et plus précieux de loin que de près.

OLIVIER.

Dites-moi toute la vérité.

ACTE PREMIER.

SUZANNE.

Quelle vérité ?

OLIVIER.

Pourquoi partez-vous ?

SUZANNE.

Pour partir.

OLIVIER.

Il n'y a pas d'autre raison ?

SUZANNE.

Pas d'autre.

OLIVIER.

Restez, alors.

SUZANNE.

Non, il y a des raisons pour que je ne reste pas.

OLIVIER.

Vous ne voulez pas me les apprendre ?

SUZANNE.

Demander une confidence en échange de son amitié, ce n'est plus donner son amitié, c'est la vendre.

OLIVIER.

Vous êtes la logique en personne. Et jusqu'à votre départ ?

SUZANNE.

Je reste à la campagne. Je sais que la campagne vous ennuie, voilà pourquoi je ne vous offre pas d'y venir.

OLIVIER.

Très bien. C'est un congé en bonnes formes, et ma tâche d'ami ne sera pas difficile à remplir.

SUZANNE.

Plus que vous ne le croyez. Par le mot amitié, je n'entends pas cette banalité traditionnelle que tous les amants s'offrent en se séparant et qui n'est que le denier à Dieu d'une indifférence réciproque ; je veux une amitié intelligente, efficace, synonyme de dévouement et de protection, si besoin est, de discrétion surtout; vous n'aurez peut-être qu'une fois, et pendant cinq minutes, l'occasion de me prouver cette amitié, mais cela me suffira pour y croire. Est-ce dit?

OLIVIER.

C'est dit.

LE DOMESTIQUE, paraissant.

M. Raymond de Nanjac demande si monsieur peut le recevoir. Voici sa carte; il vient de la part de M. le comte de Latour, et dit que monsieur l'attend.

OLIVIER.

C'est vrai. Je suis à lui tout de suite.

SUZANNE, au domestique.

Attendez. Voyons cette carte.

OLIVIER, lui passant la carte.

La voici.

SUZANNE.

C'est bien cela. M. de Nanjac est donc de vos amis?

OLIVIER.

Je ne l'ai jamais vu.

SUZANNE.

Comment vient-il vous voir?

OLIVIER.

Il est témoin de M. de Latour, qui a eu une querelle avec un de mes amis.

SUZANNE.

Il y a des hasards bien étranges!

OLIVIER.

Qu'arrive-t-il donc?

SUZANNE.

Par où sortir sans être vue?

OLIVIER.

Vous le savez bien. Comme vous êtes agitée! Vous connaissez donc M. de Nanjac?

SUZANNE.

Il m'a été présenté à Bade; je lui ai parlé deux ou trois fois.

OLIVIER.

Oh! oh! je crois que je brûle, comme on dit aux petits jeux. Est-ce que M. de Nanjac...?

SUZANNE.

Vous rêvez.

OLIVIER.

Heu! heu!

SUZANNE.

Puisque vous tenez à ce que M. de Nanjac me voie chez vous, faites-le entrer

OLIVIER.

Pas le moins du monde.

SUZANNE, reprenant son sang-froid.

Non, faites-le entrer; cela vaut mieux.

OLIVIER, faisant signe au domestique.

Je ne comprends plus.

LE DOMESTIQUE, annonçant.

M. Raymond de Nanjac.

SCÈNE V

Les Mêmes, RAYMOND.

OLIVIER, allant au-devant de lui.

Veuillez me pardonner de vous avoir fait attendre un instant, monsieur. (Raymond s'incline, puis regarde Suzanne avec étonnement et avec émotion.)

SUZANNE.

Est-ce que vous ne me reconnaissez pas, monsieur de Nanjac?

RAYMOND.

Il me semblait vous reconnaître, madame; mais je n'en étais pas sûr.

SUZANNE.

Quand êtes-vous arrivé de Bade?

RAYMOND.

Avant-hier, et je comptais avoir l'honneur de vous rendre visite aujourd'hui; mais il se peut que j'en sois empêché par des événements auxquels j'étais loin de m'attendre.

SUZANNE.

Quand il vous plaira de me venir voir, monsieur, je vous recevrai toujours avec plaisir. Adieu, mon cher Olivier, n'oubliez pas ce dont nous sommes convenus.

OLIVIER.

Moins que jamais.

SUZANNE à Raymond.

Adieu, monsieur; au revoir, j'espère.

Elle sort

SCÈNE VI

OLIVIER, RAYMOND.

OLIVIER.

Je suis tout à vous, monsieur. (Il lui fait signe de s'asseoir.)

RAYMOND, s'asseyant et assez sèchement.

Mon Dieu, monsieur, l'affaire est bien simple, M. de Latour, un de mes amis...

OLIVIER.

Pardon, monsieur, si je vous interromps : M. de Latour est de vos amis?

RAYMOND.

Oui, monsieur. Pourquoi cette question?

OLIVIER.

C'est que quelquefois... Vous êtes militaire, monsieur?

RAYMOND.

Oui, monsieur.

OLIVIER.

C'est que quelquefois un militaire croit ne pas pouvoir refuser de servir de témoin à une personne qu'il connaît à peine, ou que même il ne connaît pas du tout.

RAYMOND.

C'est vrai, nous refusons rarement ce service; mais je connais M. de Latour, je lui serre la main et le considère comme mon ami. Ne mérite-t-il pas ce titre? Est-ce là ce que vous voulez dire?

OLIVIER.

Pas le moins du monde, monsieur. Continuez.

RAYMOND.

Eh bien, M. de Latour était avant-hier au soir dans une maison, chez la vicomtesse de Vernières. J'y étais avec lui; on jouait au lansquenet. Un jeune homme qui se trouvait là, M. Georges de Maucroix...

OLIVIER.

Un de mes amis.

RAYMOND.

M. de Maucroix avait la main, je crois que c'est là le terme dont on se sert; j'ignore toutes les expressions techniques du jeu, n'ayant jamais joué.

OLIVIER.

C'est le terme consacré.

RAYMOND.

M. de Maucroix avait déjà passé trois ou quatre fois, et il y avait vingt-cinq louis sur table. M. de Latour tint le coup; mais, comme il avait déjà beaucoup perdu dans la soirée, il se trouvait sans argent, et dit à M. de Maucroix qu'il faisait banco sur parole. A ce mot, M. de Maucroix, qui allait retourner ses cartes, les donne à son voisin de droite, en disant : « Je passe. » M. de Latour vit dans ce seul fait un refus d'accepter sa parole comme argent ; il eut tout lieu de se croire offensé, et demanda une explication à M. de Maucroix, qui répondit que l'endroit où ils se trouvaient tous deux n'était pas propre à ce genre d'entretien. Il vous nomma, donna votre adresse, et M. de Latour me pria de venir vous demander sur cet incident les éclaircissements que votre ami n'avait pas cru devoir lui donner lui-même.

OLIVIER.

Ces éclaircissements sont bien faciles à donner, monsieur, et je crois que, de toute cette affaire, il ne doit résulter pour moi que l'honneur d'avoir fait votre connaissance. Georges n'a pas voulu blesser M. de Latour : il a passé la main, comme c'est le droit de tout joueur au lansquenet, quand il ne veut pas risquer de perdre en une fois le gain de plusieurs coups.

RAYMOND.

C'était à M. de Maucroix de prendre cette décision avant l'engagement de M. de Latour.

OLIVIER.

Il a réfléchi.

RAYMOND.

Il eût tenu le coup contre une autre personne, j'en suis convaincu; il eût tenu le coup si l'argent de M. de Latour eût été sur le tapis.

OLIVIER.

Nous n'en savons rien, monsieur, permettez-moi de vous le dire ; nous ne pouvons discuter que le fait visible et connu de nous. Or, j'ai l'honneur de vous répéter ce que M. de Maucroix m'a dit lui-même : qu'il n'avait fait que ce qu'il fait très souvent, que ce que tout le monde fait ; et, pour ma part, je sais qu'à la place de M. de Latour, je n'aurais même pas remarqué ce détail.

RAYMOND.

Il est possible, monsieur, qu'entre gens du monde cela se passe ainsi, mais nous autres militaires...

OLIVIER.

Pardon, monsieur, je ne sache pas que M. de Latour soit militaire.

RAYMOND.

Mais je le suis, moi.

OLIVIER.

Je vous ferai observer, monsieur, qu'il ne s'agit ici ni de vous ni de moi, mais de M. de Latour et de M. de Maucroix, qui ne sont militaires ni l'un ni l'autre.

RAYMOND.

Du moment que M. de Latour m'a choisi pour le représenter, je traite la chose comme si elle m'était personnelle.

OLIVIER.

Permettez-moi de vous le dire, monsieur, vous commettez là une erreur : les témoins, j'en conviens, doivent être aussi soucieux de l'honneur de leurs commettants que de leur honneur propre ; mais ils doivent surtout, à mon avis, apporter dans leurs rapports un esprit de conciliation ou tout au moins d'impartialité qui mette, en cas de malheur, leur responsabilité à l'abri. C'est déjà bien assez de discuter sur des faits sans rechercher encore les suppositions qu'à la place des intéressés on aurait pu faire. Puis, croyez-le bien, monsieur, il n'y a pas deux sortes d'honneur, un pour l'uniforme que vous portez, un pour l'habit que je porte. Le cœur est le même sous l'un et l'autre costume ; seulement, la vie des gens me paraît être une chose assez sérieuse pour qu'on la discute sérieusement, et ce n'est que lorsqu'il est impossible de faire autrement qu'on doit amener de sang-froid deux hommes sur le terrain. Si vous le voulez, monsieur, nous prendrons un autre rendez-vous; car vous paraissez aujourd'hui, à vous parler franchement, dans une disposition d'humeur un peu irritable, et votre ami et le mien ne sauraient être solidaires, à moins que, pour quelque cause que j'ignore, puisque c'est la première fois que j'ai l'honneur de me rencontrer avec vous, nous ne soyons nous-mêmes deux adversaires ayant besoin de témoins, et non des témoins désireux de concilier deux adversaires.

RAYMOND, changeant de ton.

Vous avez raison, monsieur, c'est une question personnelle qui m'a fait tenir le langage que j'ai tenu. Excusez-moi, et permettez-moi en même temps de vous parler à cœur ouvert.

OLIVIER.

Parlez, monsieur.

RAYMOND.

Je suis très franc, d'une franchise toute militaire, je vais vous demander d'être franc avec moi.

OLIVIER.

Voyons !

RAYMOND.

Nous sommes d'honnêtes gens tous les deux, nous sommes du même âge, nous sommes du même monde, et certainement, si je ne vivais pas depuis dix ans, comme un ours, en Afrique, il y a longtemps que nous nous serions rencontrés et que nous serions liés; le croyez-vous?

OLIVIER.

Je commence à le croire.

RAYMOND.

J'aurais dû vous parler tout de suite comme je le fais, au

lieu de me laisser aller à ma mauvaise humeur et de m'atirer la petite leçon que vous m'avez très spirituellement donnée tout à l'heure. Si j'étais tombé sur un caractère dans le genre du mien, au lieu de tomber sur un homme de sens comme vous, nous en serions à nous couper la gorge, ce qui serait stupide. Autorisez-moi donc à vous poser les questions délicates qu'un ami de dix ans aurait le droit de vous adresser; je vous donne ma parole que tout ce que vous me direz mourra ici.

OLIVIER.

A vos ordres.

RAYMOND.

Merci, car cette conversation peut avoir une grande influence sur ma vie.

OLIVIER.

J'écoute.

RAYMOND.

Quel est le nom de la personne qui était ici quand j'y suis entré?

OLIVIER.

Madame la baronne d'Ange.

RAYMOND.

C'est une femme du monde?

OLIVIER.

Oui.

RAYMOND.

Veuve?

OLIVIER.

Veuve.

RAYMOND.

Quelles relations, — répondez-moi, monsieur, comme sur l'honneur je vous répondrais si vous me faisiez cette question, — quelles relations existent entre elle et vous?

OLIVIER, après un temps.

Des relations d'amitié.

RAYMOND.

Vous n'êtes que son ami?

OLIVIER, appuyant sur le mot *suis*.

Je ne suis que son ami.

RAYMOND.

Merci, monsieur; mais, encore un mot : comment madame d'Ange se trouvait-elle chez vous? Le seul titre d'amie...

OLIVIER.

N'autorise pas une femme comme il faut à venir chez un homme comme il faut? Pourquoi pas? Et ce qui prouve que madame d'Ange ne faisait rien ici dont elle crût devoir se cacher, c'est que, pouvant sortir par cette porte sans être vue, elle s'en est allée ouvertement après avoir causé un instant avec vous.

RAYMOND.

C'est vrai ; mais j'avais besoin de cette explication, et comme je ne veux pas être en reste de franchise avec vous, je vais tout vous dire. Je suis officier d'Afrique. J'ai été blessé assez grièvement, il y a trois mois, pour demander un congé lors de ma convalescence. Je suis arrivé il y a quinze jours à Bade. J'y ai vu madame d'Ange ; je me suis fait présenter à elle ; elle a produit tout de suite sur moi une très grande impression. Je l'ai suivie à Paris, et j'en suis amoureux fou. Elle n'a en aucune façon encouragé cet amour; elle est jeune, elle est belle; je me demandais si elle aimait quelqu'un, car sa conduite à Bade était celle d'une femme irréprochable. Vous comprenez alors mon émotion, mon étonnement en la trouvant tout à coup chez vous, mes suppositions, mes craintes toutes naturelles, ma mauvaise humeur dissipée par vos paroles très sensées, enfin cette explication que je vous ai demandée avec franchise et que vous m'avez donnée avec courtoisie. Nous aurons, monsieur, je l'espère, l'occasion de nous revoir. Comptez-moi dès à présent au nombre de vos amis, et, si jamais je puis vous être bon à quelque chose, disposez de moi.

OLIVIER.

Je vous ai dit tout ce que je devais vous dire, monsieur; bonne chance!

RAYMOND.

Quant à nos deux adversaires, je crois que l'affaire peut s'arranger.

OLIVIER.

C'est mon avis.

RAYMOND.

Nous dresserons un petit procès-verbal de notre conversation; nous le leur ferons connaître, et tout sera dit.

OLIVIER.

Parfaitement; à demain, si vous voulez. J'aurai l'honneur de passer chez vous; j'ai là votre adresse sur votre carte; à la même heure?

RAYMOND.

A demain, monsieur.

Ils se serrent la main; Raymond sort.

SCÈNE VII

OLIVIER, HIPPOLYTE.

HIPPOLYTE, ouvrant la porte.

On peut entrer?

OLIVIER, saluant une dernière fois Raymond dans la coulisse, bas.

Pauvre garçon!

HIPPOLYTE.

Qu'arrive-t-il?

OLIVIER.

Une foule d'histoires, mon cher, sans compter celles que j'entrevois.

HIPPOLYTE.

Et l'affaire de M. de Maucroix?

OLIVIER.

C'est fini...

HIPPOLYTE.

Tant mieux... Et la dame qui arrivait des eaux?

OLIVIER.

Toutes mes combinaisons d'avenir dégringolent. Arlequin avait bien arrangé les choses, mais Colombine dérange tout.

HIPPOLYTE.

Cela te fait deux ruptures en un jour.

OLIVIER.

Une avant... une après... Si Titus était à ma place, il pourrait se coucher de bonne heure, il n'aurait pas perdu sa journée.

HIPPOLYTE.

Eh bien, il m'arrive quelque chose aussi, à moi.

OLIVIER.

Quoi donc?

HIPPOLYTE.

Je viens de recevoir de madame de Vernières une invitation ainsi conçue : « Madame la vicomtesse de Vernières prie M. Hippolyte Richond de lui faire l'honneur de venir passer la soirée chez elle, mercredi prochain... » Suit l'adresse; mais je te donne à deviner ce qu'il y avait au bas de la lettre... Il y avait : « De la part de madame de Santis, avec mille compliments... » Madame de Santis veut me parler de son mari, sans doute.

OLIVIER.

Et qu'as-tu répondu?

HIPPOLYTE.

Rien encore, mais j'irai.

OLIVIER.

J'irai avec toi.

HIPPOLYTE.

Tu es donc invité aussi?

OLIVIER.

On est toujours assez invité chez madame de Vernières. Et, d'ailleurs, il va se faire dans tout ce monde-là un petit travail d'intrigue que je serai d'autant plus heureux de voir de près qu'on ne veut me le laisser voir que lorsqu'il sera terminé. — As-tu faim?

HIPPOLYTE.

Oh! oui.

OLIVIER.

Eh bien, allons dîner !

ACTE DEUXIÈME

Salon chez madame de Vernières.

SCÈNE PREMIÈRE

LA VICOMTESSE, un Domestique, puis SUZANNE.

LA VICOMTESSE, au domestique.

Qu'on allume dans le boudoir et dans ma chambre à coucher.

LE DOMESTIQUE, avant de sortir annonce.

Madame la baronne d'Ange. (Le domestique sort.)

SUZANNE.

Je n'arrive pas d'aussi bonne heure que je l'aurais voulu, ma chère vicomtesse ; mais, vous savez, quand on habite la campagne, on ne peut pas toujours répondre de son exactitude. Je me suis habillée chez moi, à Paris, mais tout y est sens dessus dessous, comme après une absence. Demain, cependant, tout y sera remis en ordre.

LA VICOMTESSE.

Vous n'êtes pas en retard.

SUZANNE.

On est toujours en retard quand on vient rendre un service.

LA VICOMTESSE.

Que c'est aimable à vous de parler ainsi ! Vous avez reçu ma lettre ; vous ne m'en voulez pas de mon indiscrétion ?

SUZANNE.

Doit-on se gêner entre amies? A charge de revanche. Voici ce que vous m'avez demandé. (Elle lui remet un billet de banque). Si cela ne vous suffit pas...

LA VICOMTESSE.

Merci. Cela me suffira ; mais j'avais besoin de cette somme aujourd'hui même.

SUZANNE.

Pourquoi ne me l'avez-vous pas fait demander hier ?

LA VICOMTESSE.

Jusqu'au dernier moment, j'ai cru pouvoir me la procurer chez l'homme d'affaires de madame de Santis, qui me l'avait promise ; à midi seulement, il m'a dit qu'il ne pourrait pas me la donner. Valentine est très gênée aussi ; ce n'était pas le moment d'avoir recours à sa bourse ; et, je puis vous le dire, j'avais reçu du papier timbré ; j'avais à craindre une saisie pour demain, scandale que je veux éviter.

SUZANNE.

Vous avez raison, il faut payer ce soir même l'huissier qui vous poursuit.

LA VICOMTESSE.

Il y en a deux.

SUZANNE.

Alors, les huissiers qui vous poursuivent.

LA VICOMTESSE.

Je vais envoyer ma femme de chambre.

SUZANNE.

Ne mettez donc pas vos gens dans la confidence de ces choses-là.

LA VICOMTESSE.

Je ne peux cependant pas attendre à demain. Ces hommes sont capables de venir de très bonne heure.

SUZANNE.

Allez-y vous-même.

LA VICOMTESSE.

Et mes invités ?

SUZANNE.

Je ferai les honneurs pour vous; d'ailleurs, vous serez de retour avant que la première personne arrive. Qui avez-vous?

LA VICOMTESSE.

Valentine, un M. Richond, qu'elle m'a priée d'inviter, qui est un ami de son mari; M. de Nanjac... (Ah! si ce mariage pouvait se faire!... Je compte encore sur vous pour cela, nous serions sauvées!) Marcelle, vous, moi, et puis le marquis de Thonnerins ; voilà les personnes sur qui je compte. Je ne sais pas si M. de Maucroix et M. de Latour viendront, bien que leur affaire ait été arrangée.

SUZANNE.

Vous n'avez pas invité M. de Jalin ?

LA VICOMTESSE.

Il ne vient jamais.

SUZANNE.

Le marquis de Thonnerins viendra-t-il?

LA VICOMTESSE.

Il n'a rien répondu; c'est qu'il viendra.

SUZANNE.

Allez vite faire vos courses, je vous attends.

LA VICOMTESSE.

Je monte dans une voiture et je suis ici dans vingt minutes. Vous allez bien vous ennuyer... Si je n'emmenais pas Marcelle? elle n'a peut-être pas besoin de m'accompagner.

SUZANNE.

Qu'a-t-elle donc à faire là-dedans ?

LA VICOMTESSE.

Je vais vous dire : comme mes affaires sont très embrouillées, il y a des petites choses que je ne pouvais sauver qu'en les mettant sous le nom d'une autre personne. Alors, j'ai fait émanciper Marcelle, à qui sa mère a laissé un petit bien dont j'étais tutrice; elle peut, à ce titre, revendiquer ce qui m'appartient encore, puisque c'est légalement sa seule garantie; cela me mettra toujours un peu à l'abri de nouvelles poursuites, mais il faudra peut-être qu'elle signe quelque chose.

SUZANNE.

Emmenez-la, alors.

LE DOMESTIQUE, annonçant.

M. le marquis de Thonnerins.

SUZANNE.

Je vais causer avec le marquis en vous attendant.

LA VICOMTESSE.

C'est cela, moi, je me sauve; si je le reçois, je ne pourrai plus m'échapper. Parlez-lui de Marcelle et de M. de Nanjac; il peut nous être utile.

Elle sort. Le marquis entre par une autre porte.

SCÈNE II

SUZANNE, LE MARQUIS.

LE MARQUIS.

Qui se sauve ainsi ?

SUZANNE.

La maîtresse de la maison, qui a une course à faire; mais elle sera de retour dans un instant.

LE MARQUIS.

N'importe! il est problable que je ne la verrai pas.

SUZANNE.

Vous ne passez donc pas la soirée avec nous?

LE MARQUIS.

Non, je n'ai que très peu de temps à moi. Ma fille est revenue de la campagne, et je dois la mener aujourd'hui chez mon frère. Je ne suis même venu que parce que vous m'avez écrit.

SUZANNE.

Je désirais vous parler et je ne voulais pas vous faire venir à la campagne, c'eût été abuser. Mademoiselle de Thonnerins se porte bien?

LE MARQUIS.

Très bien.

SUZANNE.

Vous ne me la montrerez donc jamais? Je serais cependant bien désireuse de la voir, de loin, car vous ne me l'amèneriez pas.

LE MARQUIS.

Ma chère Suzanne, nous nous sommes expliqués, une fois pour toutes, sur ce sujet; je crois donc inutile d'y revenir. Vous avez à me parler, je vous écoute.

SUZANNE.

Vous m'avez dit que, quoi qu'il arrivât, je vous trouverais toujours disposé à me rendre service.

LE MARQUIS.

Je vous le répète.

SUZANNE.

Mais d'un ton si froid aujourd'hui, que je ne sais s'il ne sera pas indiscret à moi de compter sur votre promesse.

LE MARQUIS.

Je ne crois pas vous avoir jamais rien promis que je n'aie tenu. Je vous parle sur le ton qui convient à mon âge; le moment est venu où je dois me souvenir que je

n'ai plus vingt ans, ni même quarante ; je ne dois plus
être, sous peine de ridicule, que ce que je suis réellement, un vieillard, heureux d'être utile, si cela lui est
possible, à ceux qu'il a pu ennuyer quelquefois, et qui
ont eu la générosité de ne pas le lui faire sentir.

SUZANNE.

Alors, je vous répondrai sur le même ton. Je vous dois
tout, monsieur le marquis ; vous l'oubliez peut-être, vous
qui êtes le bienfaiteur ; je ne l'oublie pas, moi qui suis
l'obligée. Vous pouviez n'avoir pour moi qu'une fan-
taisie passagère, vous m'avez honorée d'un peu d'amour.

LE MARQUIS.

Suzanne !...

SUZANNE.

Je n'étais rien, vous m'avez faite quelque chose ; c'est
par vous que j'ai ma place dans un monde qui est une déchéance pour les femmes parties d'en haut, qui est un
sommet pour moi qui suis partie d'en bas. Mais, vous le
comprendrez facilement, la position que je tiens de vous,
bien que je n'eusse jamais osé y prétendre, du moment
qu'elle existe, a dû faire naître en moi certaines ambi-
tions qui en étaient la conséquence inévitable. Au point
où je suis, il faut ou que je retombe plus bas que je
n'étais ou que je monte jusqu'en haut. — Le mariage
seul peut me donner ce qui me manque.

LE MARQUIS.

Le mariage ?

SUZANNE.

Oui.

LE MARQUIS.

Vous êtes ambitieuse.

SUZANNE.

Ne me découragez pas. Je m'étais dit, comme vous
vous le dites en ce moment, que c'était chose impossible,
car il me fallait trouver un homme assez confiant pour

croire en moi, assez noble pour m'imposer au monde, assez brave pour me défendre, assez amoureux pour me donner toute sa vie, assez jeune, assez distingué, assez beau pour qu'il pût se croire aimé, pour que je l'aimasse.

LE MARQUIS.

Et vous l'avez trouvé, ce mari assez confiant, assez noble, assez amoureux?

SUZANNE.

Oui.

LE MARQUIS.

Et il est assez jeune pour se croire aimé

SUZANNE.

Il est assez jeune pour que je l'aime.

LE MARQUIS.

Vous l'aimez?

SUZANNE.

Oui. Que voulez-vous! on n'est pas parfaite.

LE MARQUIS.

Et cet homme vous épousera?

SUZANNE.

Je n'ai qu'un mot à dire pour qu'il me le demande.

LE MARQUIS.

Pourquoi ne l'avez-vous pas encore dit?

SUZANNE.

Parce que je voulais vous consulter auparavant; c'était bien le moins.

LE MARQUIS.

Eh bien, il y a ceci à craindre : que cet homme, séduisant en apparence, ne fasse, lui, une spéculation; qu'il ne connaisse le passé, et que, vous croyant très riche, il ne vous vende un nom qui soit sa seule ressource. Cela s'est vu souvent.

SUZANNE.

Il y a dix ans que cet homme a quitté la France; il ne sait rien de ma vie; s'il en savait la moindre chose, il partirait à l'instant même. Il a vingt ou vingt-cinq mille livres de rente; il n'a donc pas besoin de vendre, et il peut acheter. Quand vous connaîtrez son nom...

LE MARQUIS.

Je ne veux pas, je ne dois pas le connaître. L'intérêt que je vous porte peut aller jusqu'à désirer que vos souhaits s'accomplissent, mais il ne peut se faire l'auxiliaire des entreprises de votre cœur, si honorables que soient vos motifs. Et si, par hasard, vous me nommiez quelqu'un que je connusse, vous me mettriez dans la nécessité ou de tromper un homme d'honneur, ou de vous trahir.

SUZANNE.

C'est bien le moins, en effet, que les honnêtes gens prennent fait et cause les uns pour les autres.

LE MARQUIS.

Et qu'avez-vous résolu?

SUZANNE.

J'ai résolu de partir; c'est plus prudent; mais il faut que je sois entièrement maîtresse de ma vie; il faut que je puisse quitter la France, l'Europe, si besoin est, et n'y plus jamais revenir. Aux yeux de mon mari, mon mariage ne doit pas avoir un seul instant l'apparence d'un calcul matériel; il me faut donc une fortune à peu près égale à la sienne, et réalisable en deux heures. Vous êtes mon tuteur, vous seul connaissez ma véritable fortune : quelle est-elle?

LE MARQUIS.

Vous avez eu, jusqu'à présent, quinze mille livres de rente.

SUZANNE.

Oui.

LE MARQUIS.

Cela représente un capital de trois cent mille francs, à cinq.

SUZANNE.

Et ce capital?...

LE MARQUIS.

Vous n'avez qu'à dire un mot à mon notaire, puisqu'il était chargé de vos intérêts, il remettra tous les titres entre vos mains.

SUZANNE.

Vous êtes bien décidément un grand seigneur!

LE MARQUIS.

Je rends mes comptes.

SUZANNE.

Je vous devrai tout, même le bonheur qui va me venir d'un autre.

LE MARQUIS.

Une femme d'esprit ne doit jamais rien à personne.

SUZANNE.

C'est un reproche indirect.

LE MARQUIS.

C'est une quittance générale. (Il lui baise la main.) Vous m'excuserez auprès de la vicomtesse.

Il sort.

SCÈNE III

SUZANNE, LE DOMESTIQUE, puis RAYMOND.

LE DOMESTIQUE, annonçant.

M. Raymond de Nanjac.

RAYMOND.

Je sors de chez vous. J'espérais que nous passerions

quelques instants ensemble, avant de venir chez la vicomtesse, et je comptais avoir le plaisir de vous y accompagner.

SUZANNE.

Un mot que j'ai reçu de madame de Vernières me priait de venir plus tôt. Il y avait un service à rendre.

RAYMOND.

Ce serait une excuse si vous en aviez besoin. C'est avec la vicomtesse que vous causiez quand je suis arrivé?

SUZANNE.

Non, c'est avec le marquis de Thonnerins.

RAYMOND.

N'a-t-il pas une sœur?

SUZANNE.

La duchesse d'Haubeney.

RAYMOND.

Ma sœur est très liée avec elle ; et, depuis mon arrivée, elle me tourmente pour me présenter dans cette maison ; mais je m'y suis toujours refusé ; à quoi bon ?

SUZANNE.

Le marquis a une fille charmante.

RAYMOND.

Que m'importe ?

SUZANNE.

Qui aura quatre ou cinq millions de dot.

RAYMOND.

Cela m'est fort indifférent, à moi qui ne compte pas l'épouser.

SUZANNE.

Pourquoi pas?

RAYMOND.

Comment penserais-je à mademoiselle de Thonnerins ou à toute autre, puisque je vous aime?

SUZANNE.

Quel enfantillage! C'est à peine si vous me connaissez.

RAYMOND.

Le jour où l'on voit pour la première fois la femme que l'on aimera, on l'aime; on l'aimait peut-être déjà la veille, avant de l'avoir rencontrée; on subit l'amour, on ne le raisonne pas; il est tout de suite ou il n'est jamais. Il me semble qu'il y a dix ans que je vous aime.

SUZANNE.

Soit; mais, s'il peut se passer de temps pour naître, l'amour ne saurait s'en passer pour vivre, et, sans croire à l'éternité des sentiments subits que nous inspirons, nous voulons cependant, nous autres femmes, croire à leur durée. Or, vous dites que vous m'aimez, et vous repartez dans six semaines, probablement pour ne plus revenir. Ai-je l'air de ces femmes qui ont des caprices d'un mois? Si vous l'avez pensé, vous me faites injure.

RAYMOND.

Que vous ai-je dit hier?

SUZANNE.

Des folies... Que vous ne vouliez plus partir..., que vous vouliez que je fusse votre femme.. La nuit a passé par là-dessus..., la nuit qui porte conseil.

RAYMOND.

Je ne pars pas... J'ai envoyé aujourd'hui ma démission au ministre.

SUZANNE.

Sérieusement? C'est de la démence! Il est impossible que vous ne regrettiez pas dans un an, dans un mois peut-être, le sacrifice que vous m'aurez fait. Je vous parle comme une véritable amie. Songez donc que je suis une vieille femme auprès de vous. J'ai vingt-huit ans.

A vingt-huit ans, une femme est plus vieille qu'un homme de trente. C'est à moi d'avoir de la raison pour deux.

RAYMOND.

Faut-il donc avoir vécu, comme vous le dites, et avoir usé son cœur aux banalités des amours vulgaires pour avoir le droit de se donner à trente ans? Je remercie Dieu, au contraire, moi, de m'avoir fait, dès ma jeunesse, une vie active qui a conservé toutes mes sensations intactes et énergiques, pour l'âge où l'homme est véritablement appelé à comprendre l'amour. Vous me traitez comme un enfant! J'avais dix ans, Suzanne, quand j'ai perdu ma mère que j'adorais, et, si jeune que l'on soit, le jour où l'on perd sa mère, on devient vieux tout à coup. Croyez-vous donc que la vie des camps, les longues journées passées dans les solitudes, au bord de la mer, la mort affrontée tous les jours, le souvenir de mes meilleurs amis tombés autour de moi, n'aient pas hâté ma pensée et ne m'aient pas fait vivre deux fois mes années?... J'ai des cheveux gris, Suzanne, je suis un vieillard, aimez-moi.

SUZANNE.

Si je vous aime et que vous doutiez encore de moi, comme vous l'avez fait quand vous m'avez vue chez M. de Jalin, à qui j'allais parler de vous; s'il me faut lutter sans cesse contre vos soupçons, contre votre jalousie, que deviendrai-je?

RAYMOND.

Ce que j'ai dit à Olivier prouvait mon amour. Où est l'homme aimant sincèrement, qui acceptera que la femme qu'il aime puisse être soupçonnée? L'amour ne va pas sans l'estime.

SUZANNE.

C'est vrai! Et cette jalousie que je vous reproche, je la comprends, je la ressentirais, je la ressens peut-être. Ce qui me plaît en vous, c'est la certitude que vous n'avez jamais aimé. Mais, si j'étais votre femme, je voudrais cacher mon amour et mon bonheur à tous les yeux. Ce monde où je vis, je ne voudrais même plus savoir s'il existe, parce qu'il est plein de femmes plus jeunes et plus belles que moi, que vous pourriez aimer un jour. Le mariage, tel que je le comprends, ce serait une solitude éternelle.

RAYMOND.

Suzanne, c'est ainsi que j'aime, c'est ainsi que je veux être aimé; nous partirons quand vous voudrez, dès demain, et nous ne reviendrons jamais.

SUZANNE.

Et votre sœur, que dirait-elle, mon Dieu?

RAYMOND.

Elle me dira : « Si tu aimes cette femme, si elle t'aime, si elle est digne de toi, épouse-la. »

SUZANNE.

Mais elle ne me connaît pas, mon ami; elle me croit jeune et belle, elle me suppose une famille qui deviendrait la sienne. Elle ne sait pas que je suis seule sur la terre, et que mon mariage la séparera de vous, puisque nous devons partir. Si elle savait tout cela, elle vous donnerait les conseils que je vous donnais moi-même tout à l'heure. Vous l'aimez, vous finiriez par la croire.

RAYMOND.

Ma sœur vivra près de nous. Rien ne l'attache plus à un lieu qu'à un autre.

SUZANNE.

Faites-la-moi connaître d'abord. Je veux lui plaire, je veux gagner son estime et son affection, je veux que l'idée lui vienne de faire de moi sa sœur, je veux qu'elle souhaite cette union au lieu de l'accepter.

RAYMOND.

Tout ce que vous voudrez.

ACTE DEUXIÈME.

SUZANNE.

Et vos amis auxquels vous irez demander conseil?

RAYMOND.

Je n'ai pas d'amis.

SUZANNE.

M. de Jalin?

RAYMOND.

C'est le seul; mais avouez qu'il mérite cette amitié. C'est un cœur loyal.

SUZANNE.

Certes. Mais notre réputation tient à si peu de chose! Que vous parliez de ce mariage, et que, pour une raison ou pour une autre, il ne se fasse pas, dans quelle position fausse et ridicule me trouverai-je? Si je vous cause jamais un chagrin, allez le confier à Olivier; mais, jusque-là, gardez notre secret pour vous. Il n'y a de vrai bonheur que celui que personne ne connaît.

RAYMOND.

Vous avez raison, toujours raison... Mais bien qu'Olivier eût presque droit à cette confidence, bien que nous nous soyons à peine quittés pendant ces quatre derniers jours, il ne m'a pas questionné, et votre nom n'a pas été prononcé une seule fois. N'importe, je ne dirai rien à ma sœur ni à Olivier... Est-ce cela?

SUZANNE.

Oui.

RAYMOND.

Comme je vous aime!

SUZANNE.

Voici quelqu'un.

LE DOMESTIQUE, annonçant.

M. Olivier de Jalin... M. Hippolyte Richond.

SUZANNE, bas.

Olivier! que vient-il faire ici?...

SCÈNE IV

Les Mêmes, HIPPOLYTE, OLIVIER.

OLIVIER.

Comment! la vicomtesse n'est pas là? Elle appelle cela recevoir!...

SUZANNE.

La vicomtesse va venir.

OLIVIER.

En tout cas, elle ne pouvait mieux choisir son représentant, et, puisque c'est vous qui faites les honneurs, baronne, permettez-moi de vous présenter mon ami Hippolyte Richond.

HIPPOLYTE, saluant.

Madame...

SUZANNE, même jeu.

Monsieur...

OLIVIER.

Et vous, mon cher Raymond, comment allez-vous, ce matin?

RAYMOND.

A merveille.

SUZANNE, à Olivier et à Raymond.

C'est plaisir de voir si intimes deux hommes qui ne se connaissaient pas il y a huit jours.

OLIVIER.

Il existe entre les honnêtes gens, ma chère baronne, un lien mystérieux qui les unit avant même qu'ils se connaissent, et qui devient facilement de l'amitié le jour où ils se rencontrent. — Mon cher Raymond, je vous présente un de mes bons amis, puisque j'en ai deux maintenant, M. Hippolyte Richond, qui a beaucoup voyagé, qui a visité l'Afrique, et qui pourra en causer avec vous.

ACTE DEUXIÈME.

RAYMOND.

Ah! monsieur, vous connaissez ce beau pays dont on dit tant de mal!... (Ils s'éloignent en causant.)

OLIVIER, à Suzanne.

Je vous croyais à la campagne...

SUZANNE.

J'en suis revenue ce soir.

OLIVIER.

Ah!... Qu'est-ce que vous me conterez de neuf?

SUZANNE.

Rien absolument.

OLIVIER.

Alors, c'est moi qui vais vous donner des nouvelles

SUZANNE.

Voyons.

OLIVIER.

M. de Nanjac est amoureux de vous.

SUZANNE.

Vous plaisantez!

OLIVIER.

Il ne vous en a rien dit?..

SUZANNE.

Non.

OLIVIER.

Oh! que c'est curieux!... Il me l'a dit, à moi.

SUZANNE.

Il a pris le plus long, alors.

OLIVIER.

Préparez-vous à entendre une déclaration.

SUZANNE.

Vous faites bien de me prévenir.

OLIVIER.

Pourquoi?

SUZANNE.

Parce que je vais me hâter de lui faire comprendre qu'il perdrait son temps.

OLIVIER.

Alors, vous n'aimez pas M. de Nanjac?

SUZANNE.

Moi? Quelle idée?...

OLIVIER.

Pas même un peu?

SUZANNE.

Pas même beaucoup.

OLIVIER.

Ni passionnément; pas du tout, alors?

SUZANNE.

Pas du tout, comme vous dites.

OLIVIER.

Je me suis joliment trompé, mais je suis bien content de ce que vous me dites.

SUZANNE.

Parce que?...

OLIVIER.

Je vous conterai cela quand nous serons seuls.

SUZANNE.

Dépêchez-vous, vous savez que je pars.

OLIVIER.

Vous n'êtes pas encore partie.

SUZANNE.

Qui me retiendra?

OLIVIER.

Moi!... Je l'espère.

SUZANNE.

Prenez garde, j'irai demander protection à madame de Lornan.

OLIVIER.

Madame de Lornan ne s'occupe pas de moi. Voilà trois jours que je me présente chez elle et qu'elle ne me reçoit pas.

SUZANNE.

Voulez-vous que j'aille la voir et que je vous réconcilie avec elle ?

OLIVIER.

Vous ?...

SUZANNE.

Oui.

OLIVIER.

Est-ce qu'elle vous recevrait plus que moi ?

SUZANNE.

Peut-être... On me reçoit quand je veux être reçue... A votre service. (Elle s'éloigne.)

OLIVIER, à lui-même.

Ceci ressemble à une menace. Nous verrons bien.

SCÈNE V

Les Mêmes, LA VICOMTESSE, MARCELLE.

LA VICOMTESSE, entrant.

Vous m'excusez, messieurs.

SUZANNE, à la vicomtesse.

Eh bien ?

LA VICOMTESSE.

Tout est arrangé, merci.

MARCELLE, à Suzanne.

Vous allez bien, madame?

SUZANNE.

Et vous, chère enfant?

MARCELLE.

Moi, je me porte bien, c'est ennuyeux. Quand une femme se porte toujours bien, personne ne s'intéresse plus à elle.

SUZANNE.

Je vous ai entendue tousser quelquefois, quand vous aviez passé la nuit.

MARCELLE.

Oh! cela ne compte pas. Depuis que je me connais, je suis enrhumée. J'aurai eu froid en venant au monde.

LA VICOMTESSE, à Hippolyte, qu'Olivier lui a présenté pendant ce temps-là.

Vous êtes bien aimable, monsieur, de vous être rendu à mon invitation, bien qu'elle fût un peu irrégulière. Madame de Santis, dont vous connaissez le mari...

HIPPOLYTE.

Oui, madame.

LA VICOMTESSE.

Madame de Santis désirait vous parler d'une affaire grave, elle n'est pas encore installée chez elle; elle m'a fait l'honneur de croire et de me dire que vous viendriez chez moi. J'aime beaucoup Valentine, et je désire ardemment que ce qu'elle souhaite se réalise.

HIPPOLYTE.

Si cela ne dépend que de moi, madame, cela se fera.

MARCELLE.

Est-ce que M. de Thonnerins n'est pas venu?

ACTE DEUXIÈME.

SUZANNE.

Il m'a chargée de l'excuser. Il est venu dire qu'il ne viendrait pas. Sa sœur reçoit aujourd'hui.

MARCELLE.

J'aurais tant voulu le voir !

LA VICOMTESSE.

A propos, monsieur de Nanjac, ne m'aviez-vous pas promis de m'amener votre sœur?

RAYMOND.

Oui, madame, mais son deuil n'est pas fini, et elle est encore un peu souffrante. Dès qu'elle ira mieux, j'aurai l'honneur de vous la présenter.

OLIVIER, à Raymond.

Dites donc?

RAYMOND.

Quoi?

MARCELLE.

Monsieur de Nanjac ?

OLIVIER, à Raymond.

Tout à l'heure, je vous dirai ce que j'ai à vous dire.

RAYMOND.

Mademoiselle?

MARCELLE, à Olivier.

Monsieur Olivier, prêtez-moi M. de Nanjac un moment, je vais vous le rendre. (A Raymond.) J'ai à causer avec vous, mais, auparavant, ôtez-moi l'épingle de mon chapeau.

HIPPOLYTE, à Olivier.

Cette jeune dame paraît avoir beaucoup d'esprit.

OLIVIER.

C'est une jeune fille. Tu ne t'en serais pas douté !

MARCELLE.

Dites donc, monsieur de Nanjac, vous savez qu'il y a une conspiration contre vous?

RAYMOND.

Vraiment, mademoiselle?

MARCELLE.

Oui, on veut que vous m'épousiez.

RAYMOND.

Mais...

MARCELLE.

Oh! ne faites pas le galant. Vous ne voulez pas plus être mon mari que je ne dois être votre femme; vous aimez une personne qui vaut bien mieux que moi; je l'ai deviné; je n'en parlerai pas. Maintenant que vous n'avez plus rien à craindre, venez avec moi, ma tante croira que vous me faites la cour; cela lui fera plaisir. Il faut faire quelque chose pour ses parents; mais je suis une bonne personne, et j'ai pris le parti de prévenir les malheureux qui ne savent pas ce qu'on leur ménage. Sur ce, prenez garde d'abîmer mon chapeau; je n'ai que celui-là, et je crois qu'il n'est pas payé. (Elle sort en riant avec Raymond.)

LA VICOMTESSE, à Suzanne.

Que vous avais-je dit? Tout va bien.

HIPPOLYTE.

Ce M. de Nanjac a l'air d'un homme de cœur.

OLIVIER.

C'est un homme charmant, que j'essayerai de sauver, lui aussi, au risque de m'en repentir plus tard.

LE DOMESTIQUE, annonçant.

Madame de Santis.

OLIVIER.

Voilà ton affaire, à toi.

SCÈNE VI

VALENTINE, LA VICOMTESSE, SUZANNE,
OLIVIER, HIPPOLYTE.

LA VICOMTESSE.

Vous arrivez encore la dernière.

VALENTINE, bas, à la vicomtesse.

M. de Latour ne voulait pas me laisser partir; j'ai eu toutes les peines du monde à m'échapper; il ne sait pas que je suis ici. M. Richond est-il là?

LA VICOMTESSE.

Il cause là-bas avec Olivier.

VALENTINE.

Ah! j'ai le cœur qui me bat.

SUZANNE.

Du courage!

OLIVIER, s'approchant de Valentine.

Comment vous portez-vous?

VALENTINE.

Très bien, merci.

OLIVIER.

Vous voilà mise aujourd'hui comme une petite bourgeoise. Cela vous sied à merveille. Je vais vous présenter mon ami Richond. Puisque vous l'avez fait inviter, c'est pour le connaître sans doute?

VALENTINE.

Présentez-le-moi.

OLIVIER, présentant Hippolyte.

M. Hippolyte Richond... Madame de Santis...

HIPPOLYTE.

Madame...

VALENTINE, saluant.

Il y a bien longtemps, monsieur, que je désirais me rencontrer avec vous.

HIPPOLYTE.

Vous êtes bien bonne, madame. J'ai peu habité la France depuis dix ans.

VALENTINE, après s'être assurée qu'on ne peut l'entendre;
à Hippolyte.

Voyons, Hippolyte, que comptez-vous faire de moi?

HIPPOLYTE.

De vous, madame?

VALENTINE.

Oui!

HIPPOLYTE.

Mais je compte faire de vous ce que j'en ai fait jusqu'à présent.

VALENTINE.

Cependant, ma position n'est plus tolérable.

HIPPOLYTE.

Pourquoi?

VALENTINE.

Vous le demandez! Il y a dix ans que nous ne nous sommes parlé. Pourtant je suis votre femme.

HIPPOLYTE.

Légalement, oui.

VALENTINE.

Vous m'avez aimée.

HIPPOLYTE.

Beaucoup. J'ai failli en mourir; heureusement je n'en suis pas mort.

VALENTINE.

Et maintenant?

HIPPOLYTE.

Maintenant, je ne me souviens pas plus de vous et vous m'êtes aussi indifférente que si vous n'existiez pas.

VALENTINE.

Mais vous êtes venu ici, sachant m'y voir. Si je vous avais été si indifférente, vous n'y seriez pas venu.

HIPPOLYTE.

Vous vous trompez, je suis venu justement parce que je n'avais rien à craindre de cette rencontre.

VALENTINE.

Alors, vous ne me pardonnerez jamais?

HIPPOLYTE.

Jamais!

VALENTINE.

Et vous ne me rouvrirez jamais votre maison?

HIPPOLYTE.

Je le voudrais que je ne le pourrais plus.

VALENTINE.

Ce que l'on m'a dit est donc vrai?

HIPPOLYTE.

Et que vous a-t-on dit?

VALENTINE.

Que votre maison est occupée?

HIPPOLYTE.

Par des gens que j'aime, c'est vrai.

VALENTINE.

Mais que je puis chasser de chez vous.

HIPPOLYTE.

Vous savez bien que le seul de nous deux qui ait le droit de menacer, c'est moi; ne l'oubliez plus. Après trois ans de chagrin, de solitude, de désespoir, pendant lesquels, si votre cœur avait trouvé un mot, une larme de repentir, je vous eusse pardonné, car je vous aimais toujours, après trois ans d'une vie misérable, j'ai acquis le droit de vivre comme bon me semble. C'est dans une famille de hasard, c'est dans un ménage d'emprunt, que j'ai trouvé le bonheur que vous n'avez pas cru me devoir. Voilà cependant à quelle position étrange la faute de sa femme peut amener un honnête homme. Je sais tout ce que vous avez fait depuis notre séparation. C'est aujourd'hui seulement que l'idée vous vient de vous rapprocher de moi. Vous avez gaspillé votre fortune dans les dépenses d'une vie oisive et décousue; à bout de ressources, vous vous dites : « Voyons maintenant si mon mari voudra me reprendre ! » Depuis que vous êtes là, pas un mot venant du cœur n'est sorti de votre bouche. Non, madame, non, tout est bien fini entre nous; vous êtes morte pour moi.

VALENTINE.

Ainsi, peu vous importe ce que je deviendrai?

HIPPOLYTE.

Faites ce que bon vous semblera; je ne vous aime plus, vous ne pouvez pas me rendre malheureux; je suis un honnête homme, vous ne pouvez pas me rendre ridicule.

VALENTINE.

C'est tout ce que je voulais savoir; c'est vous qui serez cause de ce qui arrivera.

HIPPOLYTE.

Adieu, alors; car bien certainement nous ne nous reverrons plus.

MARCELLE, qui est rentrée pendant la scène, et qui
s'est mise à faire des patiences à Hippolyte.

Est-ce que vous vous en allez, monsieur?

HIPPOLYTE.

Oui, mademoiselle. (A Valentine.) Madame... (Il la salue.)

VALENTINE, saluant.

Monsieur...

LA VICOMTESSE.

Vous nous quittez déjà, monsieur Richond! Ce n'est pas aimable.

HIPPOLYTE.

J'ai promis d'être de retour de bonne heure.

LA VICOMTESSE.

Pourquoi n'avez-vous pas amené madame Richond?

HIPPOLYTE.

Madame de Santis n'avait engagé que moi.

LA VICOMTESSE.

Je reçois tous les mercredis, monsieur : quand vous et madame Richond voudrez bien me faire l'honneur de venir prendre une tasse de thé avec nous, je serai heureuse de vous recevoir.

HIPPOLYTE, à Olivier.

Je te verrai demain, j'ai à causer avec toi.

Il salue et sort.

SCÈNE VII

Les Mêmes, hors HIPPOLYTE.

MARCELLE.

Ces hommes mariés, on ne peut jamais compter sur eux.

RAYMOND, à Olivier.

Vous vouliez me dire quelque chose tout à l'heure?

OLIVIER.

Oui... Dites donc, mon cher Raymond, vous ne m'avez plus reparlé de madame d'Ange. Ce grand amour, qu'est-il devenu?

RAYMOND.

J'y ai renoncé.

OLIVIER.

Déjà?

RAYMOND.

Oui, je perdais mon temps.

OLIVIER.

Et vous en avez pris votre parti tout de suite?

RAYMOND.

Que faire?

OLIVIER.

C'est juste. Savez-vous que vous devenez tout à fait parisien, vous êtes plus raisonnable que je ne croyais. Je vous en félicite, et cela m'encourage à vous donner un avis.

RAYMOND.

Lequel?

OLIVIER.

Vous avez promis à la vicomtesse de lui présenter votre sœur?

RAYMOND.

Oui.

OLIVIER.

Eh bien, ne l'amenez pas ici.

RAYMOND.

Pourquoi? La maison de la vicomtesse n'est-elle pas une maison convenable?

OLIVIER.

Je ne dis pas cela, et la meilleure maison n'a pas une meilleure physionomie. Mais, en grattant un peu cette surface, vous allez voir ce qu'il y a dessous. Écoutez? (Haut.) Est-ce que nous ne verrons pas M. de Latour?

LA VICOMTESSE.

Il m'a écrit pour s'excuser, affaire imprévue...

MARCELLE.

Si celui qui a inventé ces deux mots : « Affaire imprévue, » avait pris un brevet d'invention, il aurait gagné bien de l'argent.

OLIVIER.

M. de Latour ne ment peut-être pas; une fois par hasard, il pourrait bien dire la vérité.

MARCELLE.

Qu'est-ce qu'il vous a fait? Vous dites toujours du mal de lui et il ne dit que du bien de vous.

OLIVIER.

Il ne fait que son devoir.

VALENTINE.

C'est un homme charmant, très convenable, très élégant, très bien élevé; ce n'est pas là un reproche qu'on puisse adresser à tout le monde.

OLIVIER.

Très bien! Il a tout pour lui, alors; car il dépense très grandement sa fortune...

VALENTINE.

C'est encore vrai.

CLIVIER.

Il est vrai que pour ce qu'elle lui coûte! Il joue toutes les nuits et il gagne toujours.

LA VICOMTESSE.

Vous allez peut-être dire qu'il triche?

OLIVIER.

Non ; je dis seulement qu'il a toujours du bonheur au jeu, et on n'a pas toujours du bonheur comme on a du ventre, sans le faire exprès.

RAYMOND.

Mon cher Olivier, n'oubliez pas que j'étais le témoin de M. de Latour.

OLIVIER.

Que vous aviez connu à Bade, à la table d'hôte des Bains. Vous êtes un honnête homme, mon cher Raymond, et vous croyez que tout le monde est comme vous, c'est dangereux. Mais, moi, je n'aurais jamais consenti au duel que M. de Latour avait l'air de chercher.

SUZANNE.

Allez-vous dire qu'il n'est pas brave? Il a eu son premier duel à dix-huit ans et il a tué son adversaire.

LA VICOMTESSE.

C'est bien entrer dans la vie.

OLIVIER.

Dans la vie des autres ! Je n'attaque pas le courage de M. de Latour, je dis seulement qu'un homme d'honneur comme M. de Maucroix ne doit pas plus se battre avec M. de Latour qu'un homme d'honneur comme M. de Nanjac ne doit lui servir de témoin.

SUZANNE.

Voyons, mon cher Olivier, M. de Latour vaut M. de Maucroix.

OLIVIER.

Non ; car M. de Latour, qui se fait appeler comte, est fils d'un petit usurier du Marais qui lui a laissé une cinquantaine de mille francs, avec lesquels monsieur son fils, se fait, grâce au jeu, un revenu de quarante mille francs par an.

VALENTINE.

Allons donc! il est d'une très bonne famille.

OLIVIER.

De laquelle, donc?

VALENTINE.

Il descend des Latour d'Auvergne.

OLIVIER.

Il descend des Latour Prends garde, tout au plus.

MARCELLE.

Allons, le mot n'est pas mal.

OLIVIER.

Je m'étonne que des femmes qui se disent des femmes du monde...

LA VICOMTESSE.

Qui en sont, mon cher.

OLIVIER.

Qui en sont, si vous voulez, reçoivent aussi facilement un homme que personne ne reçoit, et qui finira par faire partir de chez elles tous les hommes comme il faut. Je suis sûr que si M. de Briade, M. de Bonchamp, tous ces messieurs, comme les appelle madame de Santis, ne sont pas venus aujourd'hui chez la vicomtesse, c'est qu'ils craignent d'y rencontrer M. de Latour.

LA VICOMTESSE.

En voilà assez sur ce sujet. (Un temps.)

OLIVIER.

Madame de Santis! madame de Santis!

VALENTINE.

Eh bien?

OLIVIER.

Votre appartement de la rue de la Paix est-il terminé?

VALENTINE.

Que vous importe? Je ne crois pas que vous y veniez souvent.

OLIVIER.

Merci... Et votre mari?

VALENTINE.

Mon mari?

OLIVIER.

Il est terminé, lui, je le sais bien. Mon ami Richond vient de vous donner de ses nouvelles. Mordra-t-il à la réconciliation et payera-t-il le satin de Chine bleu et la brocatelle jaune?

VALENTINE.

Mon mari? Il va entendre parler de moi.

OLIVIER.

Ça va lui être bien agréable!

VALENTINE.

Je vais lui faire un procès, à mon mari.

OLIVIER.

C'est une idée! Reste à savoir si elle est bonne. Et pourquoi ce procès?

VALENTINE.

Vous le verrez. J'en sais de belles sur mon mari, et mon avocat l'arrangera bien. Je suis sa femme, après tout.

OLIVIER.

A votre avocat?

MARCELLE.

Mon cher, vous avez de l'esprit une fois par semaine. C'était hier votre jour; taisez-vous.

OLIVIER.

Savez-vous que ce n'est pas mal du tout, ce que vous venez de dire là?

MARCELLE.

Laissez dire, ma chère Valentine. Vous êtes dans votre droit, vous gagnerez votre procès; c'est moi qui vous le dis. Vous ne parlez plus, monsieur Olivier.

OLIVIER.

Non, mademoiselle, du moment que vous parlez. Je ne parle que des choses que je connais, moi, et, comme je ne me connais ni en dinettes ni en poupées, je ne cause pas avec les petites filles.

MARCELLE.

C'est pour moi que vous dites cela?

OLIVIER.

Oui, mademoiselle.

MARCELLE.

Je parle des choses dont vous parlez. Quand les grandes personnes parlent de certaines choses devant les petites filles, les petites filles ont le droit de prendre part à la conversation. D'ailleurs, je ne suis plus une petite fille.

OLIVIER.

Qu'êtes-vous donc, mademoiselle?

MARCELLE.

Je suis une femme, et je parle comme une femme!

OLIVIER.

Vous pouvez même dire : comme un homme.

MARCELLE.

Monsieur!...

VALENTINE.

J'aurais été étonné que vous n'eussiez pas fini par une impertinence.

LA VICOMTESSE, emmenant Marcelle.

Vous allez trop loin, monsieur de Jalin; cet enfant ne vous a rien fait. Si, une autre fois, vous avez besoin de dire des choses désagréables à quelqu'un, quand vous serez chez moi, c'est à moi, mais à moi seule, qu'il faudra les dire. — Viens, Marcelle. — Nous accompagnez-vous, monsieur de Nanjac?

RAYMOND.

Je suis à vous tout de suite. (Toutes les femmes sortent.)

SCÈNE VIII

RAYMOND, OLIVIER.

OLIVIER.

Vous avez entendu, mon cher Raymond; amènerez-vous votre sœur chez madame de Vernières?

RAYMOND.

Ainsi, tout ce que vous avez dit est vrai?

OLIVIER.

Tout ce qu'il y a de plus vrai.

RAYMOND.

Ce M. de Latour?

OLIVIER.

Est un chevalier d'industrie.

RAYMOND.

Cette madame de Santis?

OLIVIER.

Est une créature sans cœur et sans esprit, qui déshonorerait le nom de son mari, si son mari ne lui avait défendu de porter son nom.

RAYMOND.

Et mademoiselle de Sancenaux?

OLIVIER.

Est une jeune fille à marier, produit naïf du monde dans lequel nous sommes.

RAYMOND.

Mais dans quel monde sommes-nous donc? Car, en vérité, je n'y comprends rien.

OLIVIER.

Ah! mon cher, il faut avoir vécu comme moi depuis longtemps dans l'intimité de tous les mondes parisiens pour comprendre les nuances de celui-ci, et encore, ce n'est pas facile à expliquer. — Aimez-vous les pêches?

RAYMOND, étonné.

Les pêches? Oui.

OLIVIER.

Eh bien, entrez un jour chez un marchand de comestibles, chez Chevet ou chez Potel, et demandez-lui ses meilleures pêches. Il vous montrera une corbeille contenant des fruits magnifiques posés à quelque distance les uns des autres et séparés par des feuilles, afin qu'ils ne puissent se toucher ni se corrompre par le contact; demandez-lui le prix, il vous répondra : « Trente sous la pièce, » je suppose. Regardez autour de vous, vous verrez bien certainement dans le voisinage de ce panier un autre panier rempli de pêches toutes pareilles en apparence aux premières, seulement plus serrées les unes contre les autres, ne se laissant pas voir sur tous leurs côtés et que le marchand ne vous aura pas offertes... Dites-lui : « Et combien celles-ci? » Il vous répondra : « Quinze sous. » Vous lui demanderez tout naturellement pourquoi ces pêches, aussi grosses, aussi belles, aussi mûres, aussi appétissantes que les autres, coûtent moins cher? Alors, il en prendra une au hasard, le plus délicatement possible, entre ses deux doigts, il la retournera, et vous montrera, dessous, un tout petit point noir qui sera la cause de ce prix inférieur. Eh bien, mon cher, vous êtes ici dans le panier des pêches à quinze sous. Les femmes qui vous entourent ont toutes une faute dans leur passé, une tache sur leur nom ; elles se pressent les unes contre les autres pour qu'on le voie le moins possible ; et, avec la même origine, le même extérieur et les mêmes préjugés que les femmes de la société, elles se trouvent ne plus en être, et composent ce que nous appelons le « Demi-monde », qui vogue comme une île flottante sur l'océan parisien, et qui appelle, qui recueille, qui admet tout ce qui tombe, tout ce qui émigre, tout ce qui se sauve de la terre ferme, sans compter les naufragés de rencontre, et qui viennent on ne sait d'où.

RAYMOND.

Où vit particulièrement ce monde ?

OLIVIER.

Partout, indistinctement, mais un Parisien le reconnaîtra bien vite.

RAYMOND.

A quoi le reconnaîtra-t-il ?

OLIVIER.

A l'absence des maris. Il est plein de femmes véritablement mariées dont on ne voit jamais les maris.

RAYMOND.

Mais d'où vient ce monde étrange ?

OLIVIER.

Il est de création moderne. Autrefois, l'adultère comme nous le comprenons n'existait pas. Les mœurs étaient beaucoup plus faciles, et il y avait, pour définir la chose que représente aujourd'hui le mot adultère, un autre mot beaucoup plus trivial, dont Molière s'est servi souvent et qui ridiculisait plus le mari qu'il ne condamnait la femme ; mais, depuis que les maris, armés du code, ont eu le droit d'écarter du sein de la famille la femme qui oubliait les engagements pris, il s'est opéré dans les mœurs conjugales une modification qui a créé un monde nouveau ; car toutes ces femmes compromises, répudiées, que devenaient-elles ?... La première qui s'est vu mettre à la porte a été cacher sa honte et pleurer sa faute dans la retraite la plus sombre qu'elle a pu trouver ; mais — la seconde ? La seconde s'est mise à la recherche de la première, et, quand elles ont été deux, elles ont appelé un malheur ce qui était une faute, une erreur ce qui était un crime, et elles ont commencé à se consoler et à s'excuser l'une l'autre ; quand elles ont été trois, elles se sont invitées à dîner ; quand elles ont été quatre, elles ont fait une contredanse. Alors, autour de ces femmes sont venues peu à peu se grouper : les jeunes filles qui ont débuté dans la vie par une faute ; les fausses veuves ; les femmes qui portent le nom de l'homme avec qui elles vivent ; quelques-uns de ces vrais ménages qui ont fait leur surnumérariat dans une liaison de plusieurs années ; enfin toutes les femmes qui veulent faire croire qu'elles ont été quelque chose, et ne veulent pas paraître ce qu'elles sont. A l'heure qu'il est, ce monde irrégulier fonctionne régulièrement, et cette société bâtarde est charmante pour les jeunes gens. L'amour y est plus facile qu'en haut et moins cher qu'en bas.

RAYMOND.

Mais ce monde, où va-t-il ?

OLIVIER.

On n'en sait rien. Seulement, sous cette surface chatoyante, dorée par la jeunesse, la beauté, la fortune, sous ce monde de dentelles, de rires, de fêtes, d'amour, rampent des drames sinistres et se préparent de sombres expiations, des scandales, des ruines, des familles déshonorées, des procès, des enfants séparés de leurs mères, et qui sont forcés de les oublier de bonne heure pour ne pas les maudire plus tard. Puis la jeunesse s'en va, les courtisans s'éloignent; alors arrivent du fond du passé, pour s'emparer de l'avenir, les regrets, les remords, l'abandon, la solitude. Parmi ces femmes, les unes s'attachent à un homme qui a eu la sottise de les prendre au sérieux, et elles brisent sa vie comme elles ont brisé la leur; d'autres disparaissent sans qu'on veuille savoir ce qu'elles sont devenues. Celles-ci se cramponnent à ce monde comme la vicomtesse de Vernières, et y meurent entre le désir de remonter et la crainte de descendre; celles-là, soit qu'elles se repentent sincèrement, soit qu'elles aient peur du désert qui se fait autour d'elles, implorent, au nom des intérêts de famille, au nom de leurs enfants, le pardon de leur mari. Des amis communs interviennent; on met en avant quelques bonnes raisons. La femme est vieille, elle ne fera plus parler d'elle; on replâtre tant bien que mal ce mariage en ruine, on rebadigeonne la façade, on va vivre un an ou deux dans une terre; puis on revient, le monde ferme les yeux et laisse rentrer de temps en temps, par une petite porte, celles qui étaient sorties publiquement par la grande.

RAYMOND.

Comment! tout cela est vrai? Si la baronne vous entendait, elle serait enchantée.

OLIVIER.

Pourquoi?

RAYMOND.

Parce qu'elle m'a déjà dit la même chose.

OLIVIER.

Elle?

RAYMOND.

Oui; avec moins d'esprit, je l'avoue

OLIVIER.

Ah! (A part.) C'est pourtant assez spirituel, ce qu'elle a fait là. (Haut.) Mais si la baronne connaît si bien ce monde, pourquoi y vient-elle?

RAYMOND.

C'est ce que je lui ai demandé; elle m'a répondu que des amitiés contractées autrefois l'y ramenaient de temps en temps; madame de Santis, par exemple, est une amie d'enfance. Puis elle s'intéresse à mademoiselle de Sancenaux, qu'elle voudrait justement tirer de la mauvaise position où elle est. Cependant, avant peu, elle en aura fini avec cette société.

OLIVIER.

Comment?

RAYMOND.

C'est un secret, mais d'ici à huit jours, vous apprendrez une grande nouvelle.

SCÈNE IX

Les Mêmes, MARCELLE.

MARCELLE.

Monsieur de Nanjac, madame d'Ange vous demande elle désire vous parler. (Raymond sort.) Ne vous en allez pas, monsieur de Jalin, j'ai à causer avec vous.

OLIVIER.

A vos ordres, mademoiselle.

MARCELLE.

Vous avez été dur pour moi tout à l'heure, vous m'avez fait pleurer; que vous avais-je fait?

OLIVIER.

Rien, absolument.

MARCELLE.

Ce n'est pas la première fois que vous me traitez mal. Je sais que vous avez une mauvaise opinion de moi; on me l'a dit.

OLIVIER.

On vous a trompée.

MARCELLE.

Et cependant, autrefois, vous n'étiez pas ainsi pour moi; au contraire, vous trouviez souvent une bonne parole à me dire. Je croyais presque à votre amitié. Vous n'étiez pas heureux du côté de votre famille; vous m'en aviez fait la confidence... J'avais aussi mes chagrins. Il aurait dû y avoir sympathie entre nous. Pourquoi m'en voulez-vous, à présent? Quelle action peut-on me reprocher ?

OLIVIER.

Cette sympathie d'autrefois, mademoiselle, vous me l'inspirez toujours. Seulement...

MARCELLE.

Oh! dites!

OLIVIER.

Eh bien, il faut qu'une jeune fille soit jeune fille, et ne s'occupe que des choses qui sont à la portée de son âge. Or, il y a des moments où votre conversation m'embarrasse, moi, un homme! et je ne saurais que vous répondre. J'ai donc quelquefois déploré de vous voir élevée dans ce mauvais monde, et de vous entendre parler des choses dont vous parliez tout à l'heure.

MARCELLE.

Alors, votre sévérité était de l'intérêt; merci. Mais comment faire? Ce monde où je vis, je ne puis le quitter. Je n'ai plus de père, je n'ai plus de mère. Le langage que je parle est celui que j'entends depuis plusieurs années.

Peut-être n'est-ce pas un malheur que j'aie vécu dans ce milieu ? En voyant tous les jours où une femme peut arriver à la suite d'une première faute, j'ai appris à ne pas commettre cette faute.

OLIVIER.

C'est vrai.

MARCELLE.

Mais cela ne suffit pas, à ce qu'il paraît, pour l'avenir surtout. Eh bien, puisque vous vous intéressez à moi monsieur Olivier, je vous demande un conseil.

OLIVIER.

Parlez, mademoiselle.

MARCELLE.

Une fille comme moi, sans famille, sans fortune, sans autre protecteur qu'une parente comme madame de Vernières, élevée dans le monde où je me trouve, si elle veut se soustraire aux influences, échapper aux suppositions, résister aux mauvais conseils et au découragement, comment doit-elle s'y prendre ? (Un temps.) Vous ne répondez rien ? Vous pouvez me plaindre, me blâmer même, vous ne pouvez pas me conseiller. Pourrai-je dire maintenant que je ne suis plus une petite fille ?

OLIVIER, ému.

Pardonnez-moi.

MARCELLE.

Je fais plus que vous pardonner, je vous remercie de m'avoir ouvert les yeux avant qu'il soit trop tard. Seulement, je vous demanderai, quoi qu'il arrive, si l'on médit de moi, de me défendre un peu, et je vous promets, en échange, de trouver le moyen de rester une honnête femme. Je rencontrerai peut-être un jour un honnête homme qui m'en saura gré. Au revoir, monsieur Olivier, au revoir et merci. (Elle tend la main à Olivier ; — Suzanne entre.)

SCÈNE X

Les Mêmes, SUZANNE.

SUZANNE.

Je vois avec plaisir que la paix est faite.

MARCELLE.

Oui, et j'en suis bien heureuse. (Elle sort.)

OLIVIER.

Étrange fille !

SUZANNE, à Olivier.

Elle vous aime.

OLIVIER.

Moi ?

SUZANNE.

Il y a longtemps.

OLIVIER.

Eh bien, on apprend tous les jours quelque chose.

SUZANNE.

Ainsi, moi, je viens d'apprendre qu'on ne peut pas se fier à votre parole.

OLIVIER.

Parce que ?

SUZANNE.

Parce que vous ne m'avez pas tenu l'amitié que vous m'aviez promise.

OLIVIER.

Qu'ai-je donc fait ?

SUZANNE.

M. de Nanjac vient de me répéter votre conversation.

OLIVIER.

Je n'ai pas parlé de vous.

SUZANNE.

Ceci est une subtilité. Dire à M. de Nanjac ce que vous lui avez dit, c'eût été lui dire du mal de moi, si, à tout hasard, je n'avais pris les devants.

OLIVIER.

Que vous importe, puisque vous n'aimez pas M. de Nanjac?

SUZANNE.

Qu'en savez-vous?

OLIVIER.

Vous l'aimez?

SUZANNE.

Je n'ai pas de compte à vous rendre.

OLIVIER.

Peut-être.

SUZANNE.

Alors, c'est la guerre?

OLIVIER.

Va pour la guerre.

SUZANNE

Vous avez des lettres de moi; je vous prie de me les remettre.

OLIVIER.

Demain, je vous les rapporterai moi-même.

SUZANNE.

A demain, alors.

OLIVIER.

A demain!

Il sort.

ACTE TROISIÈME

Un salon chez Suzanne.

SCÈNE PREMIÈRE

SUZANNE, SOPHIE.

SUZANNE, à Sophie.

Mon notaire ne s'est pas encore présenté ?

SOPHIE.

Non, madame.

SUZANNE.

Je vais sortir ; si quelqu'un vient, vous ferez attendre.

SOPHIE, ouvrant la porte pour sortir.

Mademoiselle de Sancenaux.

SUZANNE.

Qu'elle entre...

Marcelle entre, Sophie sort.

SCÈNE II

SUZANNE, MARCELLE.

SUZANNE.

A quoi dois-je votre bonne visite, chère enfant.

MARCELLE.

Je ne vous dérange pas ?

ACTE TROISIÈME.

SUZANNE.

Vous ne me dérangez jamais. Vous savez que je vous aime et que je serais heureuse de vous être agréable. De quoi s'agit-il?

MARCELLE.

Vous pouvez beaucoup pour mon avenir.

SUZANNE.

J'écoute.

MARCELLE.

Vous avez une grande influence sur M. de Thonnerins?

SUZANNE.

Il veut bien avoir quelque amitié pour moi.

MARCELLE.

Il y a quatre ou cinq ans, il avait offert à ma tante de me prendre chez lui et de me faire élever auprès de sa fille, à qui il eût voulu donner une compagne de son âge.

SUZANNE.

Il m'a en effet, à cette époque, parlé de cette intention. Votre tante a refusé.

MARCELLE.

Malheureusement! Si elle eût consenti, je ne serais pas maintenant dans la position où je me trouve.

SUZANNE.

Que se passe-t-il donc?

MARCELLE.

Je ne veux pas me plaindre de ma tante! Ce n'est pas sa faute si la bien modeste fortune que m'avaient laissée mes parents s'est trouvée peu à peu absorbée par les dépenses de la maison. Si nous comptions, ce serait moi qui lui redevrais encore; il est des soins et des affections qui ne se payent pas; mais les ennuis d'argent finissent par aigrir les meilleurs caractères. Nous avons eu hier, après votre départ, une explication un peu amère, quand je lui ai appris que je n'aimais pas M. de Nanjac, quand je lui ai dit que je ne ferais rien pour être sa femme.

SUZANNE.

D'autant plus que vous aimez quelqu'un.

MARCELLE.

Peut-être! A la suite de notre explication, ma tante m'a laissé comprendre que, si je n'entrais pas dans ses vues, je ne devais plus compter sur elle, et, cette nuit, comme je ne dormais pas, je cherchais les moyens de ne plus lui être à charge. Je me suis souvenue des propositions faites autrefois par M. de Thonnerins. Alors, j'ai pensé à venir vous trouver, vous si obligeante, et à vous prier de demander au marquis s'il ne voudrait pas faire pour moi aujourd'hui ce qu'il offrait de faire il y a quatre ans. Mademoiselle de Thonnerins ne se mariera pas avant un an ou deux; elle vit très seule; je l'aimerai bien; elle m'aimera, j'en suis sûre, et, une fois mariée, je ne doute pas qu'elle ne me garde auprès d'elle. Je suis certaine que, si vous me protégez, ma petite combinaison réussira, et je vous devrai, sinon une existence brillante, du moins une existence telle que je la désire, indépendante, obscure et calme.

SUZANNE.

Je verrai le marquis aujourd'hui même.

MARCELLE.

Vraiment?

SUZANNE.

Il faut que je sorte, je vais aller le voir.

MARCELLE.

Que vous êtes bonne!...

SUZANNE.

Donnez-moi une lettre pour lui..

ACTE TROISIÈME.

MARCELLE.

Je vais rentrer et vous envoyer cette lettre.

SUZANNE.

Écrivez ici, c'est bien plus simple, pendant que je mets un châle et un chapeau. Préparez votre lettre, apportez-la-moi dans ma chambre, et attendez la réponse ; je serai rentrée avant une heure... (Elle sonne.)

MARCELLE.

Je retournerai pendant votre absence chez ma tante. Je suis sortie avec la femme de chambre sans la prévenir, et elle pourrait être inquiète.

SUZANNE, au domestique qui entre.

Si M. de Jalin vient, vous le prierez de m'attendre, ainsi que M. de Nanjac... (Le domestique sort. A Marcelle.) Il pourrait arriver des visites qui nous retarderaient. Je vous attends dans ma chambre.

Elle sort.

SCÈNE III

MARCELLE, puis OLIVIER.

MARCELLE, seule, écrivant.

J'ai eu là une bonne inspiration... Que Dieu me protège ! Il me protégera... (Pendant ce temps, Olivier est entré ; il considère quelques instants Marcelle en silence. — Celle-ci se lève, cachette sa lettre et, en se retournant, aperçoit Olivier.) Ah !

OLIVIER.

Je vous ai fait peur, mademoiselle ?

MARCELLE.

Je ne m'attendais pas à vous voir là tout à coup.

OLIVIER.

Vous paraissez toute joyeuse, ce matin...

MARCELLE.

Oui, j'ai au cœur une douce espérance, et je suis aise de vous rencontrer en ce moment, car c'est à vous que je la dois. Depuis hier, l'avenir m'apparaît sous un aspect tout nouveau.

OLIVIER.

Que vous arrive-t-il?

MARCELLE.

Vous le saurez. Est-ce que je puis avoir des secrets pour vous, mon meilleur ami? A bientôt!

OLIVIER.

Vous partez déjà!

MARCELLE.

Je reviendrai dans une heure. Vous serez encore ici; je dirai à la baronne, que je vais rejoindre, de vous retenir. (Lui prenant la main.) Soyez toujours franc comme vous l'avez été hier.

Elle sort.

SCÈNE IV

OLIVIER, seul.

On arrivera peut-être à définir le cœur de la femme, mais celui qui définira le cœur de la jeune fille sera véritablement fort. Dieu sait ce que je pensais hier de cette enfant; Dieu sait ce qu'elle m'inspire aujourd'hui. (Tirant un paquet cacheté de lettres de sa poche.) En attendant mettons l'épitaphe sur ce passé mort, et que la terre lui soit légère. (Écrivant.) « A madame la baronne d'Ange... » (Raymond entre.) Raymond! diable!...

Il remet les lettres dans sa poche.

SCÈNE V

OLIVIER, RAYMOND.

OLIVIER.

Tiens, c'est vous, mon cher Raymond! Je devais vous rencontrer, je parlais de vous tout à l'heure.

RAYMOND.

Où donc?

OLIVIER.

Chez le père de Maucroix, avec qui j'ai déjeuné. Quand je dis : je parlais de vous, je me trompe; il parlait de vous.

RAYMOND.

Suis-je donc connu de M. de Maucroix le père?

OLIVIER.

Personnellement, non; mais il est lié avec le ministre de la guerre, et, comme M. de Maucroix sait que je vous connais, et qu'en sa qualité de vieux militaire il s'intéresse à ceux qui, comme vous, portent dignement l'uniforme, il m'a demandé si je savais pourquoi vous avez donné votre démission au ministre. Je lui ai répondu que, loin de savoir pourquoi, j'ignorais même que cette démission eût été donnée. J'ai ajouté que je doutais de la vérité du fait; mais il m'a affirmé tenir la nouvelle du ministre lui-même.

RAYMOND.

Le fait est vrai, et, si je ne vous en ai pas encore parlé...

OLIVIER.

Vos secrets sont à vous, mon cher Raymond. Mon amitié va jusqu'à l'intérêt, mais elle ne va pas jusqu'à l'indiscrétion. Si vous avez donné votre démission, ce qui est une détermination grave, vous aviez de puissantes raisons que la sollicitude d'un ami eût inutilement combattues. Vous vous portez bien, du reste?

RAYMOND.

Parfaitement. Vous me quittez?

OLIVIER.

Oui, puisque la baronne ne rentre pas.

RAYMOND.

Nous pouvons l'attendre ensemble, si vous voulez.

OLIVIER.

Je n'ai pas le temps; j'ai une visite à faire...

RAYMOND.

Faudra-t-il lui dire quelque chose de votre part?

OLIVIER, après un temps.

Dites-lui, si vous voulez, que je lui apportais ce qu'elle m'a demandé.

RAYMOND.

Quelle commission mystérieuse! Est-ce que vous m'en voulez?

OLIVIER.

Et pourquoi, grand Dieu?

RAYMOND.

C'est tout naturel. Vous avez de l'amitié pour moi, vous avez le droit de vous étonner et même de m'en vouloir si je vous cache quelque chose. Pardonnez-moi! On m'avait recommandé le silence, quelqu'un à qui je ne pouvais pas refuser ce qu'il me demandait; et non seulement je ne vous ai pas dit la vérité, mais, hier, je vous ai fait un petit mensonge. Je m'accuse. Maintenant, je vais tout vous dire, car, depuis hier, je suis mal à mon aise; j'ai honte de vous avoir trompé.

OLIVIER.

J'aime autant que vous ne me disiez rien; je vous prie même de ne me rien dire.

RAYMOND.

C'est là une petite rancune bonne pour les enfants, mais indigne de notre âge, mon cher Olivier, d'autant plus qu'aujourd'hui même j'allais passer chez vous, ayant un service à vous demander.

OLIVIER.

Un service?

RAYMOND.

Je me marie.

OLIVIER.

Vous?

RAYMOND

Moi.

OLIVIER.

Et vous épousez?

RAYMOND.

Devinez.

OLIVIER.

Comment voulez-vous que je devine?

RAYMOND.

Je vous disais bien, la première fois que nous nous sommes vus, que les renseignements que je vous demandais pouvaient avoir la plus grande influence sur ma vie. J'épouse madame d'Ange.

OLIVIER.

Suzanne? (Se reprenant.) La baronne?

RAYMOND.

Oui.

OLIVIER.

Vous plaisantez!

RAYMOND.

Je ne plaisante pas.

OLIVIER.

C'est sérieux, alors?

RAYMOND.

Tout ce qu'il y a de plus sérieux.

OLIVIER.

C'est elle qui a eu l'idée de ce mariage?

RAYMOND.

C'est moi.

OLIVIER.

Ah! — Je vous fais mon compliment, mon ami.

RAYMOND.

Cette nouvelle paraît vous étonner.

OLIVIER.

J'avoue que je ne m'y attendais pas. Je me doutais bien, quoique vous ayez voulu me détromper hier, que vous étiez toujours amoureux de madame d'Ange; j'avais bien pensé que vous donniez votre démission pour rester le plus longtemps possible auprès d'elle; mais je n'avais pas supposé une seconde, je l'avoue, qu'il pût être question du mariage.

RAYMOND.

Pourquoi pas?

OLIVIER.

Parce qu'à mon avis le mariage est une chose grave, et que, quand il s'agit d'engager toute sa vie sur un mot, il faut réfléchir plus longtemps que vous ne l'avez fait.

RAYMOND.

Je pense, au contraire, cher ami, que, lorsqu'on croit rencontrer le bonheur, il faut se hâter de le saisir. Je suis libre, je n'ai pas de famille, je n'ai jamais aimé. J'ai trente-deux ans. Madame d'Ange est libre, elle est veuve, c'est une femme du monde, vous me l'avez dit vous-même; je l'aime, elle m'aime, nous nous marions; c'est une chose naturelle, il me semble.

OLIVIER.

Parfaitement. Et quand vous mariez-vous?

RAYMOND.

Dans les délais légaux. Ne parlez pas de ce mariage; la baronne désire qu'il n'en soit pas question; nous comptons vivre dans la retraite; elle voulait même se marier loin de Paris. C'est moi qui ai tenu à ce que le mariage ait lieu ici, à cause de vous.

OLIVIER.

A cause de moi?

RAYMOND.

Oui, j'ai besoin de témoins pour me marier, et j'ai compté sur votre assistance.

OLIVIER.

Moi, témoin de votre mariage avec la baronne? C'est impossible.

RAYMOND.

Vous me refusez.

OLIVIER.

Je pars demain.

RAYMOND.

Vous ne m'aviez pas parlé de ce voyage! Ah çà! qu'avez-vous, mon cher Olivier? Vous avez l'air tout embarrassé depuis quelques minutes.

OLIVIER.

C'est que c'est très embarrassant.

RAYMOND.

Qu'y a-t-il? Parlez.

OLIVIER.

Voyons, Raymond, êtes-vous convaincu que, si je vous donnais un conseil dans une situation grave, ce ne pourrait être que pour votre bien?

RAYMOND.

Oui.

OLIVIER.

Alors, croyez-moi, retardez cette union, puisqu'il en est temps encore.

RAYMOND.

Que voulez-vous dire?

OLIVIER.

Je veux dire que, si amoureux que l'on soit, il est inutile de se marier — quand on peut faire autrement.

RAYMOND.

En vous disant que j'aime madame d'Ange, mon cher Olivier, j'ai probablement oublié de vous dire que je l'estime.

OLIVIER.

Soit! mon cher, n'en parlons plus; au revoir.

RAYMOND.

Vous n'attendez pas la baronne?

OLIVIER.

Non, je reviendrai.

RAYMOND.

Olivier.

OLIVIER.

Raymond?

RAYMOND.

Vous avez quelque chose sur le cœur.

OLIVIER.

Rien.

RAYMOND.

Si.

OLIVIER.

Dame! mon cher, vous n'êtes pas un homme comme tout le monde.

RAYMOND.

Qu'ai-je donc de particulier?

OLIVIER.

Il n'y a pas moyen de causer avec vous; vous tournez en mal le bien qu'on vous veut. Au moindre mot, vous prenez feu comme un canon, vous avez des raisonnements de boulet de 48, qui vous cassent bras et jambes, c'est décourageant. Je vous donne un conseil d'ami, que je crois de mon devoir de vous donner; vous m'arrêtez net avec une de ces réponses en marbre, comme vous seul, je crois, savez les faire. Nous ne sommes pas familiarisés avec ces caractères tout d'une pièce, nous autres Parisiens habitués à nous comprendre à demi-mot. Vous me faites peur.

RAYMOND.

Eh! mon cher, le métier de soldat ne m'a pas ôté tout sens et tout esprit. Je sais encore qu'une situation, — c'est là ce que vous voulez dire sans doute, — peut avoir deux faces, une sérieuse et une comique; jusqu'à présent, j'ai pris ma situation au sérieux; si elle est comique, et que je ne le voie pas, c'est la faute de mon inexpérience, et c'est le droit et le devoir d'un ami de m'éclairer, et, croyez-le bien, quand j'aurai vu, eh! mon Dieu, je serai le premier à rire.

OLIVIER.

Vous dites cela; mais vous ne ririez pas.

RAYMOND.

Vous ne me connaissez guère. Il arrive tous les jours qu'un homme se trompe. Eh bien, le jour où on le lui démontre, ce qu'il a de mieux à faire, c'est d'en prendre gaiement son parti. Tout ou rien, voilà ma devise!

OLIVIER.

Votre parole?

RAYMOND.

Ma parole.

OLIVIER.

Alors, mon cher, puisqu'il en est ainsi, rions.

RAYMOND.

J'ai fait fausse route?

OLIVIER.

Tout bonnement.

RAYMOND.

Elle ne m'aime pas?

OLIVIER.

Je ne dis pas cela; au contraire, je crois qu'elle vous aime beaucoup. Mais, entre nous, ce n'est pas une raison pour vous marier, car, pour elle, c'est autre chose. Un mari comme vous, on ne le trouve pas tous les jours, et il faut en essayer pas mal avant de le rencontrer.

RAYMOND.

Ah! Et la baronne?... Contez-moi cela.

OLIVIER.

Ce serait bien long. D'ailleurs, les affaires des autres ne me regardent pas. Tout ce qu'il m'appartient de vous dire, c'est qu'on n'épouse pas madame d'Ange.

RAYMOND.

Vraiment?

OLIVIER.

Il faut arriver d'Afrique pour avoir cette idée-là.

RAYMOND.

Vous m'ouvrez les yeux! Je comprends maintenant pourquoi elle voulait que je gardasse le silence sur ce mariage; pourquoi elle voulait se marier loin de Paris; pourquoi elle me disait de me défier de vous.

OLIVIER.

Elle savait bien que je vous aimais trop pour vous laisser faire une pareille... chose, sans vous renseigner un peu.

RAYMOND.

Savez-vous que cette femme est adroite? Elle s'était complètement emparée de mon esprit et de mon cœur.

OLIVIER.

Elle est très séduisante, il faut le reconnaître; elle a un esprit charmant, elle est supérieure à toutes les femmes qui l'entourent, car c'est déjà une supériorité sur elles que de s'être introduite dans leur monde et d'y tenir la place qu'elle y tient. N'épousez pas Suzanne, mais aimez-la, elle en vaut la peine.

RAYMOND.

Vous en savez quelque chose, vous?

OLIVIER.

Moi, non.

RAYMOND.

De la discrétion à cette heure. A quoi bon? Ce n'est plus comme la première fois que je vous ai vu; ce jour-là, vous avez été discret; c'était tout naturel; vous ne me connaissiez pas.

OLIVIER.

Je vous ai dit la vérité.

RAYMOND.

Laissez donc!

OLIVIER.

Ma parole! Vous m'avez dit : « Vous n'êtes que l'ami de madame d'Ange? » Je vous ai dit : « Oui; » c'est vrai, je n'étais que son ami. Du reste je ne vous connaissais pas, comme vous dites fort bien; vous vous étiez présenté en homme qui voulait tout tuer; je n'avais pas de bien bonnes raisons pour m'intéresser à vous. Je me disais : « Voilà un garçon qui est amoureux de la baronne; il est ou il va être son amant; il repartira dans deux mois avec la conviction qu'il a été aimé d'une femme du monde, et il ira se faire tuer là-dessus. Bon voyage! »

Mais, maintenant que j'ai été à même d'apprécier votre cœur, votre franchise, votre caractère, vous m'apprenez que vous allez lui donner votre nom! Diable! c'est une autre affaire, et le silence serait une trahison dont vous auriez le droit de me demander compte un jour. Je ne vous cache donc plus rien. Les choses ont suivi, je crois, leur progression naturelle; vous ne m'en voulez pas?

RAYMOND.

Moi, vous en vouloir, cher ami? êtes-vous fou? Croyez bien, — au contraire, — que je n'oublierai de ma vie le service que vous me rendez...

OLIVIER.

Avec les gens amoureux, on ne sait jamais à quoi s'en tenir.

RAYMOND.

Je n'aime plus cette femme.

OLIVIER.

Mais il est bien entendu que tout ce que je viens de vous dire reste entre nous deux.

RAYMOND.

Naturellement. Maintenant, que me conseillez-vous?

OLIVIER.

Dame! ceci vous regarde.

RAYMOND.

C'est assez embarrassant. Au point où en sont les choses, il me faudrait une raison.

OLIVIER.

Dans ces cas-là, toutes les raisons sont bonnes. Au moment décisif, vous aurez une inspiration. Du reste, à ce moment-là, elle sera forcée de vous avouer sa position. La raison sera suffisante.

RAYMOND.

Quelle position?

OLIVIER.

Pour faire une veuve, il faut un mari, un mari mort, c'est vrai; mais un mari mort, c'est plus difficile à se procurer qu'un mari vivant.

RAYMOND.

Ainsi, elle n'est pas veuve?

OLIVIER.

Elle n'a jamais été mariée.

RAYMOND.

Vous en êtes sûr?

OLIVIER.

J'en suis sûr. Personne n'a jamais vu le baron d'Ange!... Du reste, si vous voulez des renseignements certains sur elle, allez trouver le marquis de Thonnerins, puisque votre sœur le connaît. En voilà un qui doit en savoir long sur la baronne! Mais ne me trahissez pas; ce sont là de ces services qu'on se rend entre amis, mais qu'il est inutile de divulguer. Sur ce, adieu; j'aime autant qu'elle ne me trouve pas ici, elle se douterait de quelque chose, et il faut qu'elle ignore notre conversation.

RAYMOND.

Bien entendu. Il est inutile alors que je m'acquitte de la commission dont vous m'aviez chargé?

OLIVIER.

Quelle commission?

RAYMOND.

Ne m'aviez-vous pas prié de lui dire que vous lui rapporteriez plus tard ce que vous lui rapportiez ce matin?

OLIVIER.

Ne lui dites rien.

RAYMOND.

Qu'est-ce que c'était donc encore?

OLIVIER.

C'étaient des papiers.

RAYMOND.

Des papiers d'affaires?

OLIVIER.

Oui.

RAYMOND.

D'affaires d'intérêt?

OLIVIER.

Justement. Adieu.

RAYMOND.

Aujourd'hui, cher ami, ce n'est pas la première fois que vous me voyez. Vous avez donc tort de ne pas être franc jusqu'au bout avec moi. Ces papiers sont des lettres, avouez-le. (Silence.) Voyons! pendant que nous y sommes; plus vous m'en direz, mieux cela vaudra.

OLIVIER.

Eh bien, oui, ce sont des lettres.

RAYMOND.

Des lettres qu'elle vous a écrites, et qu'en se mariant elle désire ravoir. Allons, faites bien les choses.

OLIVIER.

Comment?

RAYMOND.

Prouvez-moi que vous êtes réellement mon ami.

OLIVIER.

Que faut-il faire?

RAYMOND.

Donnez-moi ces lettres.

OLIVIER.

A vous?

ACTE TROISIÈME.

RAYMOND.

Oui.

OLIVIER.

Vous savez bien que cela ne se peut pas.

RAYMOND.

Pourquoi !

OLIVIER.

Parce qu'on ne donne pas les lettres d'une femme.

RAYMOND.

Cela dépend.

OLIVIER.

De quoi ?

RAYMOND.

Du point où on en est avec celui qui les demande.

OLIVIER.

Les lettres d'une femme sont sacrées, quelle que soit la femme.

RAYMOND, devenant grave.

Il est peut-être un peu tard pour invoquer ces maximes-là, mon cher Olivier.

OLIVIER.

Vous trouvez ?

RAYMOND.

Oui, quand on a commencé une confidence du genre de celle que vous avez commencée, il faut aller jusqu'au bout.

OLIVIER.

Ah ! tenez, mon cher Raymond, je m'aperçois que j'ai fait une sottise, et que j'aurais dû me taire.

RAYMOND.

Parce que ?

OLIVIER.

Parce que vous n'avez pas envie de rire, parce que vous aimez madame d'Ange plus que vous ne le dites, parce qu'enfin votre gaieté de tout à l'heure n'était qu'un moyen de me faire parler. Vous êtes plus adroit que je ne le pensais. Adieu.

RAYMOND.

Voyons, Olivier, au nom de notre amitié, donnez-moi ces lettres.

OLIVIER.

Vous me demandez un acte impossible, je vous le répète, une chose indigne de vous et de moi ; cela m'étonne de votre part.

RAYMOND.

Je vous demande tout simplement la preuve de ce que que vous m'avez dit...

OLIVIER.

Libre à vous d'en douter.

RAYMOND.

Je ferais pour vous ce que je vous demande de faire pour moi.

OLIVIER.

Jurez-le-moi sur l'honneur.

RAYMOND.

Je... (Il se tait.)

OLIVIER.

Vous voyez bien !

RAYMOND.

Vous avez raison. Eh bien, je vous jure sur l'honneur de ne pas lire ces lettres. Donnez-les-moi, je les remettrai moi-même à madame d'Ange.

OLIVIER.

Non.

RAYMOND.

Vous doutez de ma parole?

OLIVIER.

Dieu m'en garde!

RAYMOND.

Cependant...

OLIVIER.

Écoutez, Raymond, vous ne me pardonnerez jamais de vous avoir dit la vérité. Moi, je ne puis m'en repentir, car j'ai agi comme j'ai cru de mon devoir d'agir. Il n'y avait pas à hésiter entre une complicité tacite à accorder à madame d'Ange et l'avertissement que je vous ai donné. Entre gens comme nous, l'explication que nous avons eue aurait dû suffire! Elle ne suffit pas, prenons que nous n'avons rien dit. Je suis venu pour remettre à madame d'Ange, ou pour lui laisser, si je ne la trouvais pas chez elle, des papiers qui lui appartiennent depuis l'instant où elle me les a redemandés. Les voici sous enveloppe et cachetés. Madame d'Ange est sortie : je dépose ces papiers sur sa table pour qu'elle les trouve en rentrant, et je viendrai dans une demi-heure savoir si elle les a trouvés. Maintenant, mon cher Raymond, faites de la position ce que bon vous semblera! J'étais votre ami, je le serai encore tant qu'il vous plaira que je le sois. Adieu, ou au revoir. Il sort.

SCÈNE VI

RAYMOND, seul

Olivier!... (Se dirigeant vers les lettres.) Après tout, le passé de cette femme m'appartient, puisque je lui donne mon nom! Lisons ces lettres... (Les replaçant sur la table.) Il a raison, c'est impossible!

SCÈNE VII

RAYMOND, SUZANNE.

SUZANNE, entrant.

J'ai été bien longtemps dehors, mon ami.

RAYMOND.

Non; d'ailleurs, je n'étais pas seul.

SUZANNE.

Qui donc est venu?

RAYMOND.

M. de Jalin.

SUZANNE.

Pourquoi n'a-t-il pas attendu mon retour?

RAYMOND.

Il était pressé, à ce qu'il paraît.

SUZANNE.

Reviendra-t-il?

RAYMOND.

Oui, dans une demi-heure. D'où venez-vous, ma chère Suzanne?

SUZANNE.

Oh! je viens de faire des courses bien ennuyeuses; mais, comme c'est pour vous, je ne me plains pas.

RAYMOND.

Pour moi?

SUZANNE.

Oui, pour vous, monsieur. Quand on se marie, ne faut il pas mettre toutes ses affaires en ordre? Je ne me plaindrais que si vous aviez changé d'idée...

ACTE TROISIÈME.

RAYMOND.

Pas encore.

SUZANNE.

Est-ce qu'il y a des chances pour que cela arrive?

RAYMOND.

Cela dépendra de vous.

SUZANNE.

Alors je n'ai rien à craindre. Vous m'aimez toujours?

RAYMOND.

Toujours; plus encore que vous ne pouvez le croire. Voyons, Suzanne, vous venez?...

SUZANNE.

Je viens de chez mon notaire. Mon mari doit connaître l'état de ma fortune.

RAYMOND.

Passons.

SUZANNE.

Je viens de lever mon acte de naissance; vous voyez, je ne vous ai pas trompé, je suis une vieille femme, j'ai vingt-huit ans, il n'y a pas à s'en dédire. (Lisant.) « Une enfant du sexe féminin, née le quatre février mil huit cent dix-huit, à onze heures du soir; fille de Jean-Hyacinthe, comte de Berwach, et de Joséphine-Henriette de Crousserolles, son épouse... » Ah! je suis de bonne famille! et voilà tout ce qui reste des deux premières amours de ma vie, un morceau de papier presque illisible, un acte officiel, froid et sec comme l'épitaphe d'une tombe. Voici mon contrat de mariage. Je n'étais pas bien gaie ce jour-là, mon cher Raymond, car je n'aimais pas mon mari, j'obéissais à ma famille. Du reste, je n'ai rien à reprocher au baron. Il a été pour moi aussi bon que possible; c'était un homme de la vieille roche, dernier rejeton d'une famille éteinte aujourd'hui. Enfin voici l'acte de décès de mon mari, c'est-à-dire mon droit de vous aimer à la face de tous. Comme vous le voyez, je suis veuve depuis huit ans. Le passé est en règle, ne nous occupons plus que de l'avenir. Qu'avez-vous donc? Vous paraissez tout préoccupé.

RAYMOND.

Voulez-vous me confier ces papiers?

SUZANNE.

Volontiers, mais ne les perdez pas.

RAYMOND.

Soyez tranquille, je les joindrai aux miens dès que je les aurai reçus. C'est tout ce que vous avez fait ce matin?

SUZANNE.

Non pas. Je suis allée voir mon tuteur, le marquis de Thonnerins, pour mademoiselle de Sancenaux, tenez, qui m'a prié de lui demander quelque chose; je n'ai pas réussi, j'en suis très contrariée! La pauvre enfant va venir chercher la réponse, je ne sais comment la lui donner.

RAYMOND.

Il y a un moyen.

SUZANNE.

Lequel!

RAYMOND.

C'est de lui écrire avant qu'elle vienne. N'est-ce pas là le moyen qu'on emploie pour les mauvaises nouvelles?

SUZANNE.

Oui, mais c'est si ennuyeux d'écrire!

RAYMOND.

C'est selon! aux gens qu'on aime, par exemple.

SUZANNE.

Ah! cela, c'est autre chose.

RAYMOND.

Cependant, vous ne m'avez jamais écrit.

SUZANNE.

Je vous voyais tous les jours, que vous aurais-je écrit? D'ailleurs, vous n'y perdez pas, j'ai une écriture affreuse, de véritables pattes de mouche.

RAYMOND.

Nous allons voir cette vilaine écriture.

SUZANNE.

Vous y tenez?

RAYMOND.

Oui.

SUZANNE.

Allons! (Elle écrit.) « Ma chère enfant!... » Ah! la mauvaise plume! « J'ai été voir M. de Thonnerins, comme je vous l'avais promis, mais je n'ai pas trouvé notre vieil ami dans les dispositions où j'espérais le trouver... » (A Raymond, qui suit des yeux ce qu'elle écrit.) C'est illisible, n'est-ce pas?

RAYMOND.

A peu près. Voulez-vous me donner ce commencement de lettre?

SUZANNE.

Pourquoi faire?

RAYMOND.

Donnez-le-moi.

SUZANNE.

Le voici.

RAYMOND, après avoir attentivement regardé la lettre.

Ma chère Suzanne, j'ai oublié de vous dire que M. de Jalin a laissé un petit paquet pour vous.

SUZANNE.

Qui contient?

RAYMOND.

Des lettres.

SUZANNE.

Des lettres? quelles lettres?

RAYMOND.

Des lettres que vous lui avez demandées.

SUZANNE.

Moi?

RAYMOND.

Vous-même.

SUZANNE.

Des lettres de qui?

RAYMOND.

De vous!

SUZANNE.

De moi? Je ne comprends pas du tout. Où sont ces lettres?

RAYMOND.

Les voici.

SUZANNE.

Donnez.

RAYMOND.

Pardon, ma chère Suzanne, je vous demanderai la permission de décacheter ce paquet.

SUZANNE.

Est-ce à moi que M. de Jalin apportait ces lettres?

RAYMOND.

Je vous l'ai déjà dit.

SUZANNE.

Alors, décachetez, lisez, si bon vous semble. Si vous désiriez voir quelque chose dans ces lettres, vous n'aviez même pas besoin d'attendre mon retour; seulement, je vous demanderai, quand vous aurez vu ce que vous voulez voir, de m'expliquer ce que tout cela signifie, car, pour moi, je n'y comprends absolument rien.

RAYMOND.

Je vous expliquerai tout, je vous le promets, ou plutôt nous nous expliquerons. (Il décachette le paquet, prend une lettres qu'il lit et la compare à celle que Suzanne écrivait à Marcelle.)

SUZANNE.

Eh bien?

RAYMOND.

Suzanne! on se joue de quelqu'un ici.

SUZANNE.

De moi, sans doute car je veux mourir, si je devine un mot de cette énigme.

RAYMOND.

Voyez ces lettres.

SUZANNE.

Ce sont des lettres de femme.

RAYMOND.

Lisez-les.

SUZANNE, parcourant les lettres.

Ce sont des lettres d'amour ou à peu près, car les expressions n'en sont pas bien tendres. Cependant, elles peuvent passer pour des lettres d'amour; après?

RAYMOND.

Vous ne savez pas qui a écrit ces lettres?

SUZANNE.

Comment voulez-vous que je le sache? Elles ne sont pas signées.

RAYMOND.

Ainsi ces lettres ne sont pas de votre écriture?

SUZANNE.

Comment, de mon écriture! Est-ce que vous devenez

fou? Est-ce que mon écriture ressemble à celle-ci? Je le voudrais cependant ; cette femme écrit très bien.

RAYMOND.

Alors pourquoi ce mensonge d'Olivier, et cet air de vérité surtout?

SUZANNE.

Quel mensonge? Voyons, qu'est-ce que cela signifie? M. de Jalin vous a dit que ces lettres sont écrites par moi?

RAYMOND.

Oui.

SUZANNE, indignée.

Mais, alors, M. de Jalin aurait été mon amant?

RAYMOND.

Il paraît.

SUZANNE.

Il vous l'a dit?

RAYMOND.

Il me l'a laissé entendre.

SUZANNE.

Qu'est-ce que cette plaisanterie?

RAYMOND.

M. de Jalin ne plaisantait pas.

SUZANNE.

Il s'est moqué de vous. Vous lui avez fait un mensonge hier; il s'en est aperçu, il a pris sa revanche aujourd'hui. Je connais M. de Jalin depuis plus longtemps que vous; je le sais incapable d'une lâcheté, et ce dont vous l'accusez en est une. Il m'a fait la cour, j'ai là des lettres de lui, je pourrais vous les montrer; je crois qu'il voit avec déplaisir que je me marie, parce que ce mariage lui enlève toute espérance ; mais de là à vouloir empêcher ce mariage par une calomnie il y a loin. Je ne sais pas ce qui s'est passé, mais je déclare M. de Jalin incapable d'une pareille action.

ACTE TROISIÈME.

RAYMOND.

Nous verrons bien.

SUZANNE.

Vous doutez?

RAYMOND.

C'est une affaire à régler entre lui et moi. Vous allez me jurer que rien de ce que m'a dit M. de Jalin n'est vrai.

SUZANNE.

Un serment? Ah! il y a autre chose qu'une plaisanterie, qu'une calomnie de M. de Jalin, il y a une trahison de vous, monsieur.

RAYMOND.

Une trahison!

SUZANNE.

Oui, vous regrettez déjà les engagements que vous avez contractés avec moi; mais il était bien plus simple de me le dire franchement que d'appeler à votre aide un pareil moyen, qui fait plus d'honneur à votre ingéniosité qu'à votre délicatesse.

RAYMOND.

Vous m'accusez d'une infamie, Suzanne.

SUZANNE.

De quoi m'accusez-vous donc?

RAYMOND.

M. de Jalin va venir; nous éclaircirons le fait devant lui.

SUZANNE.

Comment! il vous faut la permission de M. de Jalin pour croire à ma probité? Je vais vous faire dire par M. de Jalin qu'il n'a pas été mon amant, et vous ne me croirez qu'à cette condition. Pour qui me prenez-vous donc? Je vous aimais, Raymond; mais, je l'avoue, votre caractère soupçonneux et jaloux m'effrayait; de là mes hésitations à devenir votre femme. Cependant, je croyais au moins que vous m'estimiez. Je ne veux pas rechercher les raisons ni les causes de ce qui vient de se produire; vous m'avez soumise à une épreuve humiliante pour mon amour et pour ma dignité, vous avez douté de moi, tout est fini entre nous.

RAYMOND.

Mais ma jalousie est une preuve de mon amour. Je vous aime tant, Suzanne !

SUZANNE.

Je ne veux pas être aimée ainsi

RAYMOND.

Je vous jure...

SUZANNE.

Assez !

RAYMOND.

Suzanne !

SOPHIE, entrant.

Mademoiselle de Sancenaux demande si madame est visible.

SUZANNE.

Faites entrer.

RAYMOND.

Je ne vous quitte pas.

Marcelle entre.

SCÈNE VIII

Les Mêmes, MARCELLE.

MARCELLE.

C'est moi, madame.

SUZANNE.

Vous êtes la bienvenue, chère enfant. (A Raymond.) Je vous prie de m'excuser, monsieur de Nanjac, mais nous avons à causer, mademoiselle et moi.

RAYMOND.

Quand aurai-je l'honneur de vous revoir, madame?

SUZANNE.

A mon retour, je pars ce soir, et, d'ici là, je ne recevrai personne.

Raymond salue et sort. Suzanne sonne

SCÈNE IX

SUZANNE, MARCELLE.

SUZANNE, au domestique.

Si M. de Nanjac se représente aujourd'hui, vous répondrez que je ne suis pas chez moi; s'il insiste, vous ajouterez que j'ai défendu ma porte. Allez! (Le domestique sort.) J'ai vu le marquis, j'ai une mauvaise nouvelle à vous apprendre, ma pauvre enfant: M. de Thonnerins s'intéresse à vous, mais...

MARCELLE.

Mais il me refuse ce que je lui demande.

SUZANNE.

Il voudrait vous l'accorder...

MARCELLE.

Et les considérations du monde s'y opposent. J'ai réfléchi depuis que je vous ai vue, et j'ai compris qu'en effet il n'avait peut-être pas le droit de mettre auprès de sa fille une personne placée dans une situation aussi exceptionnelle que la mienne. Elle est heureuse, mademoiselle de Thonnerins, d'avoir un père pour la protéger ainsi. Je vous remercie, chère madame, et je vous demande pardon de vous avoir dérangée.

SUZANNE.

J'aurais voulu réussir; le marquis vous aime beaucoup; il m'a dit que ce qu'il pourrait faire pour vous être utile, il le ferait, et, s'il se trouvait un honnête homme qui vous aimât, et qu'il n'y eût qu'un obstacle de fortune entre vous et cet homme, il lèverait cet obstacle.

MARCELLE.

Je demandais un appui, non une aumône.

SUZANNE.

C'est mal, ce que vous dites là. Pourquoi désespérer si vite, ma chère enfant? Qui vous dit que l'homme que vous aimez ne vous aimera pas un jour et ne vous aime pas déjà? S'il vous aime, qui empêche que vous soyez sa femme?

MARCELLE.

Je n'aime personne.

SUZANNE.

Soit, ma chère Marcelle, gardez votre secret.

MARCELLE.

Ne vous ai-je pas entendu dire que vous partez ce soir?

SUZANNE.

Oui.

MARCELLE.

Nous ne nous reverrons peut-être plus, alors; mais je n'oublierai jamais combien vous avez été bonne pour moi.

SUZANNE.

Je vous ferai savoir où je serai; vous m'écrirez et de loin comme de près, je ferai tous mes efforts pour vous être utile.

MARCELLE.

Merci. (Elle embrasse Suzanne.) Adieu.

SUZANNE.

Adieu et courage!

LE DOMESTIQUE.

M. Olivier de Jalin.

Marcelle s'apprête à sortir.

SCÈNE X

Les Mêmes, OLIVIER.

OLIVIER.

C'est moi qui vous fais partir, mademoiselle?

MARCELLE.

Non, monsieur, j'allais me retirer

OLIVIER.

Vous voilà toute triste, maintenant. Qu'avez-vous?

MARCELLE.

Les heures se suivent et ne se ressemblent pas. Je m'étais trop hâtée d'espérer. La vie est plus difficile que je ne croyais, quand on est seule à lutter contre elle.

OLIVIER.

Mais quand on est deux? Ne suis-je pas votre ami?... Je ne veux plus que vous soyez triste. Voulez-vous me permettre d'aller vous voir? Vous me conterez vos chagrins.

MARCELLE.

Et tout ce que vous me direz de faire, je le ferai.

OLIVIER.

A bientôt, alors; à tantôt, peut-être.

Il lui serre la main. Elle sort.

SCÈNE XI

SUZANNE, OLIVIER.

SUZANNE.

C'est touchant! Je voudrais vous voir épouser mademoiselle de Sancenaux, après ce que vous avez dit d'elle.

OLIVIER.

Je ne la connaissais pas, et maintenant je la connais.

SUZANNE.

Ce qui prouve qu'il ne faut pas se hâter de parler mal des gens; et, à ce propos, nous avons un compte à régler tous les deux.

OLIVIER.

Quel compte?

SUZANNE.

Faites donc l'homme qui ne comprend pas! Vous avez dit à M. de Nanjac qu'il avait tort de m'épouser.

OLIVIER.

C'est vrai.

SUZANNE.

Et vous lui avez dit pourquoi il avait tort?

OLIVIER.

Oui.

SUZANNE.

Vous avez au moins le mérite de la franchise, ce qui n'empêche pas que vous n'ayez commis là une... Comment dit-on?... Il y a un mot pour ces sortes de choses.

OLIVIER, ayant l'air de chercher.

Une sottise?

SUZANNE.

Non.

OLIVIER.

Une indélicatesse?

SUZANNE.

Ce n'est pas tout à fait cela... Une... l...?

OLIVIER.

Une lâcheté... Dites le mot, il vous brûle les lèvres.

ACTE TROISIÈME.

SUZANNE.

Justement, une lâcheté!

OLIVIER.

Et pourquoi ai-je commis une lâcheté?

SUZANNE.

Parce qu'un homme d'honneur garde ces choses-là pour lui.

OLIVIER.

Ce qui prouve que vous et moi n'avons pas les mêmes idées sur l'honneur, heureusement.

SUZANNE.

Il ne vous faut rien pour ce mot-là?

OLIVIER.

Rien.

SUZANNE.

Et vous avez cru que M. de Nanjac ne me raconterait pas votre conversation?

OLIVIER.

Je l'ai cru parce qu'il m'avait donné sa parole.

SUZANNE.

Vous m'aviez bien donné votre parole d'être mon ami, vous.

OLIVIER.

D'être votre ami, oui; d'être votre complice, non

SUZANNE.

Complice est dur. — (Riant.) Dites donc, Olivier?

OLIVIER.

Quoi?

SUZANNE.

Vous savez que votre démarche a tourné à mon avantage.

OLIVIER.

Tant mieux! De cette façon, j'ai accompli un devoir d'un côté, et, de l'autre, je vous ai rendu service.

SUZANNE.

Il est plus amoureux que jamais.

OLIVIER.

Vraiment?

SUZANNE.

Aussi, n'y a-t-il pas moyen de vous en vouloir... Comment! vous, un homme d'esprit, vous n'avez pas compris que vous donniez dans un piège?

OLIVIER.

Dans un piège!

SUZANNE.

Naturellement, mon pauvre ami. Vous voulez lutter avec une femme! En êtes-vous encore à savoir que la femme la plus niaise, et je ne suis pas cette femme-là, est cent fois plus rusée que l'homme le plus spirituel? Je me suis bien doutée hier, après votre conversation avec M. de Nanjac, que notre grande amitié n'irait pas loin, et que, du moment qu'il serait question de mariage, votre loyauté me déclarerait la guerre. Il fallait frapper un grand coup et terrasser si bien la vérité, que les médisances et les calomnies n'eussent plus, par la suite, la moindre chance de succès; alors, je vous ai prié de me rapporter mes lettres aujourd'hui. Rien que cela aurait dû vous ouvrir les yeux! Est-ce que je suis une femme à redemander mes lettres? Mais vous n'avez pas fait la moindre supposition, et vous êtes gentiment venu ce matin, avec vos petites lettres dans votre poche. Voyant approcher l'heure à laquelle vous deviez venir, je suis sortie pour vous laisser seul avec M. de Nanjac. Vous avez fait votre métier d'honnête homme. Vous avez dit à M. de Nanjac ce que vous aviez été pour moi; vous avez trouvé moyen de lui donner mes lettres... Je suis revenue... Il ne connaissait pas mon écriture, il m'a fait écrire devant lui, il a comparé les deux écritures...

OLIVIER.

Et?...

SUZANNE.

Et, comme elles ne se ressemblent pas, il est déjà convaincu que je suis victime d'une calomnie; il m'aime plus que jamais, et il n'a plus qu'une idée, c'est de se couper la gorge avec vous! Comment! à votre âge, vous ignorez encore que le moyen le plus infaillible de se brouiller avec son meilleur ami, c'est de lui dire du mal de la femme qu'il aime, quand bien même on pourrait le lui prouver, si on le lui prouve? Je l'ai congédié pour ses soupçons. Je lui ai dit que je ne voulais plus le revoir; que je partais aujourd'hui; que sais-je? tout ce qu'une femme intelligente sait dire en pareil cas. Je lui ai signifié que je ne serais jamais sa femme! Dans dix minutes, il sera ici, et, dans huit jours, nous serons mariés. Voilà ce que je vous dois, mon cher. Allons, vous avez perdu, vous devez un gage.

OLIVIER.

Ainsi vous avez deux écritures?

SUZANNE.

Non, je n'en ai qu'une, c'est bien assez.

OLIVIER.

Comment se fait-il?...

SUZANNE.

Je veux bien tout vous dire, parce qu'au fond je suis une bonne femme et que je ne vous en veux pas. Sachez donc, mon cher ami, que, lorsqu'une femme comme moi a mis dix ans à échafauder sa vie pièce par pièce, morceau par morceau, son premier soin a dû être d'écarter de l'échafaudage toutes les chances déjà connues de destruction. Or, parmi ces chances, il y a, au premier rang, la manie d'écrire. Sur cent femmes compromises, il y en a les deux tiers qui l'ont été par les lettres qu'elles ont écrites. Les lettres des femmes sont faites pour être perdues par celui à qui elles sont adressées, rendues à celles qui les ont écrites, interceptées dans le trajet par celui qui ne doit pas les connaître, volées par les domestiques, montrées à tout le monde. En amour, écrire est dangereux, sans compter que c'est inutile. Il résulte de ces théories que je me suis juré de ne jamais écrire une lettre compromettante, et, depuis dix ans, je me suis tenu parole.

OLIVIER.

Alors, les lettres que je recevais de vous ?...

SUZANNE.

Sont de madame de Santis, la plus grande écrivassière connue. Elle a la plume à la main toute la journée, c'est sa passion. Elle ne me quittait pas à Bade, et j'utilisais quelquefois sa manie en la chargeant de vous répondre, en mon lieu et place, des lettres que je ne lisais pas. Elle a, du reste, une belle écriture anglaise, longue, mince, aristocratique, élancée comme une lady à la promenade. Elle a été très bien élevée! Ainsi, mon cher ami, vous avez été en correspondance avec Valentine! Soyez tranquille, je ne le dirai pas à votre ami M. Richond; ça pourrait vous brouiller avec lui.

OLIVIER, saluant.

Il n'y a rien à répondre. Ah! vous êtes d'une jolie force, vous...

SUZANNE.

Maintenant, parlons sérieusement. De quel droit avez-vous agi comme vous l'avez fait? Qu'avez-vous à me reprocher? Si M. de Nanjac était un vieil ami à vous, un camarade d'enfance, un frère, passe encore; mais non, vous le connaissez depuis huit ou dix jours. Si vous étiez désintéressé dans la question, mais êtes-vous sûr de ne pas avoir obéi aux mauvais conseils de votre amour-propre blessé? Vous ne m'aimez pas, soit, mais on en veut toujours un peu à une femme dont on se croyait aimé, quand elle vous dit qu'elle ne vous aime plus. Quoi! parce qu'il vous a plu de me faire la cour, parce que j'ai été assez confiante pour croire en vous, parce que je vous ai jugé un galant homme, parce que je vous ai aimé, peut-être, vous deviendrez un obstacle au bonheur de toute ma vie? Vous ai-je compromis? Vous ai-je ruiné? Vous ai-je trompé, même? Admettons, et il faut l'admettre, puisque c'est vrai, que je ne sois pas digne, en bonne morale, du nom et de la position que j'ambitionne, est-ce bien à vous, qui avez contribué à m'en rendre indigne, à me fermer la route honorable où je veux entrer? Non, mon cher Olivier, tout cela n'est pas juste, et ce n'est pas quand on a participé aux faiblesses des gens qu'on doit s'en faire une arme contre eux! L'homme qui a été aimé, si peu que ce soit, d'une femme, du moment que cet amour n'avait ni le calcul ni l'intérêt pour base, est éternellement l'obligé de cette femme, et, quoi qu'il fasse pour elle, il ne fera jamais autant qu'elle a fait pour lui.

OLIVIER.

Vous avez raison. J'ai peut-être cédé à un mauvais sentiment, à la jalousie, en croyant céder à la voix de l'honneur. Cependant, à ma place, il n'est pas un honnête homme qui n'eût agi comme moi. A cause de Raymond, j'ai eu raison de parler; à cause de vous, j'aurais dû me taire. Le proverbe arabe a raison : « La parole est d'argent, le silence est d'or. »

SUZANNE.

Voilà tout ce que je voulais vous entendre dire. Maintenant...

OLIVIER.

Maintenant?

SUZANNE, voyant entrer Sophie.

Rien. (A Sophie.) Qu'est-ce que c'est?

SOPHIE.

M. de Nanjac est là!

SUZANNE.

J'avais donné des ordres...

SOPHIE.

Il a insisté pour voir madame la baronne. Je lui ai répondu que madame la baronne ne recevait pas. Il a demandé si M. de Jalin était chez madame, et, dans ce cas, de le prier de venir lui parler.

SUZANNE.

Dites à M. de Nanjac d'entrer.

OLIVIER.

Vous allez le recevoir?

SUZANNE

Non. Vous le recevrez, vous, et vous lui direz maintenant ce que vous croirez devoir lui dire. Rappelez-vous seulement qu'il m'aime, que je l'aime, et que ce que je veux, je le veux. Au revoir, mon cher Olivier.

Elle sort.

SCÈNE XII

OLIVIER, puis RAYMOND.

OLIVIER.

Allons! autant en finir tout de suite. (A Raymond qui entre.) Vous désirez me parler, mon cher Raymond. La baronne est absente, nous sommes seuls. Je vous écoute.

ACTE TROISIÈME.

RAYMOND.

Je ne veux pas encore oublier que je vous ai appelé mon ami, Olivier; cependant...

OLIVIER.

Cependant?

RAYMOND.

Vous m'avez trompé.

OLIVIER, nettement.

Non.

RAYMOND.

Écoutez-moi. Je suis décidé à ne plus croire qu'aux preuves, et madame d'Ange m'a prouvé le contraire de ce que vous m'avez affirmé. Vous m'avez dit qu'elle n'avait jamais été mariée, j'ai vu le contrat de mariage, vu, de mes yeux vu. Me direz-vous que l'acte est faux?

OLIVIER.

Non.

RAYMOND.

Vous m'avez dit qu'elle n'était pas veuve, j'ai vu l'acte de décès de son mari. Me direz-vous que cet acte est une invention?

OLIVIER.

Non.

RAYMOND.

Je sors de chez M. de Thonnerins, que j'ai interrogé, et qui m'a dit ne rien savoir sur le compte de la baronne. Enfin, ces lettres que vous m'avez dit être de madame d'Ange...

OLIVIER.

Ne sont pas d'elle, je le sais maintenant. C'est une de ses amies qui me les écrivait en me laissant croire qu'elles étaient de la baronne, et toutes deux se moquaient de moi. Ce n'est donc pas moi qui vous ai trompé; c'est moi qui ai été trompé. J'ai cru avoir le droit de vous avertir, je ne l'avais pas. Là où ma conscience croyait tenir des preuves contre la baronne, ma fatuité même n'en avait pas une ; enfin, en voulant vous prouver que j'étais votre ami, je me suis prouvé à moi-même que je n'étais qu'un sot. J'ai été bien joué, je vous en réponds.

RAYMOND.

Ainsi vous rétractez tout ce que vous m'avez dit?

OLIVIER.

Tout. Elle est de bonne famille, elle a été mariée, elle est baronne, elle est veuve, elle vous aime, elle n'a jamais été pour moi qu'une étrangère, elle est digne de vous. Quiconque dira le contraire sera un calomniateur, car c'est être un calomniateur que de dire contre une personne une chose qu'on ne peut pas prouver. Adieu, Raymond; après ce qui s'est passé, je ne sais trop comment reparaître devant la baronne; je ne reviendrai donc la voir que lorsqu'elle m'y engagera, et je ne crois pas que cette idée lui vienne de sitôt! Quant à vous, ne m'accusez que de maladresse. Adieu!

RAYMOND.

Adieu!

Olivier sort.

SCÈNE XIII

RAYMOND, puis LE DOMESTIQUE.

RAYMOND.

Il faudra bien que j'aie le dernier mot de cet homme.

LE DOMESTIQUE, entrant.

Monsieur sait que madame la baronne est sortie, et qu'elle ne rentrera que très tard.

RAYMOND, s'asseyant.

C'est bien. J'attendrai.

ACTE QUATRIÈME

Chez Suzanne.

SCÈNE PREMIÈRE

SUZANNE, LE MARQUIS.

UN DOMESTIQUE, annonçant.

M. le marquis de Thonnerins.

LE MARQUIS.

Bonjour, baronne.

SUZANNE.

A quoi dois-je votre bonne visite, mon cher marquis?

LE MARQUIS.

Je viens voir, ma chère Suzanne, si mon notaire vous a remis tout ce qu'il devait vous remettre?

SUZANNE.

Tout, je vous remercie.

LE MARQUIS.

Et puis je désirais avoir de vos nouvelles.

SUZANNE.

Je vais bien.

LE MARQUIS.

Votre mariage?

SUZANNE.

Mon mariage?

LE MARQUIS.

Oui, se fait-il?

SUZANNE.

C'est vrai ; je ne vous ai pas vu depuis longtemps. Vous ne savez rien?

LE MARQUIS.

Rien.

SUZANNE, avec un soupir.

Vous aviez raison, monsieur le marquis, j'étais trop ambitieuse; il y a des choses impossibles.

LE MARQUIS.

Vous l'avouez?

SUZANNE.

Il le faut bien.

LE MARQUIS.

Contez-moi cela.

SUZANNE.

On a parlé !

LE MARQUIS.

Qui?

SUZANNE.

Quelqu'un en qui j'avais eu trop de confiance, M. de Jalin.

LE MARQUIS.

Et il a dit à M. de Nanjac?...

SUZANNE.

Vous connaissez donc le nom, maintenant?

LE MARQUIS.

Oui. Et M. de Nanjac, qu'a-t-il fait?

SUZANNE.

Il a cru M. de Jalin; puis, comme il m'aimait, il m'a crue à mon tour.

LE MARQUIS.

Et maintenant?

SUZANNE.

Maintenant il m'aime encore, non plus avec confiance, mais avec jalousie. Ce sont des questions, des soupçons, des surveillances perpétuelles ; et moi, vous le dirai-je, je ne me sens plus la force d'accepter cette nouvelle vie, qui faisait toute mon ambition. Trembler incessamment que le passé ne s'écroule tout à coup sur notre tête, étayer tous les matins sa vie d'un nouveau mensonge qu'il faudra démentir le soir, et, au milieu de tout cela, aimer sincèrement et loyalement, je vous le répète, la chose est impossible, et j'ai déjà usé à cette lutte non seulement mon énergie, mais encore mon amour. Je n'aime plus M. de Nanjac.

LE MARQUIS.

Est-ce bien vrai?

SUZANNE.

Vous êtes la seule personne à qui je ne mente jamais.

LE MARQUIS.

Vous n'aimez pas M. de Nanjac?

SUZANNE.

Je n'aime personne.

LE MARQUIS.

Ainsi, ce mariage n'aura pas lieu?

SUZANNE.

Non, je garde ma liberté. Je vais me retirer en Italie. Là, on demande moins aux femmes d'où elles viennent, et, pourvu qu'elles aient de la fortune, qu'elles reçoivent bien et qu'elles ne soient pas trop laides, on croit tout ce qu'elles disent. J'achèterai une maison sur les bords du lac de Côme, je mettrai du blanc et du rouge comme madame de Santis, je me promènerai sur le lac à la clarté des étoiles, je ferai de la poésie byronienne, je me poserai en femme incomprise, je recevrai et je protégerai des artistes, et je finirai par épouser, si je veux absolument me marier, un faux prince italien ruiné, qui me mangera ma fortune, qui entretiendra une danseuse et qui me battra par-dessus le marché. N'est-il pas vrai que j'ai pris le bon parti, et qu'une femme comme moi ne peut pas espérer autre chose?

LE MARQUIS.

Et vous partez?

SUZANNE.

Dans trois ou quatre jours.

LE MARQUIS.

Seule?

SUZANNE.

Avec ma femme de chambre...

LE MARQUIS.

Et M. de Nanjac ignore ce départ?

SUZANNE.

Complètement.

LE MARQUIS.

Et vous ne lui ferez pas savoir où vous allez?

SUZANNE.

Si je voulais continuer à le voir, j'aurais plus court de rester à Paris. Je pars, au contraire, pour cesser des relations devenues impossibles dans le présent, et plus impossibles encore dans l'avenir.

LE MARQUIS.

Eh bien, je vous félicite et je vous sais gré de cette résolution. Votre esprit et votre bon sens ont fait ce que la nécessité vous aurait contrainte à faire.

SUZANNE, d'un air distrait.

Comment cela?

LE MARQUIS.

Le hasard est un maladroit qui se mêle de tout ce qui ne le regarde pas. Le hasard a fait que la sœur de M. de Nanjac est l'amie de ma sœur à moi; M. de Nanjac n'a pas caché ses projets de mariage à sa sœur, qui est venue en parler à la mienne, et c'est ainsi que j'ai appris le nom que je n'avais pas voulu apprendre de vous. Ce n'est pas tout; M. de Nanjac est venu lui-même me questionner sur votre compte. Je me suis tu, préférant, en galant homme, vous laisser sortir vous-même, avec les honneurs de la guerre, de cette situation délicate. Aujourd'hui, je viens vous dire ce que je vous ai déjà dit une fois que, du jour où, par des circonstances indépendantes de moi, je connaîtrais l'homme que vous voulez épouser, j'apprendrais la vérité à cet homme. J'ai patienté un peu; bien m'en a pris, puisque je vous trouve résolue à ne pas conclure ce mariage. Tout est pour le mieux, si vous êtes sincère...

SUZANNE.

Je le suis. Demain, M. de Nanjac aura recouvré toute sa liberté, et vous pourrez faire de lui, si bon vous semble, un mari pour mademoiselle de Thonnerins.

LE MARQUIS.

Ma fille n'a rien à voir là dedans, ma chère Suzanne, ne l'oubliez pas. — Tout ce que nous avons dit est sérieux.

SUZANNE.

Très sérieux.

LE MARQUIS.

Soyez heureuse, c'est mon dernier souhait. Adieu, baronne, et souvenez-vous.

SUZANNE.

Je n'oublie jamais rien...

Le marquis sort au moment où Valentine entre. — Ils se saluent.

SCÈNE II

SUZANNE, VALENTINE, en costume de voyage.

VALENTINE, regardant la porte par laquelle est sorti M. de Thonnerins.

C'est le marquis de Thonnerins?

SUZANNE.

Oui.

VALENTINE.

Il est toujours vert, le marquis!

SUZANNE.

Où allez-vous dans ce costume?

VALENTINE.

Je pars.

SUZANNE.

Quand?

VALENTINE.

Dans une heure.

SUZANNE.

Pour?

VALENTINE.

Pour Londres; et, de là, pour la Belgique et l'Allemagne.

SUZANNE.

Avec?...

VALENTINE.

Oui, on m'accompagne.

SUZANNE.

Et votre procès?

VALENTINE.

Je ne le fais pas. Je me suis contentée d'introduire un référé... que j'ai perdu. — Le président m'a dit, quand je suis allée lui exposer mes griefs : « Croyez-moi, madame, laissez votre mari tranquille, c'est ce que vous avez de mieux à faire. » Alors, je m'en vais.

SUZANNE.

Il y a bien longtemps que je ne vous avais vue.

VALENTINE.

Et mes emplettes pour mon voyage ! Il paraît qu'on ne trouve rien en Angleterre. J'ai dû aussi résilier mon bail de la rue de la Paix. J'ai payé une année au propriétaire, qui m'a laissée déménager ; j'ai donné une indemnité au tapissier, qui a repris les meubles, et me voilà libre comme l'air.

SUZANNE.

Et vous n'avez pas trouvé le temps de venir m'apporter la réponse que j'attendais.

VALENTINE.

Je vous ai écrit le résultat. N'avez-vous pas reçu mon mot ?

SUZANNE.

Si ; mais...

VALENTINE.

Je vais vous conter tout, c'est bien plus simple.

SUZANNE.

Je vous écoute.

VALENTINE.

J'ai écrit à madame de Lornan une lettre anonyme.

SUZANNE.

Très bien.

VALENTINE.

J'ai eu soin de déguiser mon écriture. Dans cette lettre, je lui disais qu'une femme qui lui porte le plus grand intérêt, mais qui ne peut se nommer, avait absolument besoin de causer avec elle. Je lui laissais entendre qu'il s'agissait de M. de Jalin. Je lui recommandais la discrétion, et je lui donnais un rendez-vous avant-hier au soir.

SUZANNE.

Elle est venue à ce rendez-vous?

VALENTINE.

Oui. Le rendez-vous avait lieu aux Tuileries; il faisait sombre; j'étais voilée. Il eût été impossible de voir mon visage, mais, moi, j'ai vu le sien; elle est belle.

SUZANNE.

Que lui avez-vous dit?

VALENTINE.

Ponctuellement ce dont nous étions convenues : qu'Olivier la trompe, qu'il est amoureux de mademoiselle de Sancenaux, qu'il veut l'épouser, que c'est une folie, un malheur même, que la jeune fille n'est pas digne de lui. J'ai eu l'air de croire qu'elle, madame de Lornan, n'était que l'amie d'Olivier; et, en effet, elle n'est que son amie, mais elle l'aime et elle est jalouse.

SUZANNE.

Lui avez-vous parlé de moi?

VALENTINE.

C'est elle qui m'a parlé de vous la première. Je lui ai dit que je vous connaissais, que je savais que vous étiez au courant de toute cette affaire, et qu'à vous deux vous pourriez empêcher ce mariage; que c'était un service à rendre à M. de Jalin; qu'elle n'avait qu'à venir vous voir et s'entendre avec vous. Elle a hésité longtemps, elle m'a fait promettre que vous seriez seule à l'heure où elle viendrait; je le lui ai promis, et, comme je vous l'ai écrit, elle sera ici à deux heures. Cette pauvre femme n'a plus la tête à elle! Qui croirait jamais que ce M. de Jalin peut inspirer de pareilles passions? Avez-vous de ses nouvelles?

SUZANNE.

Oui.

VALENTINE.

Dans quels termes est-il avec M. de Nanjac?

SUZANNE.

Ils ne se voient plus; mais Olivier m'a écrit...

VALENTINE.

Que vous dit-il?

SUZANNE.

Qu'il m'aime; que, s'il a voulu empêcher mon mariage, c'est parce qu'il est amoureux de moi...

VALENTINE.

C'est peut-être vrai...

SUZANNE.

Qui sait? Peut-être! Mais il y a des chances pour que cela ne le soit pas, d'autant plus qu'il me demande un rendez-vous chez lui. Il voudrait me donner une explication, qu'il ne pourrait, dit-il, me donner chez moi.

VALENTINE.

En effet, ceci doit cacher une ruse.

SUZANNE.

Cependant je suis certaine qu'il est au plus mal avec M. de Nanjac.

VALENTINE.

Si M. de Nanjac pouvait lui donner un bon coup d'épée pour lui apprendre à se mêler de ce qui ne le regarde pas! Je ne peux pas le souffrir, ce M. de Jalin; c'est lui qui a monté la tête à Hippolyte contre moi. Aussi, ma chère, si vous pouvez lui faire un tour, ne vous gênez pas, je vous donne ma procuration et j'en prends la moitié à mon compte.

SUZANNE.

Soyez tranquille; je n'oublie rien. A quoi serviraient les offenses, si on les pardonnait? M. de Jalin a dit entre autres choses à M. de Nanjac qu'on ne doit pas amener une femme honnête dans notre société. Il se trouvera aujourd'hui chez moi avec madame de Lornan. Cela modifiera sans doute un peu son opinion...

VALENTINE

Il va donc venir?

SUZANNE.

Oui.

VALENTINE.

Il sera furieux... S'il allait se fâcher!...

SUZANNE.

Allons donc! Au moindre mot, il se ferait une affaire avec M. de Nanjac, et il n'en a pas envie. Il recevra la leçon et il se taira.

VALENTINE.

Quel malheur que je sois forcée de partir! Allons, adieu. Vous m'écrirez à Londres, poste restante, au nom de mademoiselle Rose; c'est le nom de ma femme de chambre. Jusqu'à ce que je sois en sûreté, je ne veux pas que mon mari puisse savoir où je suis. Cela me fait un drôle d'effet de quitter Paris... On ne s'amuse que là; mais il le faut! Allons, adieu.

SUZANNE.

Vous me donnerez de vos nouvelles?

VALENTINE.

Je n'y manquerai pas... Adieu. A mademoiselle Rose.

M. de Nanjac entre par une porte au moment où elle sort par l'autre.

SCÈNE III

SUZANNE, RAYMOND.

SUZANNE.

Encore une que je ne recevrai plus quand je serai mariée! (A Raymond.) J'étais impatiente de vous voir.

RAYMOND.

Tout est prêt.

SUZANNE.

Le contrat?

RAYMOND.

Nous le signerons demain.

SUZANNE.

Et nous partirons?

RAYMOND.

Quand vous voudrez.

SUZANNE.

Vous m'aimez donc toujours?

RAYMOND.

Et vous, Suzanne?

SUZANNE.

Pouvez-vous en douter maintenant? Ne vous ai-je pas donné toutes les preuves que je pouvais vous donner? Oh! oui! je vous aime.

RAYMOND.

Mais, dites-moi, avez-vous revu M. de Jalin?

SUZANNE.

Non. Pourquoi?...

RAYMOND.

C'est que je viens de le voir se dirigeant de ce côté avec son ami M. Richond.

SUZANNE.

Il vient ici, en effet.

RAYMOND.

Je croyais que vous ne deviez plus le recevoir. Je vous en avais priée, vous me l'aviez promis.

SUZANNE.

Il m'a écrit qu'il avait à me parler. Je le reçois comme s'il ne s'était rien passé. Je n'aurai même pas l'air de savoir qu'il s'est passé quelque chose, comme je vous conseille, à vous, de l'avoir oublié.

RAYMOND.

Allez donner les derniers ordres pour la réunion de demain. Je désire que notre mariage soit officiellement annoncé à tous nos amis, y compris M. de Jalin, que je vais recevoir, car je tiens à être la première personne qu'il verra ici. Je veux qu'il sache bien quelle attitude il doit prendre dans votre maison, et je vous rejoins tout de suite.

Elle sort.

SCÈNE IV

RAYMOND, OLIVIER, HIPPOLYTE.

LE DOMESTIQUE, annonçant.

M. Olivier de Jalin... M. Hippolyte Richond.

RAYMOND, saluant très froidement.

Messieurs...

OLIVIER.

Votre santé est bonne, Raymond?

RAYMOND.

Excellente; je vous remercie.

OLIVIER.

Est-ce que la baronne n'est pas visible?...

RAYMOND.

Elle m'a chargé de vous prier de l'attendre, elle va venir dans quelques instants. Messieurs...

Il salue et sort.

SCÈNE V

HIPPOLYTE, OLIVIER.

OLIVIER.

Quelle figure!

HIPPOLYTE.

Tu devais bien t'y attendre en venant ici. Et pourquoi y viens-tu? Tu étais sorti de toutes ces intrigues; à quoi bon y rentrer? Tu as fait ton devoir. M. de Nanjac veut absolument épouser cette femme; puisqu'il est comme Guzman et qu'il ne connaît pas d'obstacle, laisse-le aller. En somme, cela ne te regarde plus.

OLIVIER.

Tu as parfaitement raison, et j'étais décidé à ne plus me mêler de tout cela, bien qu'il y ait des gens qui vaillent la peine d'être sauvés malgré eux; mais les femmes n'ont de mesure en rien, et Suzanne vient me provoquer de nouveau. Ce n'est pas ma faute.

HIPPOLYTE.

Tu n'attendais qu'un prétexte pour revenir chez elle.

OLIVIER.

C'est possible; raison de plus pour ne pas me fournir ce prétexte.

HIPPOLYTE.

Voyons cette provocation.

OLIVIER.

Une lettre anonyme a été écrite à madame de Lornan par ta femme.

HIPPOLYTE.

Par ma femme?

OLIVIER.

Oui; l'écriture était déguisée, mais je l'ai reconnue, je suis payé pour la connaître. Cette lettre, qui demandait un rendez-vous à madame de Lornan, m'a été montrée par sa gouvernante, qui sait l'intérêt que je porte à sa maîtresse, bien que Charlotte continue à ne pas me recevoir. Il y a de la Suzanne là-dessous; mais qu'elle prenne garde! Si ce que je crois est vrai, si elle tente la moindre chose contre madame de Lornan, je ne sais pas comment je m'y prendrai, mais cette fois, je démantibulerai si bien son mariage, que je veux être pendu si elle en retrouve un morceau!

HIPPOLYTE.

Si je commençais toujours par faire arrêter ma femme? Tant qu'elle ne faisait du mal qu'à moi, c'était bien, mais du moment qu'elle en fait aux autres...

OLIVIER.

Je dénouerai bien la chose moi-même. Quand j'ai appris ces nouvelles histoires, j'ai écrit à Suzanne pour la prier de venir chez moi, ce qu'elle s'est bien gardée de faire; mais elle m'a répondu qu'elle m'attendait aujourd'hui. Laisse-moi jeter ma ligne où je voudrai, et ne fais pas de bruit : avant une heure, ça mordra.

SCÈNE VI

Les Mêmes, LA VICOMTESSE.

LA VICOMTESSE, très agitée.

Où est donc la baronne?...

OLIVIER.

Qu'avez-vous, ma chère vicomtesse? Vous arrivez comme la tempête!

ACTE QUATRIÈME

LA VICOMTESSE

Vous me voyez furieuse !

OLIVIER.

Eh bien, je ne suis pas fâché de vous voir ainsi ; je vous ai toujours vue gaie, cela me change.

LA VICOMTESSE.

Je ne suis pas en train de plaisanter.

OLIVIER.

Alors, je réponds à votre question : la baronne est avec M. de Nanjac, et nous l'attendons.

LA VICOMTESSE, emmenant Olivier à part; à Hippolyte.

Pardon, monsieur... (A Olivier.) Savez-vous ce qu'a fait Marcelle ?

OLIVIER.

Elle a dit franchement à M. de Nanjac qu'elle ne voulait pas l'épouser.

LA VICOMTESSE.

Oui.

OLIVIER.

Puisqu'elle ne l'aime pas.

LA VICOMTESSE.

La belle raison ! mais ce n'est pas tout ; quand je suis entrée ce matin dans la chambre de Marcelle, il n'y avait personne.

OLIVIER.

Il y avait bien une lettre.

LA VICOMTESSE.

Oui, une lettre dans laquelle Marcelle m'annonce qu'elle a trouvé le moyen de ne plus m'être à charge, que je n'ai rien à craindre, que je n'aurai pas à rougir d'elle.

OLIVIER.

Et elle vous dit qu'elle retourne dans le pensionnat où elle a été élevée.

LA VICOMTESSE.

Vous l'avez donc vue?

OLIVIER.

Je viens de la voir.

LA VICOMTESSE.

Où?

OLIVIER.

A sa pension.

LA VICOMTESSE.

Comment cela se fait-il?

OLIVIER.

Elle m'a écrit.

LA VICOMTESSE.

A vous?

OLIVIER.

A moi.

LA VICOMTESSE.

A quel propos?

OLIVIER.

C'était moi qui lui avais donné le conseil de faire ce qu'elle a fait.

LA VICOMTESSE.

De quoi vous mêlez-vous?

OLIVIER.

De ce qui me regarde.

LA VICOMTESSE.

Et c'est vous, sans doute aussi, qui lui avez donné le conseil de quitter Paris?

OLIVIER.

Justement, elle part demain. Sa maîtresse de pension lui a trouvé une place.

LA VICOMTESSE.

Une place?

OLIVIER.

A Besançon, dans une famille excellente. Mademoiselle de Sancenaux y donnera des leçons d'anglais et de musique à une petite fille. Huit cents francs par an, le logement et la table. Ce ne sera pas bien amusant, mais elle trouve cela plus honorable que de rester à Paris, à manquer des mariages, à jouer au lansquenet et à se compromettre. Je suis de son avis.

LA VICOMTESSE.

Eh bien, vous avez fait là une belle besogne! Enfin! je vais lui écrire que je la prie au moins de changer de nom. Une Sancenaux, la fille de mon frère, compromettre ainsi sa famille! Une Sancenaux institutrice! Pourquoi pas femme de chambre?...

OLIVIER.

Voilà ce que vous appelez compromettre sa famille, vous? Ma chère vicomtesse, celui qui vous a vendu de la logique vous a volé votre argent. Ce doit-être M. de Latour.

LA VICOMTESSE.

Comment la marier jamais, après un pareil scandale!

OLIVIER.

Elle se mariera peut-être plus vite qu'en restant chez vous.

LA VICOMTESSE.

Elle n'en prend pas le chemin.

OLIVIER.

Tout chemin mène à Rome, et le plus long est souvent le plus sûr.

LA VICOMTESSE.

C'est bien, nous verrons... J'ai fait pour elle ce que j'ai pu. Elle n'est que ma nièce, après tout.

SCÈNE VII

Les Mêmes, SUZANNE, puis Un Domestique.

SUZANNE.

Bonjour, vicomtesse...

LA VICOMTESSE.

Bonjour, ma chère enfant...

SUZANNE.

Qu'avez-vous?

LA VICOMTESSE.

Je vous conterai cela plus tard. Je vous rapporte ce que vous avez eu l'obligeance de me prêt

SUZANNE.

Cela ne presse pas.

LA VICOMTESSE.

Je suis rentrée dans quelques fonds, merci.

SUZANNE, à Hippolyte.

Vous êtes bien aimable, monsieur, d'avoir pensé à venir me faire une petite visite avec M. de Jalin.

HIPPOLYTE.

Je craignais d'être indiscret, mais Olivier...

SUZANNE.

Les amis de M. de Jalin sont les miens.

HIPPOLYTE.

Merci, madame.

ACTE QUATRIÈME.

SUZANNE, à Olivier.

Vous voilà, vous ?

OLIVIER.

Mais oui. Vous m'avez écrit de venir vous voir.

SUZANNE.

Afin d'apprendre ce que vous avez à me dire

OLIVIER.

Je vous l'ai écrit

SUZANNE.

Vous m'aimez ?

OLIVIER.

Je vous aime.

SUZANNE.

C'est pour cela que vous vouliez m'attirer chez vous. Hum ! Que j'aille chez vous, moi, pour que M. de Nanjac en soit prévenu et me voie entrer dans votre maison ! C'est une guerre d'enfant que vous me faites là, avec des canons de bois et des boulets de mie de pain. Vous voulez donc me désarmer ?

OLIVIER.

Vous ne me croyez pas ?

SUZANNE.

Non !

OLIVIER.

C'est bien, adieu.

SUZANNE

Restez. Je veux vous montrer quelque chose.

OLIVIER.

Quoi donc ?

SUZANNE.

Je ne peux pas vous le dire, c'est une surprise. (Pendant cette conversation, Raymond est entré et il cause avec la vicomtesse et Hippolyte. — Haut, à la vicomtesse.) Ma chère vicomtesse, vous devez connaître une madame de Lornan, vous ?

LA VICOMTESSE.

Je l'aie connue autrefois, mais nous nous sommes perdues de vue.

SUZANNE.

On la dit très vertueuse.

LA VICOMTESSE.

C'est vrai.

SUZANNE.

Et très difficile sur le choix des maisons où elle va.

LA VICOMTESSE

Elle voit peu de monde.

SUZANNE.

Elle va venir. Je vous présenterai à elle, mon cher monsieur de Nanjac, vous verrez une charmante personne.

OLIVIER.

Si elle vient?

SUZANNE.

Ah! au fait, c'est vrai, vous connaissez beaucoup madame de Lornan, mon cher monsieur de Jalin.

OLIVIER.

C'est pour cela que je parierais bien qu'elle ne viendra pas, ou du moins que, si elle vient, elle n'entrera pas.

SUZANNE.

Que pariez-vous?

OLIVIER.

Ce que vous voudrez, ce qu'une femme comme il faut peut parier : un sac de bonbons ou un bouquet.

ACTE QUATRIÈME.

SUZANNE.

Je tiens le pari (Voyant entrer le domestique.) et j'ai idée que je vais le gagner tout de suite. (Au domestique.) Qu'y a-t-il?

LE DOMESTIQUE.

Une dame qui désire parler à madame la baronne.

SUZANNE.

Le nom de cette dame?

LE DOMESTIQUE.

Elle n'a pas voulu le dire.

SUZANNE.

Répondez à cette dame que je ne reçois que les gens qui se nomment. (Le domestique sort.)

OLIVIER, bas, à Raymond.

Raymond, au nom de notre ancienne amitié, empêchez que madame de Lornan entre dans ce salon.

RAYMOND.

Parce que?

OLIVIER.

Parce qu'il peut résulter de cette visite un grand malheur.

RAYMOND.

Pour qui?

OLIVIER.

Pour plusieurs personnes.

RAYMOND.

Je n'ai aucun droit dans la maison de madame d'Ange. Elle reçoit qui bon lui semble, cela ne me regarde pas.

OLIVIER.

C'est bien.

LE DOMESTIQUE, rouvrant la porte.

Madame de Lornan fait demander si madame la baronne peut la recevoir.

SUZANNE.

Oui, faites entrer.

OLIVIER.

La malheureuse !

Il court vers la porte et sort.

SCÈNE VIII

Les Mêmes, hors OLIVIER.

HIPPOLYTE.

Dieu veuille que vous ne regrettiez pas ce que vous venez de faire, madame !

SUZANNE.

Je n'ai jamais rien regretté de ma vie. (A Raymond, qui s'apprête à sortir.) Restez ! M. de Jalin va offrir son bras à madame de Lornan. Il a perdu son pari, il fait bien les choses.

Raymond se dirige vers la porte; au moment où il y arrive, elle s'ouvre; Olivier paraît.

SCÈNE I

Les Mêmes, OLIVIER.

RAYMOND.

D'où venez-vous, monsieur ?

OLIVIER.

Je viens de dire à madame de Lornan que je ne veux pas qu'elle entre ici.

RAYMOND.

Et de quel droit ?

OLIVIER.

Du droit qu'un honnête homme a d'empêcher une honnête femme de se perdre.

ACTE QUATRIÈME.

SUZANNE.

Surtout quand cette honnête femme est la maîtresse de cet honnête homme.

OLIVIER.

Vous mentez, madame!

RAYMOND.

Monsieur, vous insultez une femme.

OLIVIER.

Depuis huit jours, monsieur, vous n'attendez que l'occasion de me chercher une querelle, et je ne suis venu ici, moi, que pour vous fournir cette occasion. Vous croyez qu'un coup d'épée tranchera le nœud dans lequel vous êtes pris, va pour le coup d'épée. Je suis à vos ordres.

RAYMOND.

Dans une heure, monsieur, mes témoins seront chez vous.

OLIVIER.

C'est bien, je les attends.

RAYMOND.

Les conditions seules du combat seront à régler. Les causes de la rencontre doivent rester inconnues. (Ils s'apprêtent à sortir.)

SUZANNE.

Raymond!

RAYMOND.

Attendez-moi, Suzanne, je reviens. (Il sort.)

OLIVIER.

Viens, Hippolyte.

Ils saluent et sortent d'un autre côté.

SCÈNE X

SUZANNE, LA VICOMTESSE.

LA VICOMTESSE.

Une provocation chez vous, chère amie, entre deux hommes si liés il y a quelques jours encore! Comment cela se fait-il?

SUZANNE.

Je n'en sais rien.

LA VICOMTESSE.

Mais vous ne laisserez pas ce duel avoir lieu?

SUZANNE.

Il faudra bien que je l'empêche; j'ai fait plus difficile que ça.

LA VICOMTESSE.

Puis-je vous être bonne à quelque chose?

SUZANNE.

Non, à rien, merci.

LA VICOMTESSE.

Alors, je vous laisse; vous n'avez pas trop de temps pour arranger cette affaire; vous me tiendrez au courant.

SUZANNE.

Oui, je vous le promets; revenez dans la journée, ou je passerai chez vous.

LA VICOMTESSE.

A tantôt. (En sortant.) Qu'est-ce que tout cela signifie?

Elle sort.

SCÈNE XI

SUZANNE, seule; puis LE DOMESTIQUE et SOPHIE.

SUZANNE.

Décidément, cet Olivier est plus brave que je ne

croyais; ah! c'est beau, un honnête homme! Et Olivier n'aime pas cette madame de Lornan : comment serait-il donc s'il l'aimait?

LE DOMESTIQUE, paraissant.

Une lettre pour madame la baronne.

SUZANNE.

C'est bien... allez. (Elle ouvre la lettre.) C'est du marquis. (Elle lit.) « Vous m'avez trompé, vous avez revu M. de Nanjac, et ce mariage que je vous ai dit être impossible, vous voulez le conclure malgré ma défense. Je vous donne une heure pour le rompre. Si, dans une heure, vous n'en avez pas trouvé le moyen, j'apprendrai tout à M. de Nanjac. » Oh! ce passé qui me retombe goutte à goutte sur le front, ne l'effacerai-je donc jamais de ma vie? J'avouerai tout... Non! je lutterai jusqu'à la fin. (Elle sonne.) Gagnons du temps, c'est le principal. (Elle écrit, et dit à Sophie qui est entrée.) Tu vas aller chez M. de Thonnerins, tu lui remettras toi-même cette lettre. Ferme cette porte.

SCÈNE XII

SOPHIE, SUZANNE, RAYMOND.

SOPHIE, au moment où elle va fermer la porte.

Madame, M. de Nanjac.

SUZANNE, refermant tranquillement son buvard, haut.

C'est bien; allez, Sophie, vous ferez cette commission plus tard. (Sophie sort. — A Raymond.) Eh bien, mon ami?

RAYMOND.

Je viens de chez deux camarades, deux officiers, pour les prier de me servir de témoins. Ils étaient sortis. Je leur ai laissé un mot.

SUZANNE.

Voyons, Raymond, ce duel n'aura pas lieu.

RAYMOND.

Vous êtes folle, Suzanne; j'arrange les duels de M. de Latour et de M. de Maucroix, mais je ne laisse pas arranger les miens. D'ailleurs, M. de Jalin a raison, je le hais.

SUZANNE.

Renoncez à moi, Raymond, je ne vous ai fait encore que du mal.

RAYMOND.

Vous serez ma femme, je vous l'ai juré, je me le suis juré à moi-même, ce sera. Mais il se peut que je sois tué. Sur le terrain un homme en vaut un autre, et M. de Jalin est brave, il se défendra bien. Je ne veux pas mourir sans avoir tenu ma promesse. (Il s'assied à la table et va pour ouvrir le buvard.)

SUZANNE, avec un mouvement involontaire.

Qu'allez-vous faire?

RAYMOND.

Écrire à mon notaire de venir. Vous aurez la bonté de faire porter la lettre.

SUZANNE.

C'est inutile.

RAYMOND.

Qu'avez-vous donc? n'est-ce pas convenu?

SUZANNE.

Oui, mais vous avez bien le temps.

RAYMOND.

Au contraire, je l'ai fort peu.

SUZANNE.

Je vais vous donner ce qu'il faut pour écrire.

RAYMOND.

Il y a là tout ce dont j'ai besoin.

SUZANNE.

Non.

ACTE QUATRIÈME.

RAYMOND.

Vous vous trompez, vous écriviez quand je suis revenu.

SUZANNE.

Raymond, je vous prie de ne pas ouvrir ce buvard.

RAYMOND.

Je ne l'ouvre pas, puisque vous écrivez des choses que je ne dois pas voir.

SUZANNE.

Un soupçon encore?

RAYMOND.

Non, ma chère Suzanne, non; du moment que vous avez des secrets, je les respecte.

SUZANNE.

Ouvrez, alors, et lisez.

RAYMOND.

Vous permettez.

SUZANNE.

Oui. (Raymond va pour ouvrir, Suzanne l'arrête.) Êtes-vous assez défiant!

RAYMOND.

Moi? Ce n'est pas à vous de m'accuser de cela. Ce n'est pas de la défiance, c'est de la curiosité. Vous m'autorisez à regarder, je regarde.

SUZANNE.

Vous me promettez de ne pas vous moquer de moi?

RAYMOND.

Je vous le promets.

SUZANNE.

Si vous saviez de quoi il s'agit!

RAYMOND.

Nous allons le savoir.

SUZANNE.

Vous serez bien avancé quand vous aurez lu ce que je commande pour notre voyage...

RAYMOND.

Quoi?

SUZANNE.

Des chiffons, mon Dieu, des jupes brodées, des robes de soie à corsage froncé avec des volants en travers. Voilà des détails bien intéressants pour un homme!

RAYMOND.

C'est là tout le secret?

SUZANNE.

Oui.

RAYMOND.

Ainsi, vous écriviez à votre couturière?

SUZANNE.

Tout bonnement.

RAYMOND.

Pendant que j'allais chercher des témoins pour me battre, vous commandiez des robes. Voyons, Suzanne, vous me prenez donc décidément pour un sot?

SUZANNE.

Raymond!

RAYMOND.

Je veux savoir à qui vous écriviez.

SUZANNE.

Ah! c'est ainsi. Eh bien, vous ne le saurez pas! (Elle ouvre le buvard et prend la lettre.)

RAYMOND.

Prenez garde!

SUZANNE.

Des menaces!... et de quel droit? Grâce à Dieu, je ne

suis pas encore votre femme. Je suis ici, chez moi, libre, maîtresse de mes actions comme je vous laisse libre et maître des vôtres. Est-ce que je vous questionne? Est-ce que je fouille dans vos papiers?

RAYMOND, lui saisissant le poignet.

Cette lettre?

SUZANNE.

Vous ne l'aurez pas, vous dis-je! Je n'ai jamais cédé à la violence, je vous ai dit la vérité : libre à vous de supposer et de croire tout ce que bon vous semblera.

RAYMOND.

Je suppose que vous me trompez.

SUZANNE.

Soit!

RAYMOND, d'une voix menaçante.

Suzanne!...

SUZANNE.

Assez, monsieur! je vous rends votre parole, je reprends la mienne; il n'y a plus rien de commun entre nous.

RAYMOND.

Vous avez déjà employé ce moyen, madame; cette fois, je reste.

SUZANNE.

A quel homme ai-je donc affaire?

RAYMOND.

Vous avez affaire à un homme qui ne vous a demandé, en échange du nom honorable qu'il vous donnait, que la sincérité d'une minute, et à qui vous avez juré que vous n'aviez rien à vous reprocher ; qui, demain, va se battre avec un homme de l'honneur duquel il ne peut douter pour soutenir votre honneur dont il doute; qui, depuis quinze jours, se débat dans des mensonges et des duplicités, sans appeler autre chose à son aide que la loyauté, la franchise et la confiance, et qui est résolu maintenant à connaître la vérité par quelque moyen que ce soit. Si cette lettre ne la renferme pas tout entière, je juge à votre émotion qu'elle en renferme une partie. Il me faut cette lettre, donnez-la moi, ou je la prends.

SUZANNE, la froissant dans sa main et essayant de la déchirer.

Vous ne l'aurez pas.

RAYMOND, lui serrant le bras.

Cette lettre !...

SUZANNE.

Vous portez la main sur une femme ?

RAYMOND, de plus en plus emporté.

Cette lettre !...

SUZANNE.

Eh bien, je ne vous aime pas, je ne vous ai jamais aimé !... Je vous trompais ; laissez-moi maintenant.

RAYMOND.

Cette lettre !... (Il veut lui ouvrir la main de force.)

SUZANNE.

Raymond, je vous dirai tout... Vous me faites mal... je ne suis pas coupable : Au nom de ta mère !... (Il lui arrache la lettre.) Misérable ! (Elle tombe épuisée sur une chaise.) C'est bien, lisez ; mais je me vengerai, je vous le jure.

RAYMOND, lisant d'une voix émue.

« Je vous en prie, ne me perdez pas, il faut que je vous voie, je vous expliquerai tout. Ce que vous ordonnerez sera fait. Ce n'est pas ma faute si M. de Nanjac m'aime, et je l'aime, c'est mon excuse. Je dépends de vous. Cependant, soyez généreux, pardonnez-moi ; s'il connaissait la vérité, je mourrais de honte. Je vous promets de ne pas être sa femme ; mais qu'il ne sache rien ; attendez-moi dès que je serai libre, je... » (Parlé.) Et je doutais encore... (Il cache sa tête dans ses mains.) Que vous avais-je fait Suzanne ? pourquoi me tromper ?... Tenez, voici cette lettre ; adieu !... (Il va pour sortir ; à moitié chemin, il se laisse tomber sur une chaise et ne peut retenir ses larmes.)

SUZANNE, le voyant abattu, d'une voix timide.

Raymond !

RAYMOND.

Vous avez fait pleurer un homme qui n'avait pas pleuré depuis la mort de sa mère ; je vous remercie ; les larmes font du bien.

SUZANNE, avec un ton de reproche doux.

Vous m'avez déchiré les bras et les mains, Raymond.

RAYMOND.

Je vous demande pardon, c'est une lâcheté ; mais je vous aimais !

SUZANNE, se rapprochant de lui.

Moi aussi, je vous aimais.

RAYMOND.

Si vous m'aviez aimé, vous ne m'auriez pas menti !

SUZANNE, tout en marchant vers lui.

Il n'est pas une femme qui, à ma place, vous eût fait l'aveu que vous me demandiez ; je vous aimais, je vous estimais, je voulais être aimée et estimée de vous. Je vous raconterai toute ma vie. Oui, il y a une chose que je devais vous cacher, mais une seule. Si vous saviez ! je suis moins coupable que je ne parais ; et puis j'étais sans conseils, sans appui. J'aurais dû tout vous dire, voilà ma faute ; vous êtes généreux, vous m'auriez pardonnée. Maintenant, vous ne croyez plus en moi. Mais, si je ne suis pas assez pure pour être la femme d'un homme comme vous, je vous aime assez pour que vous m'aimiez ; rien ne me force à vous le dire à présent. (A genoux et prenant la main de Raymond.) Raymond, crois en moi, je t'aime !

RAYMOND.

A qui écriviez-vous cette lettre?

SUZANNE.

Vous iriez chercher querelle à cet homme.

RAYMOND.

Je ne lui dirai rien; mais son nom !

SUZANNE.

Cet homme n'a aucun droit sur moi, puisque je lui écrivais que je vous aime.

RAYMOND.

Alors, pourquoi vous défend-il d'être ma femme?

SUZANNE.

Je vous raconterai tout, quand vous serez plus calme.

RAYMOND, se levant.

Adieu !

SUZANNE, le retenant.

Je vais tout te dire !

RAYMOND.

J'écoute !

SUZANNE.

J'écrivais cette lettre à...

RAYMOND.

A Olivier ?

SUZANNE, avec fermeté.

Non, je te le jure; mais promets-moi de ne pas provoquer cet homme.

RAYMOND.

Je te le promets.

SUZANNE.

J'écrivais au marquis de Thonnerins. (Raymond fait un mouvement d'étonnement et de colère.) Raymond, mettez-vous à la place d'une pauvre femme abandonnée de tout le monde, qui trouve une protection inespérée et secrète. C'est au marquis que je dois tout! Si tu savais! je n'ai jamais eu de famille!

RAYMOND.

Ainsi, votre mariage?

SUZANNE.

Il est faux!

RAYMOND.

Ces papiers que vous m'avez montrés?

SUZANNE.

Appartenaient à une jeune femme, morte à l'étranger, sans amis, sans parents.

RAYMOND.

Et votre fortune?

SUZANNE.

Elle me vient de M. de Thonnerins.

RAYMOND.

Et voilà quelle honte vous me prépariez en échange de ma confiance, de mon amour! Au lieu de tout m'avouer, noblement, dignement, vous m'apportiez un nom volé et une fortune acquise au prix de votre déshonneur. Vous ne compreniez pas qu'une fois votre mari, si j'avais appris quel infâme marché j'avais fait, je n'avais plus qu'à vous tuer et à me faire sauter la cervelle. Non seulement vous ne m'aimiez pas, Suzanne, mais vous ne m'estimiez pas.

SUZANNE.

Oui, je suis une créature misérable; je ne mérite ni votre amour ni votre souvenir. Partez, Raymond; oubliez-moi.

RAYMOND.

Mais ce n'est pas tout, sans doute; allons jusqu'au bout, qu'avez-vous encore à m'avouer?

SUZANNE.

Rien!

RAYMOND.

Et Olivier! Ce n'est ni la misère ni l'abandon qui vous auraient poussée vers lui. Si cet homme a été votre amant, c'est que vous l'avez aimé, et cet amour-là, Suzanne, je ne vous le pardonnerai jamais!

SUZANNE.

Olivier n'a jamais rien été pour moi; il vous l'a dit lui-même, et vous le savez bien.

RAYMOND.

Vous me le jurez?

SUZANNE, avec assurance.

Je vous le jure.

RAYMOND.

Et vous m'aimez?

SUZANNE.

Vous aurais-je tout avoué si je ne vous aimais pas?

RAYMOND.

Eh bien, Suzanne, je ne vous demande plus qu'une preuve de cet amour.

SUZANNE.

Dites.

RAYMOND.

Renvoyez à M. de Thonnerins tout ce que vous tenez de lui.

SUZANNE, sonnant.

A l'instant même! (Elle prend des papiers dans un tiroir, les enveloppe et les cachette. Au domestique qui entre.) Portez tout de suite ces papiers à M. de Thonnerins; il n'y a pas de réponse.

LE DOMESTIQUE.

M. le marquis monte en ce moment même l'escalier.

SUZANNE.

Lui!

RAYMOND, au domestique.

Priez M. le marquis d'attendre ! (Le domestique sort. — A Suzanne.) Donnez-moi ces papiers; je vais les remettre moi-même.

SUZANNE.

Vous me faites peur.

RAYMOND.

Oh! ne craignez rien! il est temps encore, Suzanne. Choisissez : gardez ces papiers, et je pars pour ne plus revenir; ou, si vous me renouvelez le serment que vous m'avez fait et que je survive à ce duel, je ne vous demande compte de votre vie qu'à dater de ce serment, et nous partons ensemble.

SUZANNE.

J'ai dit la vérité.

RAYMOND.

Ah! Suzanne, je ne savais pas moi-même que je vous aimais tant! Il sort.

SCÈNE XIII

SUZANNE, seule.

Je viens de jouer toute ma vie, tout le passé, tout l'avenir! Il n'y a plus qu'Olivier qui puisse me perdre ou me sauver. S'il m'aimait comme il me l'a dit... Ah! ce serait étrange! (Mettant son châle et son chapeau, et sortant.) Nous verrons bien!

ACTE CINQUIÈME

Chez Olivier. — Au lever du rideau, Olivier écrit.

SCÈNE PREMIÈRE.

OLIVIER, HIPPOLYTE entre et lui touche l'épaule.

HIPPOLYTE.

C'est moi.

OLIVIER, achevant de cacheter une lettre.

Eh bien?

HIPPOLYTE.

Eh bien, j'ai fait toutes tes commissions.

OLIVIER.

Tu as vu madame de Lornan?

HIPPOLYTE.

Oui, par l'entremise de sa gouvernante, car le mari est revenu. C'est pour cela que madame de Lornan t'a écrit pour te demander des nouvelles. Elle ne peut pas sortir de chez elle en ce moment. Je lui ai dit que le duel n'aurait pas lieu.

OLIVIER.

Et qu'en tout cas son nom ne serait pas prononcé. C'est à cela qu'elle tient le plus, sans doute?

HIPPOLYTE.

Elle y tient bien un peu, mais elle tient surtout à ce

ACTE CINQUIÈME

qu'il ne t'arrive rien. Tu voulais la sauver, tu as réussi, ce n'est donc pas à toi de lui en vouloir si elle refuse de se compromettre même pour toi. La leçon a été bonne, elle en profitera. Je l'ai laissée parfaitement rassurée. Ce n'était pas difficile, puisque j'étais parfaitement rassuré moi-même.

OLIVIER.

Comment?

HIPPOLYTE.

Le duel n'aura pas lieu, je te le répète.

OLIVIER.

Pourquoi?

HIPPOLYTE.

Parce que j'ai vu le marquis, et qu'il y a du nouveau.

OLIVIER.

Il ne peut rien y avoir de nouveau qui nous empêche, M. de Nanjac et moi, de nous battre, au point où nous en sommes. A moins qu'il ne me fasse des excuses, ce qui n'est pas probable.

HIPPOLYTE.

Cela ne dépend que de toi.

OLIVIER.

Explique-toi, alors.

HIPPOLYTE.

J'ai vu le marquis.

OLIVIER.

Il refuse de m'assister?

HIPPOLYTE.

Oui.

OLIVIER.

Je m'en doutais. Il a peur de se compromettre, lui aussi.

HIPPOLYTE.

Il a peur de se compromettre et il a raison. Ces choses-là ne sont ni de son âge ni de sa position. A cause de sa fille, son nom ne peut être mêlé à cette affaire. Mais il a vu M. de Nanjac, qui sait tout.

OLIVIER.

Tout?

HIPPOLYTE.

Tout ce qui concerne le marquis. Il a trouvé une lettre que Suzanne écrivait à M. de Thonnerins. Il y a eu une scène violente entre madame d'Ange et Raymond. Suzanne a été forcée d'avouer ses relations avec le marquis. Raymond a pardonné, à la condition qu'elle rendrait à M. de Thonnerins tout ce qu'elle tenait de lui.

OLIVIER.

Et elle a tout restitué?

HIPPOLYTE.

A ce qu'il paraît.

OLIVIER.

Cela m'étonne bien; mais en quoi cet incident peut-il empêcher le duel?

HIPPOLYTE.

C'est M. de Nanjac lui-même qui a fait cette restitution, et M. de Thonnerins, informé de la provocation qui venait d'avoir lieu, a profité de cette occasion pour dire à M. de Nanjac que ce mariage, comme ce duel, était impossible; que madame d'Ange était indigne de lui, et que ta conduite à toi, dans toutes ces circonstances, avait été celle d'un galant homme et d'un bon ami. Tu sais ce que c'est qu'un homme amoureux, dans une fausse position : plus on attaque la femme qu'il aime, plus il croit de sa dignité de la défendre. M. de Nanjac a pris tout de suite la chose de très haut avec son interlocuteur et lui a dit : « Du moment que je vous restitue ce que madame d'Ange tient de votre générosité, monsieur, c'est vous dire qu'il me plaît d'oublier tout ce qui, dans la vie de madame d'Ange, a rapport à vous. Quant à

M. de Jalin, qui a commencé par me dire qu'il n'était que l'ami de madame d'Ange, et qui, ensuite, m'a donné a entendre le contraire; quant à M. de Jalin, que je croyais mon ami, et qui n'a pas cru devoir à l'amitié de nier ou d'affirmer tout à fait, qu'il me dise en face : « Je vous donne ma parole d'honneur que j'ai été l'amant de cette femme!... » et c'est ce qu'il doit faire s'il a jamais eu un peu d'affection pour moi, je lui donne ma parole d'honneur, à mon tour, de lui faire mes excuses, de lui tendre la main comme autrefois et de ne jamais revoir madame d'Ange. » Tu vois que ce duel n'a plus de sens.

OLIVIER.

Tu as fini?

HIPPOLYTE.

Oui.

OLIVIER.

Eh bien, mon pauvre Hippolyte, je te remercie de ta bonne intention; mais nous avons perdu là beaucoup de temps pour rien.

HIPPOLYTE.

Parce que?

OLIVIER.

Parce que madame d'Ange est maintenant hors de la question. Je ne sais plus et ne peux plus savoir qu'une chose, c'est qu'il y a eu provocation entre M. de Nanjac et moi, et qu'éviter un duel aussi arrêté que celui-là, en portant contre une femme une accusation même vraie, est un acte indigne d'un homme de cœur. M. de Nanjac est militaire; je suis ce qu'on appelle un bourgeois; que ne dirait-on pas si ce duel n'avait pas lieu? Laissons les choses suivre leur cours. M. de Nanjac est encore plus à plaindre que moi; mais je comprends sa conduite. Je voudrais lui serrer la main, et je vais peut-être le tuer. Telle est la fausse logique des lois de l'honneur social. Ce n'est pas moi qui les ai faites; mais je suis forcé de les subir.

HIPPOLYTE.

C'est égal, ce n'est pas gai de tuer un homme. Quand je vois ma femme maintenant, et que je pense que j'ai tué un homme pour elle... Enfin! Tu sais ce qu'elle a fait, ma femme?

OLIVIER.

Non.

HIPPOLYTE.

Je viens d'apprendre cela tout à l'heure. Elle est partie avec M. de Latour, qui laisse à la Bourse un déficit de quatre cent mille francs. Elle ne pouvait pas finir d'une autre façon, et ce n'est pas fini. Elle est de ces créatures que rien n'arrête : du moment qu'elles ont commencé à descendre, il faut qu'elles aillent jusqu'au fond, sans avoir, comme les femmes qu'elles trouvent au dernier échelon de la société, l'excuse des mauvais exemples, de la misère et de l'ignorance.

OLIVIER.

Pardon ; il est deux heures et demie.

HIPPOLYTE.

C'est vrai. M. de Thonnerins ayant refusé de servir de témoin, j'ai été chercher M. de Maucroix, et nous avons été trouver les témoins de M. de Nanjac. C'est pour trois heures. Nous avons trois quarts d'heure devant nous.

OLIVIER.

Le lieu du combat?

HIPPOLYTE.

Les terrains qui sont derrière ta maison ; ils sont vastes et toujours déserts. Personne ne viendra nous chercher là; et puis c'est à deux pas de chez toi. En cas d'accident, nous aurons une maison sûre où transporter le blessé.

OLIVIER.

Quelles sont les armes?

HIPPOLYTE.

Les témoins nous en avaient laissé le choix.

OLIVIER.

Vous avez refusé?

HIPPOLYTE.

Oui, puisque tu nous avais dit de n'accepter aucune concession; on a tiré au sort, et le sort nous a donné l'avantage que ces messieurs nous offraient.

OLIVIER.

Et vous avez choisi?

HIPPOLYTE.

L'épée.

OLIVIER.

S'il m'arrive malheur, tu trouveras une lettre dans ce tiroir, et tu la remettras à mademoiselle de Sancenaux tout de suite, car elle doit partir ce soir, et cette lettre l'empêchera de partir.

HIPPOLYTE.

Voilà tout?

OLIVIER.

Oui.

HIPPOLYTE.

Rien pour madame d'Ange?

OLIVIER.

Rien, c'est inutile; — elle viendra.

HIPPOLYTE.

Elle te l'a fait dire?

OLIVIER.

Non, mais elle n'est brave et fière que dans la victoire;

si elle sait que je n'ai plus qu'un mot à dire pour empêcher son mariage, elle doit croire que je dirai ce mot, et elle fera n'importe quoi pour que je me taise. Elle viendra.

HIPPOLYTE.

Veux-tu savoir à quoi je pense?

OLIVIER.

Dis.

HIPPOLYTE.

Tu étais plus amoureux de Suzanne que tu ne le laissais voir, et tu es peut-être encore plus amoureux d'elle que tu ne le dis.

OLIVIER, souriant.

Qui sait? le cœur de l'homme est si bizarre.

UN DOMESTIQUE, entrant.

Il y a en bas, dans une voiture, une jeune dame qui demande à parler à monsieur.

OLIVIER.

Son nom?

LE DOMESTIQUE.

Elle l'a écrit sur ce papier.

OLIVIER, lisant.

« Marcelle!... » Priez cette dame de monter... (A Hippolyte.) Passe dans ma chambre; j'ai quelqu'un à recevoir qui ne veut pas être vu. Quand il sera temps que nous partions, frappe à la porte, j'irai te rejoindre.

HIPPOLYTE.

Tu n'as plus qu'une demi-heure.

OLIVIER.

Sois tranquille, nous serons exacts. (Hippolyte sort; Olivier va à la porte; Marcelle entre.) Vous ici, Marcelle?... Quelle imprudence!

SCÈNE II

OLIVIER, MARCELLE.

MARCELLE.

Personne ne m'a vue venir, et, d'ailleurs, peu m'importe ce qu'on pensera de moi. Je pars ce soir, je ne reviendrai peut-être jamais, et je ne voulais pas partir sans vous avoir vu.

OLIVIER.

Je serais allé vous voir avant votre départ.

MARCELLE.

Peut-être cela vous eût-il été impossible? peut-être n'y auriez-vous pas songé?

OLIVIER.

Est-ce un reproche?

MARCELLE.

De quel droit vous ferais-je un reproche? Suis-je votre amie? Suis-je digne d'une simple confidence? Si vous aviez un chagrin, est-ce à moi que vous le confieriez? Si vous couriez un danger, penseriez-vous seulement à me serrer la main avant de vous exposer? Oh! je suis bien malheureuse!

OLIVIER.

Qu'avez-vous, Marcelle?

MARCELLE.

Vous allez vous battre, vous allez vous faire tuer peut-être, et vous voulez que je sois calme, et vous me demandez ce que j'ai?

OLIVIER.

Qui vous a dit que je me battais?

MARCELLE.

Ma tante, qui est venue me voir en sortant de chez madame d'Ange et qui m'a tout raconté. Elle m'a nommé la femme pour laquelle vous vous battez, madame de Lornan.

OLIVIER.

Elle s'est trompée.

MARCELLE.

Non. Donc, s'il vous était arrivé un malheur, j'aurais appris tout simplement, comme tout le monde, que vous aviez été tué. Pas un souvenir de vous au moment du danger. C'est de l'ingratitude, car je jure bien que, si je courais un danger, moi, vous seriez la seule personne que j'appellerais à mon secours. Vous devriez faire pour moi ce que je ferais pour vous. Mais laissons tout cela; j'empêcherai ce duel.

OLIVIER.

Et comment l'empêcherez-vous?

MARCELLE.

Vous voyez bien que vous vous battez! J'irai trouver le premier magistrat venu, et je vous dénoncerai.

OLIVIER.

Et de quel droit?

MARCELLE.

Du droit qu'une femme a de sauver l'homme qu'elle aime.

OLIVIER.

Vous m'aimez?

MARCELLE.

Vous le savez bien.

OLIVIER.

Marcelle!

MARCELLE.

Qui a eu sur moi cette influence, avec un seul mot, de me faire changer toute ma vie? Qui m'a fait quitter ce monde où je vivais? Pour qui me résignais-je à m'enterrer au fond d'une province et à gagner obscurément et tristement ma vie? Pour qui allais-je partir, sans autre consolation que la certitude d'être estimée et d'être oubliée de vous?... Pour qui, enfin, une femme se transforme-t-elle ainsi, sinon pour l'homme qu'elle aime? Mais, au fond de mon cœur, j'emportais une espérance. Je me disais : « Il tente peut-être une épreuve? Quand il verra que je suis une honnête fille, quand il aura fait de moi la femme qu'il veut que je sois, qui sait? peut-être m'aimera-t-il? » Et, quand je me suis abandonnée à ce rêve, j'apprends que vous vous battez pour une femme... Et vous croyez que je permettrai ce duel!... Qu'elle le permette, elle que vous aimez,... soit... mais que je le permette, moi qui vous aime!... Jamais!...

OLIVIER.

Écoutez, Marcelle, je vous jure que, si vous tentez une démarche, si vous dites un mot pour empêcher ce duel, si vous l'empêchez enfin, comme ce sera me déshonorer, car on dira que je me suis servi d'une femme pour ne pas me battre, je vous jure, Marcelle, que je ne survivrai pas à ce déshonneur.

MARCELLE.

Je ne dirai rien, je prierai.

OLIVIER.

Maintenant, Marcelle, il faut rentrer chez vous; tantôt, nous nous reverrons.

MARCELLE.

Vous me renvoyez parce que le duel a lieu aujourd'hui.

OLIVIER.

Non, il n'aura même peut-être pas lieu; maintenant que je sais que vous m'aimez, je veux vivre. Il y a un moyen de tout arranger.

MARCELLE.

Vous me promettez que vous ne vous battez pas aujourd'hui ?

OLIVIER.

Je vous le promets. (On entend Hippolyte, qui frappe à la porte. — Haut.) Je suis à toi.

MARCELLE.

Qu'est-ce que c'est ?

OLIVIER.

C'est un de mes amis qui m'appelle.

MARCELLE.

Un de vos témoins.

OLIVIER.

Oui.

MARCELLE.

Pour vous mener sur le terrain. Olivier, je ne vous quitte plus.

OLIVIER.

Mes témoins sont là. Ils discutent avec les témoins de M. de Nanjac. Ils ont besoin de me parler. C'est pour cela qu'Hippolyte m'appelle.

MARCELLE.

J'ai peur.

OLIVIER.

Écoutez, Marcelle : le rêve que vous avez fait, je l'avais fait aussi, peut-être. J'étais heureux et fier de développer en vous les bons sentiments que j'avais devinés. L'instinct mystérieux de mon bonheur me portait vers vous ; je ne pouvais pas vous expliquer pourquoi je voulais vous voir digne de tous les respects ; je ne le savais pas encore, mais c'était un besoin de mon cœur. Voilà tout ce que je puis vous dire, car, lorsque sa vie est en jeu, l'homme n'a pas le droit de parler d'espérance et d'avenir.

MARCELLE.

Olivier!

OLIVIER.

Dans une heure, tout sera résolu. Dans une heure, je pourrai m'expliquer. Jusque-là, il ne faut pas qu'on vous voie chez moi. Retournez auprès de la vicomtesse et attendez-moi chez elle. Nous nous reverrons, je vous le promets. Je suis là, je ne sortirai que pour aller vous voir. Courage!... Il sort.

SCÈNE III

MARCELLE, seule.

Mon Dieu! protégez-nous!

Elle se dispose à partir. Suzanne entre.

SCÈNE IV

MARCELLE, SUZANNE, puis UN DOMESTIQUE.

SUZANNE.

Marcelle!

MARCELLE, se retournant.

Vous, madame!

SUZANNE.

Comment vous trouvez-vous ici?

MARCELLE.

J'ai appris ce duel, je suis accourue.

SUZANNE.

Et vous avez vu Olivier?

MARCELLE.

Je l'ai vu.

SUZANNE.

Et quand le duel a-t-il lieu?

MARCELLE.

Il n'aura pas lieu, je l'espère.

SUZANNE.

Comment cela?

MARCELLE.

Il y a un moyen de l'empêcher.

SUZANNE.

Quel moyen?

MARCELLE.

Je l'ignore, mais Olivier m'a dit qu'il l'emploierait.

SUZANNE.

Ce moyen serait une infamie!

MARCELLE.

Vous le connaissez?

SUZANNE.

Oui, pour éviter un duel, Olivier ne perdrait pas une femme, quelle qu'elle soit. Il vous a trompée.

MARCELLE.

Lui!

SUZANNE.

Répondez-moi; que lui avez-vous dit quand vous êtes venue?

MARCELLE.

Que je ne voulais pas que le combat eût lieu.

SUZANNE.

Et que vous l'aimiez.

MARCELLE.

Oui.

SUZANNE.

Et que, s'il se battait, vous ne le quitteriez pas?

ACTE CINQUIÈME.

MARCELLE.

Comment le savez-vous?

SUZANNE.

Je sais ce qu'une femme dit en pareil cas. Alors, il vous a promis d'arranger l'affaire?

MARCELLE.

Oui.

SUZANNE.

Et il vous a dit qu'il vous aimait, peut-être?

MARCELLE.

Je l'ai bien vu.

SUZANNE.

Il vous a trompée. Il voulait gagner du temps; il est allé se battre.

MARCELLE.

Non, il est là.

SUZANNE.

Vous en êtes sûre?

MARCELLE.

Je n'ai qu'à l'appeler pour qu'il vienne.

SUZANNE.

Appelez-le.

MARCELLE, appelant.

Olivier! Olivier!

SUZANNE, ouvrant la porte.

Personne! Êtes-vous convaincue, maintenant?

MARCELLE.

C'est impossible.

SUZANNE, sonnant.

Vous doutez encore? (Au domestique qui entre.) Votre maître est sorti, n'est-ce pas?

LE DOMESTIQUE.

Oui, madame.

SUZANNE.

Seul ?

LE DOMESTIQUE.

Avec M. Richond et M. de Maucroix, qui est venu le prendre.

SUZANNE.

Il n'a rien dit, ni pour mademoiselle ni pour moi ?

LE DOMESTIQUE.

Rien.

SUZANNE.

C'est bien. (A Marcelle.) Où allez-vous ?

MARCELLE.

Il faut que je le trouve, il faut que je le sauve !

SUZANNE.

Où le trouverez-vous ? Savez-vous où il est ? Et le sauver, comment ? Attendons ! c'est tout ce que nous pouvons faire, c'est le hasard qui joue pour nous. Olivier et Raymond se battent en ce moment, ce n'est plus douteux. Ces deux hommes sont braves ; ils se détestent, l'un des deux tuera l'autre.

MARCELLE.

Mon Dieu !

SUZANNE.

Maintenant, écoutez bien. Olivier a menti à vous ou à moi,... car, à moi aussi, il a dit qu'il m'aimait.

MARCELLE.

A vous !... quand ?...

SUZANNE.

Il y a deux heures. En une minute, je puis perdre amour, fortune, avenir. Si Raymond survit, je suis sauvée; mais, s'il succombe, l'amour d'Olivier est ma seule ressource; il faut qu'il m'aime, ou je tombe sous le ridicule et la honte. Vous aussi, vous devez tenir à savoir la vérité. Le même homme nous a dit à toutes deux qu'il nous aimait. C'est notre droit à toutes deux de savoir s'il nous aime. Si c'est lui qui revient, il faut qu'il ne trouve ici qu'une seule de nous, vous comprenez bien cela? Devant nous deux, il ne s'expliquerait pas. L'autre sera cachée derrière cette porte, elle entendra tout; ce sera moi, si vous voulez. S'il vous répète qu'il vous aime, je me sacrifierai, je partirai sans rien dire... Répondez-moi donc!...

MARCELLE.

Je ne vous comprends plus, madame; je ne sais plus ce que vous dites. Où prenez-vous ce sang-froid et ce calme effrayants?

SUZANNE.

Écoutez!

MARCELLE.

Quoi?

SUZANNE.

Une voiture!

MARCELLE.

C'est lui!

SUZANNE.

Il y a un malheur. Entrez là.

MARCELLE.

Je veux le voir.

SUZANNE.

Entrez là, vous dis-je... C'est lui!... Olivier!...

MARCELLE.

Sauvé!... Il vit!... Maintenant, mon Dieu, faites-moi souffrir si vous voulez!

SUZANNE, la poussant vers la chambre de gauche.

Mais entrez donc!

SCÈNE V

SUZANNE, OLIVIER, puis MARCELLE, RAYMOND, HIPPOLYTE.

OLIVIER, d'une voix faible.

Vous ici, Suzanne?

SUZANNE.

Ne comptiez-vous pas me voir?

OLIVIER.

En effet.

SUZANNE.

Vous êtes blessé?

OLIVIER.

Ce n'est rien!

SUZANNE.

Et Raymond?...

OLIVIER, dont la voix reprend de plus en plus de force.

Voyons, Suzanne, étais-je dans mon droit? l'avais-je trompé, cet homme?

SUZANNE.

Non. Après?...

OLIVIER.

Avais-je fait ce qu'un honnête homme doit faire?... Répondez.

SUZANNE.

Oui. Eh bien?...

OLIVIER.

En nous mettant l'épée à la main à tous deux, dans votre conscience, à qui donniez-vous raison?

SUZANNE.

A vous.

ACTE CINQUIÈME.

OLIVIER.

Alors, n'est-ce pas, sa mort est un malheur et non un crime ?

SUZANNE.

Sa mort !...

OLIVIER.

Oui, sa mort ! Écoutez-moi, Suzanne. Depuis le jour où vous êtes venue me dire ici que vous ne m'aimiez plus, la jalousie s'est emparée de moi. J'ai voulu faire le cœur fort, j'ai souri ; mais je vous aimais de cet amour étrange, fatal, que vous avez inspiré à tous ceux qui vous ont aimée : à M. de Thonnerins, à ce vieillard qui a un instant oublié sa fille pour vous ; à Raymond, que rien n'a pu convaincre, qui ne croyait qu'en vous, qui ne voulait rien savoir, qui aimait mieux me tuer que d'être convaincu. Eh bien, si j'ai voulu empêcher votre mariage, si j'ai dit à Raymond tout ce que je lui ai dit, si enfin, sur le terrain, j'ai oublié qu'il était mon ami, si j'ai... tué l'homme dont je pressais la main il y a huit jours encore, ce n'est pas pour l'offense que j'avais reçue, c'est pour que vous ne soyez pas à lui, parce que je vous aimais, parce que je vous aime. En une minute je vous ai tout fait perdre ; en une minute je puis tout vous rendre. Je ne puis être qu'à vous, vous ne pouvez être qu'à moi. Ne me quittez plus. Partons.

SUZANNE, après l'avoir regardé bien en face.

Soit ! partons.

OLIVIER, la prenant dans ses bras.

Enfin !... (En riant aux éclats.) Oh !... j'ai eu de la peine.

SUZANNE.

Que dites-vous ?

OLIVIER.

Vous avez perdu, chère amie, vous devez un gage, regardez !

SUZANNE, voyant paraître Raymond, suivi d'Hippolyte.

Raymond!

MARCELLE, qui est entrée, se jetant dans les bras d'Olivier.

Ah!

OLIVIER.

Pardonne-moi, chère enfant, il fallait sauver un ami.

RAYMOND, à Olivier.

Merci, Olivier. En vérité, j'étais fou. Vous avez pris soin de mon honneur jusqu'à la fin. Rien ne vous a rebuté pour me convaincre, ni mon aveuglement, ni mon injuste haine, ni cette blessure qui heureusement est sans gravité. Il n'y a plus rien entre madame et moi, qu'une question d'intérêts que je vous prie de régler. (Il lui remet un papier.) Afin que je n'aie même plus à lui adresser la parole. (Marcelle s'approche de Raymond, qui lui prend amicalement les mains. Olivier s'approche de Suzanne.)

SUZANNE.

Vous êtes un misérable!

OLIVIER.

Oh! pas de grands mots. Quand on a engagé dans une partie la vie et l'honneur de deux hommes, il faut perdre en beau joueur. Je me suis bien fait donner un coup d'épée, moi, pour avoir le droit de prouver la vérité. Ce n'est pas moi qui empêche votre mariage, c'est la raison, c'est la justice, c'est la loi sociale qui veut qu'un honnête homme n'épouse qu'une honnête femme. Vous avez perdu la partie, mais vous sauvez votre mise.

SUZANNE.

Comment cela?

OLIVIER.

Par cet acte, Raymond vous restitue la fortune qu'il vous a fait perdre.

ACTE CINQUIÈME.

SUZANNE, avec une dernière espérance.

Donnez ! (Elle déchire le papier en regardant Raymond.) Ce que je voulais de lui, c'était son nom et non sa fortune... Dans une heure, j'aurai quitté Paris, je serai hors de France. (Raymond n'a pas l'air d'entendre.)

OLIVIER.

Cependant, vous n'avez plus rien. Vous avez tout rendu au marquis.

SUZANNE.

Je ne sais comment cela s'est fait ; j'étais si troublée en remettant ces papiers à M. de Nanjac, qu'après son départ, j'en ai retrouvé la plus grande partie sur ma table. Adieu, Olivier. (Elle sort.)

OLIVIER.

Quand on pense qu'il n'aurait fallu à cette femme, pour faire le bien, qu'un peu de l'intelligence qu'elle a dépensée pour faire le mal !

RAYMOND, à Marcelle.

Vous serez heureuse, mademoiselle ; vous épousez le plus honnête homme que je connaisse.

LA
QUESTION D'ARGENT

COMÉDIE EN CINQ ACTES

Représentée pour la première fois, à Paris, sur le théâtre
du Gymnase-Dramatique, le 31 janvier 1857.

A CHARLES MARCHAL

Accepte la dédicace de cette comédie. Je te l'ai destinée entre toutes, parce que mieux qu'une autre elle te rappellera le bon temps : notre jeunesse alerte, insouciante, un peu folle, et cette petite maison de la rue de Boulogne où nous avons tant ri, où, durant trois années, j'ai pu me dire complètement heureux. Te souviens-tu de ton premier mot, chaque fois que tu rouvrais ma porte : « Es-tu toujours complètement heureux ? » et de ma réponse, toujours la même : « Complètement ! » C'est le soleil de ces jours-là que Josué aurait dû arrêter jusqu'à la fin de la victoire. Il n'a renouvelé ce miracle que pour toi. Tu es resté jeune de corps, de cœur et d'esprit. Ton intelligence et ton talent ont grandi sans dépouiller ta jeunesse et sans altérer ta bonne humeur. Ta robuste nature vit en intimité avec tous les éléments, en camaraderie avec toutes les choses. Tu parcours l'existence comme un lion parcourt la plaine, sûr de ta force, ferme sur tes jarrets, le nez au vent, l'œil ouvert aux quatre coins du ciel. Tu n'as pas cette philosophie acquise dans l'expérimentation et l'étude des hommes, qui épuise le corps, qui ride le front, qui appauvrit le sang, jusqu'à ce qu'elle ait renouvelé l'âme ; tu as ce calme souriant des organisations en équilibre qui peuvent se projeter incessamment au dehors, parce qu'elles se reprennent et se reconstituent immédiatement dans tout ce qui les entoure. Les malheurs et les méchants les attaquent sans les entamer; elles sont semblables à ces rochers de granit que la mer couvre pendant la tempête de ses vagues furieuses, qu'elle croit noyer, qu'elle lave et qui reparaissent ensuite au soleil plus polis et plus luisants. L'adversité fait briller ceux qu'elle ne peut abattre. Tu l'as prouvé quand il le fallait. Garde-toi donc tel que tu es le plus longtemps possible. Ta santé est un si bel exemple! et que de consolations pour ceux qui te connaissent, rien que dans le spectacle de ta gaieté !

Cependant, ne crains rien, et ne va pas croire que cette préface soit une élégie. Je n'ai pas à me plaindre du sort et ne me plaindrais pas de lui quand même. J'ai quelquefois regardé la vie trop en face ; elle m'a contraint à froncer le sourcil et à baisser les yeux : mais, à l'occasion, je retrouve encore le bon rire d'autrefois, surtout au printemps. Le printemps est ma maison. Il a toujours sur moi la même influence, et je ne saurais voir la première feuillée des branches sans être pris du besoin de courir aux champs.

Ce n'est pas que je sois un adorateur de la nature pour la nature elle-même : je ne tombe pas en extase devant elle, je l'avoue; au contraire, elle m'attriste, elle me trouble, elle m'évapore; la solitude m'inquiète; l'infini me trouble. L'homme m'y paraît si petit, qu'il ne mérite plus la peine d'être observé ; il n'y est qu'un mouvement comme un autre, qu'un point plus grand qu'un mouton, plus petit qu'un moulin. Dieu s'impose trop quand il est sans intermédiaire ; il est trop direct, trop grand ! il aveugle l'œil humain, qui ne voudrait regarder que la créature, et il abîme et soumet dans la contemplation, dans le rêve, dans l'impuissance, l'esprit qui avait résolu de s'en tenir aux formes tangibles et aux proportions calculables. Je ne veux pas encore le regarder de si près. Mais, dans ce silence, dans cette solitude, dans cet infini, je cherche et trouve ce dont j'ai besoin : l'air vivace, les émanations saines, l'exercice, le repos, la reprise de forces nécessaires pour me rejeter ensuite dans l'humanité. Le droit de marcher à grands pas, de m'étendre sous les arbres ou dans l'ombre des meules, de me rouler sur les foins, de ramer, de nager en pleine eau, de porter une blouse, de ne parler qu'à des gens qui se soucient peu de ce que j'ai dans la cervelle, de redevenir enfant, en un mot, voilà tout ce que je demande à la campagne, et voilà comment je la combats. Quant au toit qui m'abrite, il m'occupe peu, pourvu qu'il m'abrite, qu'il s'élève entre une rivière et un bois, et qu'il soit autre part que celui de l'année précédente. Aussi ai-je toujours eu en horreur l'idée de posséder cet *ager rusticus* tant vanté par les poètes. Le sol le plus enchanté me deviendrait odieux du moment que je m'y sentirais des racines. Si j'avais été le premier homme, j'aurais perdu le paradis à moi tout seul sans l'aide de la première femme ; je m'en serais enfui, bien avant que Dieu m'en chassât, — pour voir autre chose.

Et puis à quoi bon posséder ces arbres, ou cette pelouse, ou ce ruisseau, ou cette muraille ? Pourquoi borner ses regards et se fermer l'étendue ? Pourquoi se réduire, s'immobiliser, se faire plante quand on a des ailes, et regarder tourner son ombre autour de soi ? La vie, c'est l'action. Varions les aspects ! Changeons les perspectives ! Tâchons de laisser toujours où nous ne sommes plus les ruines et les décombres de notre passé ! Ne revenons pas où nous avons été heureux ; ne retournons pas où nous avons souffert ; n'essayons pas de revivre dans ce qui ne doit plus être. Il ne reste rien de nous dans ce que nous avons été ! Que le vent emporte où il veut, et que les autres foulent en riant nos feuilles tombées ! Pendant le voyage que nous accomplissons ici-bas, touchons d'un pied rapide et léger, d'un pied libre surtout, cette terre qui nous reprendra bien assez vite. On n'a jamais trop de place pour vivre, et on en a toujours assez pour mourir.

Avec de pareilles idées que tu connais mieux que personne, il va sans dire que mon *moi* vivant rencontre mon *moi* mort, sur toutes les routes. Je ne peux plus quitter Paris, que je pousse au midi, au nord, à l'est ou à l'ouest, sans retrouver un de mes anciens nids où d'autres font leur couvée. Je pourrais dater chacune des pièces de ce recueil d'un lieu différent. Février vient à peine de mourir : les premiers bourgeons des lilas parisiens éclatent au choc des premiers grêlons de mars, sous les rayons blancs d'un soleil frileux, et je me demande déjà où je pourrais bien aller : je m'éparpille toujours comme le passé, et, si je meurs l'été, ce sera bien certainement dans la maison d'un inconnu.

Puisque nous en sommes aux souvenirs, te rappelles-tu Sainte-Assise? — Quel été nous avons passé là, en 1856, il y a douze ans, un tiers de la vie humaine! Tu dois te rappeler que c'est là, en te jetant à toute volée sur une meule au pied de laquelle je lisais sans défiance, et en me tombant par conséquent sur la tête, que tu faillis envoyer ton ami chez les ombres. Est-ce Zéphire qui, jaloux de mon amitié pour toi, te lança sur ma tête comme il lança jadis le palet d'Apollon sur le front d'Hyacinthe? C'est possible; cependant, tu étais déjà gros à cette époque et lourd, je t'en réponds. Ce qui est certain, c'est que, pour dissimuler ton émotion sans doute, tu me fis une scène d'où il résultait que les meules sont faites pour qu'on saute dessus, non pour qu'on s'asseye dessous, et que c'était moi qui étais dans mon tort. Ne te vante pas d'avoir inventé ces sortes d'arguments; ils datent de loin. Et ce beau poisson que j'avais tué d'un coup de fusil au moment où il apparaissait à fleur d'eau avec une étourderie qui m'a toujours étonné de la part d'un poisson (le poisson est défiant, disent les pêcheurs). Je le tuai cependant, comme une alouette, et il coula droit au fond de l'eau. Nous voyions son ventre d'argent miroiter entre deux pierres. Il semblait qu'il n'y eût qu'à étendre la main pour le saisir. Tu retroussas ta manche et tu plongeas le bras. La transparence de l'eau nous avait trompés. Tu ne pouvais atteindre le mort sans mouiller ta chemise. Tu l'ôtas, c'était élémentaire, et, te mettant à plat ventre sur la berge, tu te penchas vers la rivière en me chargeant de te retenir par les pieds. C'était l'occasion ou jamais de te rendre la plaisanterie de la meule ; quand je te vis bien la tête en bas, au lieu de te retenir, je te poussai et tu tombas à l'eau, ce qui était moins dangereux que de recevoir sur la nuque un ami de cent quatre-vingts livres ; je te donnai pour raison en réponse à la tienne que les pieds ne sont pas faits pour se tenir en l'air et la tête en bas, et j'allai te rejoindre après avoir jeté nos effets dans notre canot, compagnon intelligent de nos courses nautiques. Nous nous en allâmes nageant tout droit devant nous. Tu me précédais à quelques brassées. Au bout de dix minutes, tu te retournas en me faisant signe de me taire et de te suivre dans une autre direction. En même temps, tu nageais vers de grandes herbes qui bordaient la terre, à l'ombre des saules et au milieu desquelles tu pris pied, ne laissant que ta tête sortir de l'eau. Je supprime la comparaison puisée dans le règne végétal qui me vint à l'esprit quand je vis ta grosse figure posée pour ainsi dire sur les larges feuilles aquatiques : j'allai tout doucement me placer à côté de toi et je cherchai à distinguer ce que ton doigt me montrait à travers les arbres. Était-ce un martin-pêcheur prêt à partir comme un éclair bleu, un couple d'amoureux ne se souciant plus des hommes, ou notre poisson ressuscité qui se moquait de nous sur la rive? Non ; c'était une jeune fille de dix-huit ans à peu près, sans autre voile que ses cheveux noirs plus épais que longs, dénoués et tombant sur ses épaules. Ton œil de peintre l'avait aperçue de loin se jouant dans les eaux transparentes comme Diane dans la vallée de Gargaphie. Elle était seule et paraissait accomplir l'acte le plus simple du monde. Elle ne regardait même pas si quelqu'un pouvait la voir. Elle avait déposé tous ses vêtements sur le gazon, et, ne sachant pas nager, elle se retenait, tantôt d'une main, tantôt de l'autre, à une branche de saule ; ou bien elle essayait de se laisser flotter, mais elle prenait peur bien vite et s'amusait alors à marcher contre le courant rapide qui nous avait amenés et qui bouillonnait autour de ses hanches en se divisant sur elle. Puis elle plongeait sa tête dans l'eau et reparaissait, le visage inondé de sa chevelure, les yeux fermés, toute frémissante et toute rose. Elle levait alors ses bras, écartait ses cheveux sur ses tempes et s'ébattait de nouveau. Quelque pose qu'elle prît, la lumière du jour faisait courir le long de son corps humide, souple et ferme, les luisants nacrés du *saxe*. Était-ce une impudique ou une innocente? Toujours est-il que ce tableau inattendu nous reportait à trois mille ans, en pleine mythologie, et nous restions là, contemplant cette déesse jusqu'à ce qu'elle nous changeât en cerfs, qu'elle s'éloignât comme Vénus sur son char aérien, traîné par des colombes, ou, comme Europe, sur la croupe d'un taureau couronné de fleurs. Elle était digne de l'un et de l'autre. La première curiosité, la triviale, la basse, celle qui n'était pas de notre âge, cette première curiosité satisfaite, nous ne savions plus que faire de notre rôle d'Actéons impunis. Allions-nous troubler et insulter cette Suzanne? C'eût été bon pour des vieillards d'Israël. Mieux valait nous en tenir à cette églogue naïve surprise dans le silence d'une belle matinée, car il était à peine six heures. Cependant nous étions des artistes, c'est-à-dire des hommes toujours un peu enfants, et l'aventure devait finir par une gaminerie. Nous arrachâmes les herbes autour de nous, nous nous en couvrîmes la tête et les épaules, et, semblables à des dieux marins visitant leur royaume, nous reprîmes majestueusement le large. Arrivés au milieu de la rivière, en vue de la baigneuse, nous poussâmes deux cris rauques comme des tritons soufflant dans leurs conques, mais sans tourner visiblement la tête de son côté. Elle se sauva vers le bord, qu'elle escalada en un clin d'œil et s'abrita un peu tard sous sa robe, qu'elle étendit devant son visage. Décidément, c'était une innocente. Nous continuâmes notre route sans autre allusion. Elle put croire que nous ne l'avions pas vue. De cette aventure, j'ai tiré la scène du bain dans l'*Affaire Clémenceau*. Et toi? tu n'en as rien fait! Ingrat!

Maintenant, comment me trouvais-je habiter ce pays primitif?

Je l'avais tout bonnement rencontré dans les *Petites-Affiches*. Voilà un journal! Avec un peu de persévérance et d'attention, Christophe Colomb y aurait découvert l'Amérique. Quand mon idée de campagne me reprend au commencement d'avril, j'achète un numéro des *Petites-Affiches*, je cherche à l'article *Locations*, et je trouve toujours.

C'est ainsi que j'avais lu : « Charmant pavillon à louer à Sainte-Assise, entre la Seine et les bois, à trois kilomètres de la station de Cesson, chemin de fer du Midi. » Je n'avais pas perdu une minute et j'étais parti pour visiter ce lieu enchanté, qui promettait tant et qui devait tenir encore plus qu'il ne promettait, comme tu devais le voir toi-même et comme tu vas le voir encore.

Arrivé à Cesson, je demande ma route. On me l'indique à travers les bois et me voilà marchant enfin au grand air, en pleine solitude, libre de chanter à tue-tête, d'ôter mon habit et de faire le moulinet avec ma canne, sans craindre d'être pris pour un fou et d'être arrêté par les sergents de ville. Je marchais! pas de maison. C'était bien là le voisinage que je désirais autour de celle que je voulais habiter. Cependant, deux ou trois fois il m'avait semblé me reconnaître, comme on dit. Le paysage ne m'était pas nouveau; où avais-je vu ces arbres-là? Ils avaient l'air de me dire bonjour. Leur silhouette me rappelait quelque chose. Le terrain même avait des échos en moi! Cesson? Cesson? Ce mot ne me rappelait pourtant rien. Mais voilà un ravin où je suis descendu jadis, à moins que je ne rêve; ce petit ruisseau qui joue le torrent sur ces cailloux qui se croient des rochers, j'ai sauté par-dessus; mais quand? et où ? Si c'est ici, il doit y avoir un village à gauche, quand la route tourne. Je le vois encore dans les brouillards de ma mémoire. La route tourne, voilà le village-là bas! C'est trop fort! Voilà aussi un cimetière que je me rappelle très bien, ainsi que les enfants qui courent au milieu des tombes et que j'y ai toujours vus. Je m'approche d'eux pour leur demander le nom du pays. Ils se sauvent. Ils sont plus familiarisés avec les morts qu'avec les vivants, à ce qu'il paraît. Mais, au fait, le nom du village doit être inscrit sur la première maison. Dépêchons-nous ; je vois une plaque bleue : Seine-Port... Comment! Je suis ici à Seine-Port ? Je le crois bien que je devais m'y reconnaître. Est-ce possible! Seine-Port! Quel hasard! Quel bonheur! Seine-Port! l'endroit que je désirais le plus revoir. Et Sainte-Assise! c'est juste! Sainte-Assise aurait dû me mettre sur la voie! Comment ne me suis-je pas souvenu tout de suite! Ces bois où j'ai tant joué, où j'ai tant couru jadis. C'est vrai, c'étaient les bois de Sainte-Assise! Oublieux que je suis! Un homme de trente ans a donc pu oublier! Mon erreur vient (il faut bien trouver une excuse) de ce qu'on arrivait autrefois à Seine-Port par le bateau à vapeur, tandis qu'aujourd'hui on y arrive par le chemin de fer. De mon temps, Cesson n'existait pas ; mais je prolongeais souvent ma promenade jusqu'à l'endroit où l'on a placé la station. Pourquoi aussi l'annonce de cette location ne portait-elle pas : « Près de Seine-Port? » Ce n'est pas ma faute. Mais elle portait : « Sainte-Assise, » et je n'aurais pas dû oublier cette bonne petite sainte qui en prend bien à son aise si j'en crois son nom, et qui fut la confidente si discrète, disons le mot, de mon premier amour.

Rien n'est changé, il me le semble du moins. Oui, voilà bien le carré d'arbres où la fête avait lieu, en septembre, je crois. Et la maison de ce bon M. G..., avec sa grille verte, ses deux petits pavillons de briques, elle doit être sur la droite. La voici. Comme elle me paraissait grande autrefois! comme elle me paraît petite à cette heure! Bonjour, vieux puits où je tirais de l'eau! Salut, modeste potager que j'arrosais ensuite. Poiriers que je visitais dès le matin, fraisiers que je dévastais en cachette, vous souvenez-vous comme je me souviens ?

Sonnons. Un jeune chien aboie. L'autre ne pouvait pas toujours durer! Quelles bonnes parties nous faisions ensemble. Pauvre bête! Une servante se présente à la grille.

— A qui appartient cette maison, mademoiselle?
— A madame P...
— Et M. G..., son ancien propriétaire, qu'est-il devenu? Le savez-vous?
— Oh! monsieur, je crois qu'il est mort depuis longtemps. Il avait été forcé de vendre, et il n'avait gardé qu'un petit pied-à-terre dans les environs, à Beaulieu.
— Et sa fille ?
— Moi, je ne l'ai jamais vue, quoique je sois née dans le pays.
— Cette maison ne serait pas à louer, par hasard ?
— Oh! non, monsieur.
— Merci, mademoiselle.
— Il n'y a pas de quoi.

Je referme la porte. Le chien aboie de nouveau. Je regarde encore une minute et je m'éloigne.

Je suis tout seul, personne ne me connaît, j'ai le droit de me souvenir tout à mon aise et de pleurer si j'en ai envie. Allons jusqu'au bout de la rue, tournons à gauche, puis à droite, il y avait là deux grands arbres plantés en avant du bois comme deux sentinelles. Voilà quinze ans que j'ai gravé deux chiffres sur leur écorce !

Voilà les arbres. Les chiffres y sont-ils encore?

Effacés ! — Déjà !

L'homme est toujours fier d'avoir gravé son nom quelque part, fût-ce sur l'écorce d'un arbre, et toujours étonné quand il ne l'y retrouve plus.

Qu'est-ce que cette histoire ? Je vais te la dire.

J'avais seize ans, à peu près ; j'étais en pension. J'étais un grand, en chambre, mais je ne m'en mêlais pas moins pendant les récréations, aux jeux de mes camarades. L'un d'eux, âgé de huit ou neuf ans, fut battu par un plus âgé que lui. Je pris la défense du premier et battis le second. Belle action qui ne pouvait rester sans récompense.

Le grand-père de mon protégé étant venu voir celui-ci quelques jours après, son petit-fils lui raconta son aventure et ma bienfaisante intervention. Le vieillard me fit appeler, me remercia et prit l'habitude, chaque fois qu'il venait, de m'adresser quelques mots gracieux. Aux vacances, il m'invita à passer deux ou trois semaines à la campagne avec lui, en compagnie d'Amédée. C'était le nom, ou plutôt c'est le nom que je donnerai à l'enfant, n'ayant pas à dire son nom véritable. Nous partîmes tous les trois du quai de la Grève par le bateau à vapeur, et nous arrivâmes le soir dans cette petite maison que je venais de revoir avec tant de plaisir. Je restai là jusqu'à la moitié de septembre, jardinant, bêchant, coupant, grimpant dans les arbres, courant les bois avec mon jeune compagnon, vivant enfin comme on vit à la campagne quand on a seize ans, un bon estomac, de bonnes jambes et toute la vie devant soi.

Un jour, nous revenions pour dîner, un peu en retard, harassés, couverts de poussière, nos vestes sur l'épaule, nos casquettes à la main, nos cravates dans nos poches, et nous touchions aux premières maisons du village, lorsque Amédée se mit à courir tout droit devant lui en criant : « Ah ! maman ! » et je le vis se précipiter, tête baissée dans les jupes maternelles avec ce mouvement instinctif et spontané des enfants, qui semblent vouloir tout à coup rentrer dans le sein de leur mère.

Ma première pensée fut que l'arrivée de cette dame allait nous gêner fort, qu'il faudrait lui tenir compagnie et s'habiller convenablement. Amédée m'avait bien dit : « Tu verras maman quand elle viendra, comme elle est gentille ! » C'était toujours une mère, c'est-à-dire un être respectable devant lequel il s'agissait de se bien comporter.

Je remis ma veste, je renouai ma cravate, je m'essuyai le front, et je m'approchai de cette dame en la saluant. Elle était à peine plus grande que son fils ; elle me venait à l'épaule, et je n'avais encore rien vu, ou plutôt rien remarqué de si mignon et de si jeune en mère de famille. Elle paraissait avoir dix-huit ou vingt ans. Elle était toute blonde, avec deux longues boucles de chaque côté du visage, sous un large chapeau de paille d'Italie, rond, garni de coquelicots, d'épis et de bluets. Une robe de mousseline à travers laquelle on respirait pour ainsi dire ses épaules fraîches et ses bras frais, une écharpe de même étoffe croisée sur sa poitrine, nouée par derrière, et dont les bouts flottaient, des gants de Suède demi-longs, des souliers de peau aile-de-hanneton, à rubans croisés sur le cou-de-pied : tel était son costume.

De grands yeux foncés, très doux, le nez légèrement retroussé comme une bergère Louis XV, les sourcils fins et droits, les joues rondes et roses, le sourire relevé dans les coins, une fossette au menton, le cou blanc comme du lait, les mains toutes petites, la poitrine pleine, les bras potelés en haut, fins aux attaches : telle était sa personne. Une très jolie petite bourgeoise, sans grande distinction, mais piquante, comme disaient nos pères. Une fée, la touchant de sa baguette, eût fait envoler une nichée d'Amours de toute sa petite personne. Un peu plus, c'était madame Michelin ; un peu moins, c'était Lisette. Je fus tout de suite rassuré. Ce n'était pas là une mère redoutable ; c'était plutôt une nouvelle camarade qui nous arrivait de Paris. Elle allait bien certainement courir avec nous ; c'était de son âge. Eh bien, non ; elle n'aimait pas la marche. Elle était arrivée une heure auparavant ; son père lui avait dit que nous étions dans le bois, et elle était venue nous attendre au bout de la seule route que nous pussions prendre, mais c'était tout ce qu'elle avait pu faire. Elle avait horreur de toute fatigue. Elle m'exposa cette particularité d'une voix un peu traînante, et comme si j'étais quelqu'un ; puis elle prit son lorgnon et me regarda avec une certaine attention. J'étais le fils d'un homme célèbre et, par conséquent, un objet de curiosité.

On dîna. Comme elle était toute petite, ses pieds, quand elle était assise, touchaient à peine le sol. Elle demanda un tabouret à son fils ; je me précipitai dans le salon pour en chercher un. Comme tous ces détails puérils sont encore présents à ma mémoire ! Elle releva un peu sa robe pour ne pas marcher dessus, en plaçant ses pieds sur le tabouret que je lui glissais sous la table. Je vis sa jambe, pas jusqu'au genou comme dans la ballade de *Gastibelza*, mais plus haut que la cheville. Je n'en fus pas troublé, comme tu pourrais le croire. C'était encore la jambe d'une mère, ce n'était pas la jambe d'une femme.

Le temps avait été lourd et menaçant toute la journée. L'orage éclata et l'eau se mit à tomber à torrents. Son appartement se trouvait dans un corps de logis séparé du bâtiment principal; il fallait donc qu'elle sortît pour se rendre chez elle. Le jardin était inondé. Obscurité complète! Qu'allaient devenir les souliers dorés et la robe de mousseline au milieu des flaques d'eau? Nous étions là, sur le seuil de la porte, la bonne tenant la lampe, présentant le parapluie, nous derrière et regardant. Comment faire? Elle n'osait se hasarder. Elle relevait sa robe, elle avançait le pied et le rentrait aussitôt. On eût dit un oiseau qui hésite à quitter son nid. Alors, il me vint une idée sublime et toute simple : je lui offris de la porter chez elle, très naïvement, sans autre but que de la tirer d'embarras, peut-être un peu pour montrer ma force; mais voilà tout.

— Il n'y a que ce moyen-là, dit-elle

Et elle accepta. Amédée voulait absolument que je la prisse sur mon dos.

— Maman à bon vinaigre! Va donc! disait-il, ce sera très drôle.

Je la pris tout bonnement dans mes bras et je la portai, tandis qu'elle tenait le parapluie ouvert au-dessus de nous, en riant. Cependant, elle ne paraissait pas très rassurée, et elle me tenait assez fortement par le collet de ma veste.

— Je vous fatigue, me dit-elle; c'est très lourd, la mousseline! on ne le croirait pas!

Je n'aurais jamais supposé, en effet, qu'une si mignonne créature pût être si lourde! Chaste ignorance de la jeunesse! Tu vois le reste d'ici. Le soir, j'étais amoureux, non pas de cette femme, mais d'une femme. Elle eût été une autre, que c'eût été la même chose. A seize ans, que faut-il de plus? La campagne, l'été, une jeune femme qu'on a portée dans ses bras, dont on a senti le cœur sur sa poitrine et le souffle sur son visage! si on ne devient pas amoureux avec tout ça, c'est qu'on a été mal élevé.

Quant à elle, elle venait passer trois ou quatre jours chez son père, elle ne demandait qu'à s'y ennuyer le moins possible ; elle s'amusa de moi. Elle se promena dans mes illusions, dans mes timidités et dans mes innocences, comme elle se promena, quand le soleil eut tout séché, dans les plates-bandes du jardin. Avec deux ou trois coquetteries classiques, elle m'entraîna dans son sillage et fit danser mon cœur dans le frou-frou de sa robe. Elle me tendit la main, le lendemain, en me remerciant du service que je lui avais rendu ; elle me parla de mon âge heureux, comme si elle eût été une vieille femme ; elle envia mon avenir et ma liberté masculine dans une demi-confidence ; elle poussa quelques soupirs et regarda le ciel avec mélancolie, comme si elle avait quelque chose à lui redemander ; elle laissa sur un banc le livre qu'elle avait apporté, et, quand je le parcourus, je trouvai des marques au crayon là où il y avait quelque pensée tendre ou désespérée. Je n'ai pas oublié le titre de ce livre. C'était *Entre onze heures et minuit*, d'Alphonse Brot. Dès que j'étais seul, je griffonnais des vers avec des *oh!* des *ah!* des *hélas!* et tous les vieux hémistiches que je pouvais retrouver dans ma mémoire et coudre à mon inspiration. Je me les déclamais à moi-même ; mais, une fois devant elle, je devenais muet. Cependant, je les avais là, dans ma poche, sur papier vélin plié en quatre et de ma plus belle écriture. Je m'étais bien gardé de les signer et d'y mettre son nom ! Si on les avait trouvés, mon secret eût été trahi ! Elle ne les connut jamais. Elle fit pourtant tout son possible pour que je les lui donnasse, car elle les avait devinés. Elle les voyait à travers ma veste, sur mon cœur.

— J'aime beaucoup les vers, disait-elle. Est-ce que vous n'en faites pas, vous, le fils d'un poète ?

Alors, je touchais mon petit morceau de papier, et il me venait l'envie de le jeter à ses pieds et de m'enfuir bien loin jusqu'à ce qu'elle m'eût pardonné mon audace. Mais je n'allais jamais au delà de cette réponse :

— Moi aussi, j'aime bien les vers; mais, si j'en faisais, je n'oserais pas les montrer.

— Pourquoi? Vous devriez m'en *composer*, me disait-elle; j'ai un parent qui les mettrait en musique, et je les chanterais quelquefois.

— Vous chantez, madame?

— Un peu.

J'eus le courage de lui promettre une romance, et je fis une espèce de sonnet, à l'Amour bien entendu, qui se terminait ainsi :

> D'enfant tu nous fais homme,
> D'homme tu nous fais dieu!

Ce n'était pas mal, mais ce n'était pas de moi. J'avais lu ça dans Segrais, je crois, qui en avait fait un alexandrin, lui :

> D'enfant il nous fait homme, et d'homme il nous fait dieu!

alexandrin que j'avais démarqué pour la circonstance, mais, au moment de le servir, je tremblai que le parent musicien ne reconnût le chiffre du collaborateur de madame de La Fayette, que je croyais un poète célèbre, et je m'abstins définitivement.

J'essayai bien deux ou trois fois de me faire surprendre écrivant dans le jardin, en cachette sous les arbres, et de me faire arracher ainsi le poétique aveu de mon amour; mais ça ne s'arrangea pas, et le jardinier troubla seul du bruit de ses pas le silence de ces allées. Elle partit par le bateau à vapeur; nous l'accompagnâmes jusqu'à l'embarcadère. Elle me regardait de temps en temps d'un air ironique, autant que je puis me le rappeler. Le bateau descendait de Melun à Paris. Il fallait attendre qu'il passât. La matinée était splendide : moitié saphir, moitié opale. Nous nous assîmes sur la berge. O Providence! elle était émaillée de myosotis. J'en cueillis un bouquet que je lui offris. Quel courage! mais il n'était que temps. Le bateau sonnait son arrivée. Elle garda ce bouquet à la main, jusqu'à ce que le bateau eût accosté la passerelle; alors, elle le mit dans son corsage; puis elle prit mon bras comme appui et le serra de toutes ses forces. Avait-elle peur réellement en se voyant au-dessus de l'eau sur ces planches branlantes, ou voulait-elle troubler jusqu'au bout une imagination toute neuve? Elle embrassa son père, son enfant; elle m'offrit la main.

— J'espère, monsieur, me dit-elle, que vous viendrez quelquefois, me voir à Paris, avec Amédée, le dimanche.
— Oh! oui, madame.

La cloche tinta, les palettes des roues se mirent en mouvement, le bateau tout frissonnant se détacha de la petite jetée qui sembla fuir avec nous derrière lui. Elle resta debout à l'arrière; puis elle se souvint de son bouquet de myosotis, le reprit dans son sein, l'approcha de son visage et le respira ainsi, tant que nous pûmes l'apercevoir. Peu à peu elle se confondit dans le masse des voyageurs; nous ne la reconnaissions plus qu'à son mouchoir qu'elle agitait. Rien ne manquait comme tu vois, à cette miniature des séparations. Un quart d'heure après, il n'y avait plus à l'horizon ni mouchoir, ni femme, ni bateau à vapeur; il n'y avait plus qu'un peu de fumée, qui se délaya bien vite dans l'azur inaltérable de ce jour éclatant.

Je revins à la maison, silencieux, me retournant de temps à autre, bien convaincu que j'en avais fini pour jamais avec l'appétit, le sommeil, la gaieté et les jeux naïfs, ridicules de l'enfance. Comment pourrai-je passer devant sa fenêtre où elle n'apparaîtrait plus? A quoi bon ce jardin qui ne devait plus la voir? O lune! quelles matinées attendrai-je en te regardant? O bois odorants! quelle ombre blanche accompagnera mes pas dans vos sentiers étroits? C'est ce jour-là que je gravai nos initiales sur les deux arbres qui les ont si mal gardées. Jusqu'au soir, je marchai mélancolique, silencieux, élégiaque, mettant ma douleur en vers, comme j'avais mis mon amour. J'avais besoin de solitude. Je me retirai de bonne heure dans ma chambre. Faut-il tout dire? hélas! je m'endormis, comme une souche, jusqu'au lendemain huit heures, et je me réveillai avec une faim de paysan. J'eus beau faire, il me fut impossible d'être triste, et je m'aperçus bien vite que cette première émotion n'avait pas été très profonde. Avait-elle même été sincère? N'avais-je pas plus obéi au désir de me prouver que j'étais un homme qu'à un véritable besoin d'aimer? J'aurais voulu sans doute, en ma qualité de fils de poète, entrer dans la vie de sentiment par une aventure originale, qui me constituât l'égal de ces héros de roman dont j'entendais parler autour de moi, et que j'admirais dans les œuvres paternelles. Après le départ de mon héroïne, je me démenai donc inutilement pour retenir l'émotion éternelle que je voulais absolument qu'elle eût fait naître en moi. En vain je me battis les flancs pour être amoureux; la bonne et simple nature reprit possession de l'enfant. J'étais honteux de retomber si tôt des hauteurs de l'empyrée, mais décidément mon esprit était encore plus près du fils que de la mère, et deux jours s'étaient à peine écoulés depuis la scène des myosotis, que j'avais recommencé avec Amédée les gaietés tapageuses au milieu desquelles nous avions été surpris. Du reste, j'étais, par le plus grand des hasards, d'une innocence déplorable : l'amour ne me représentait encore qu'un sujet à mettre en vers français, avec des interjections et des points suspensifs; et j'eusse été, comme Daphnis, chercher la cigale jusque dans le sein de Chloé, sans deviner plus que lui ce qui devrait s'ensuivre.

Je revins à Paris tout seul. Amédée était allé passer la dernière quinzaine des vacances chez un oncle célibataire, qui habitait la Bourgogne et dont on espérait qu'il hériterait plus tard. C'est même en vue de cet héritage qu'on lui fit continuer ses études dans la petite ville où cet oncle résidait. Il ne rentra point à la pension, et je n'osai jamais aller faire une visite à sa mère. Je ne suis même pas bien sûr d'y avoir pensé. Je me retrouvai deux fois avec elle, la première dans des circonstances assez burlesques qui ne durent pas lui laisser de grandes illusions sur l'amour des collégiens, si toutefois elle avait pu en avoir.

C'était dix-huit mois plus tard, un jour de congé, aux Tuileries, en janvier. Il gelait à pierre fendre, et je glissais comme un perdu, avec tous les galopins qui se trouvaient là, sur le grand bassin qui fait face à l'obélisque. J'étais en tête des glisseurs du côté de la grille. Je mettais à cet exercice un grand amour-propre. J'y étais, du reste, de première force; je glissais sur un seul pied, je faisais la bonne femme, je donnais le coup de patin comme personne. Tout à coup il y eut chute derrière moi, et par suite une bousculade générale; je fus jeté sur le rebord de pierre, que je ne touchai que des mains, et je sautai très adroitement sur la terre. Les genoux touchèrent un peu, pour être franc. Quand je me relevai, en époussetant mon pantalon, je me trouvai nez à nez avec *mon premier amour*, qui ne pouvait s'empêcher de rire. Je pris mon parti en brave, j'acceptai franchement la situation et je me mis à rire aussi.

— Vous ne vous êtes pas fait mal? me dit-elle.
— Non, madame.
— Du reste, vous glissez très bien.
— Est-ce qu'il y a longtemps que vous êtes là, madame?
— Dix minutes, à peu près, et je vous admire. C'est à cela que vous passez vos dimanches?
— Oui, madame, quand il gèle. Et Amédée?
— Il va bien, et mon père aussi. Au revoir, monsieur, je ne veux pas vous laisser vous refroidir. Vous pourriez vous enrhumer.
— Au revoir, madame.

Je la saluai et je retournai à ma glissade.

Cependant, une femme avait traversé mon adolescence et y avait laissé son parfum.

Elle avait ouvert mon cœur comme on ouvre, pour un voyageur qui va venir, les fenêtres d'un logis fermé, et la première femme que j'aimai complètement plus tard n'était peut-être que la suite de celle-là. Toujours est-il que, quinze ans après, j'étais tout heureux de revoir les lieux témoins de cette fugitive sensation et de relire mon innocente idylle sur les murs, sur les arbres, et jusque dans les nuages de cet aimable pays.

En vérité j'ai l'air de me poser en Jean-Jacques, de vouloir déshonorer une madame de Warens et d'indiquer à la foule le pèlerinage des bois de Sainte-Assise, en pendant à celui des Charmettes. Toi qui me connais, tu sais bien que non. Je me suis laissé aller à la relation d'un fait si simple et si naturel, que je crois que beaucoup de mes lecteurs s'y retrouveront et y revivront quelques heures de leur meilleur temps. J'ai remarqué que les hommes ne sont pas fâchés de se sentir dans une chose imprimée : cela flatte à la fois leur orgueil et leur paresse, c'est un miroir tout fait. Je ne fais donc pas traite sur l'avenir, et je ne compte pas plus sur les échos des siècles pour répéter mon nom, que sur les arbres de Sainte-Assise pour garder mon chiffre. Mais, en 1856, après le succès du *Demi-Monde*, je pensais autrement. J'ambitionnais des succès nouveaux, je rêvais la gloire et je cherchais naturellement à placer mon esprit dans les meilleures conditions pour une production nouvelle. Ce hasard, qui me transportait au bout de quinze ans dans ces lieux pleins de souvenirs, me paraissait offrir une de ces conditions-là, et je comptais de mon émotion morte tirer une œuvre toute d'amour et de poésie. Si tu te rappelles ou si tu relis *la Question d'argent*, tu verras que je me trompais bien.

Pendant les trois premiers jours de mon installation, je me retrempai dans mes seize ans, puis peu à peu je pris l'habitude de me rencontrer autour de ma nouvelle demeure, je m'y oubliai bientôt et je finis par ne plus me saluer. Un jour, je montai sur le bateau à vapeur pour aller à Champrozay. *Elle* était sur ce bateau. C'était à n'y pas croire. Le hasard fait des choses plus invraisemblables que toutes les inventions des romanciers. Sans doute, elle avait conservé dans le voisinage le pied-à-terre de M. G... Elle était en deuil; un grand garçon en uniforme, décoré de la médaille de Crimée, se tenait tout droit à côté d'elle. C'était Amédée. Je le reconnus par elle, car elle n'était pas changée, sauf un peu de tristesse et de pâleur. Il ne me reconnut pas, lui. Elle me regardait beaucoup. Elle n'était peut-être pas sûre que ce fût moi. Je m'amusai de ce doute et je jouai l'inconnu. En abordant, j'aperçus des myosotis sur la berge. Toute cette rive en est pleine; j'en cueillis un bouquet, et comme elle me suivait des yeux, je le jetai dans le courant de l'eau. Elle fit au messager tardif un signe de reconnaissance. Elle resta tournée vers moi et elle disparut de nouveau dans l'horizon. Oh! ces horizons! ce qu'ils dévorent!

Je parcourais deux ans après, comme cela m'arrivait souvent, les décès dans un journal pour y trouver des noms qui pussent me servir; j'y lus, à l'adresse qu'elle m'avait donnée jadis, son nom suivi de ces deux mots : « Quarante-huit ans. » Je la croyais toujours jeune.

A bientôt, cher ami, et porte-toi bien.

A. DUMAS FILS.

16 mars 1868.

PERSONNAGES

Acteurs
qui ont créé les rôles.

RENÉ DE CHARZAY............	MM. DUPUIS.
JEAN GIRAUD.................	LESUEUR.
DE RONCOURT................	FERVILLE.
DURIEU.......................	NUMA.
DE CAYOLLE..................	LANDROL.
ÉLISA DE RONCOURT.........	Mmes ROSE-CHÉRI.
MADAME DURIEU.............	CHÉRI-LESUEUR.
LA COMTESSE SAVELLI.......	D. MARQUET.
MATHILDE DURIEU............	DELAPORTE.
DOMESTIQUES	

La scène est à Paris.

Au premier et au deuxième acte, chez Durieu; au troisième, chez Roncourt; au quatrième, chez la comtesse; au cinquième, chez Durieu.

LA QUESTION D'ARGENT

ACTE PREMIER

Un salon à la campagne, chez Durieu. Porte au fond donnant sur un jardin ; portes latérales.

SCÈNE PREMIÈRE

LA COMTESSE, DURIEU.

La comtesse est étendue sur un canapé.

DURIEU.

Comtesse, vous nous fuyez ?

LA COMTESSE.

Oui ; vous nous avez donné un excellent dîner, mon cher monsieur Durieu, avec des gens très aimables ; mais vous êtes tous Français, et vous passez votre soirée dans le jardin, vous croyez qu'il y fait chaud, cela vous regarde. Moi qui suis née à Naples, en plein juillet, je trouve que vos soirées de la fin de l'été sont glaciales, et je me sauve ici.

DURIEU.

Nous allons venir vous y rejoindre.

LA COMTESSE.

Non ; laissez vos invités fumer tranquillement leurs cigares. Je vous demanderai seulement, dès que votre neveu sera arrivé, de me l'amener sans lui dire qui est là. Vous nous ferez donner de la lumière, et je n'aurai plus rien à souhaiter dans ce monde.

DURIEU.

René vient justement d'arriver. (Appelant.) René !

RENÉ, paraissant.

Mon oncle ?

DURIEU.

Il y a là une dame qui veut te parler.

RENÉ.

A moi ?

DURIEU.

A toi. (A la comtesse.) Vous n'avez plus besoin de rien ?

LA COMTESSE.

Non, merci.

Durieu se retire après avoir baisé la main de la comtesse.

SCÈNE II

LA COMTESSE, RENÉ.

RENÉ, s'approchant.

Comment, c'est vous, comtesse ! Vous connaissez donc mon oncle ?

LA COMTESSE.

Il y a cinq ans que je le connais.

RENÉ.

Vous ne me l'aviez jamais dit.

ACTE PREMIER.

LA COMTESSE.

Pouvais-je deviner ce que je viens d'apprendre tout à l'heure : que M. René de Charzay est le neveu de M. Anatole Durieu? car il s'appelle Anatole, votre oncle.

RENÉ.

Oui; ce n'est pas là le plus beau de son affaire.

LA COMTESSE.

Maintenant, répondez-moi : comment il se fait que je ne vous aie pas vu depuis près d'un an?

RENÉ.

Dites-moi d'abord comment, vous, la comtesse Savelli, vous connaissez mon oncle, le bourgeois des bourgeois, et comment vous dînez chez lui à la campagne?

LA COMTESSE.

Il y a cinq ans, j'arrivais d'Italie; j'étais veuve depuis trois mois. J'habitais l'hôtel Meurice. Un jour, j'étais allée rue de Lille rendre visite à la duchesse de Blignac, et j'avais renvoyé ma voiture. Je revenais à pied, pour faire plaisir à mon médecin, qui me dit toujours de marcher. J'arrive au pont des Saints-Pères ; je ne savais pas qu'il fallût payer un sou pour passer dessus; un invalide court après moi et me demande mon sou. Je fouille dans ma poche. Selon ma coutume, je n'avais pas d'argent sur moi. Je me mets à rire, l'invalide croit que je me moque de lui et m'enjoint de revenir sur mes pas. En ce moment passait à côté de moi un monsieur qui avait payé son sou, lui, qui était dans son droit, et qui, voyant mon embarras, dit à l'invalide, avec un geste magnifique : « Tenez, voilà votre sou, laissez passer mademoiselle. »

RENÉ.

Mademoiselle !... C'était flatteur...

LA COMTESSE.

Pas trop, surtout au prix que ce monsieur y mettait.

Je le remerciai donc, tout en me défendant de la qualité qu'il voulait bien me donner, et je lui demandai son nom et son adresse pour pouvoir lui rendre son sou. Il voulait absolument m'en faire présent. J'insistai; enfin il se décida. Le lendemain, j'allai faire une visite à mon bienfaiteur, ou plutôt à sa femme, car il m'avait appris qu'il était marié. Madame Durieu me rendit ma visite; nous dînâmes ensemble deux fois, puis je voyageai, et je les avais oubliés complètement tous les deux, quand, l'autre jour en traversant le bois, je reconnus M. Durieu sur la route. Nous reliâmes connaissance, j'appris que nous étions voisins de campagne, et, depuis ce jour, tantôt ils sont chez moi, tantôt je suis chez eux. J'ai fait vœu de solitude, et mon unique distraction est d'essayer de distraire votre tante, car elle n'est pas d'une gaieté folle.

RENÉ.

C'est un monsieur si agréable, monsieur mon oncle!

LA COMTESSE.

Madame Durieu n'est pas heureuse?

RENÉ.

J'en ai peur; mais c'est une très noble femme; elle ne se plaint jamais.

LA COMTESSE.

Et les enfants!

RENÉ.

Les enfants?

LA COMTESSE.

Oui.

RENÉ.

Eh bien, les enfants, c'est Mathilde et Gustave. Mathilde est une bonne petite fille, qui ne se laissera pas trop sacrifier, elle. Quant à son frère, c'est une espèce de grand bêta qui a une raie qui lui coupe la tête depuis le front jusqu'au collet de son habit, et qui fait des lettres de change payables à la mort de papa.

LA COMTESSE.

Où est-il ?

RENÉ.

Il croit qu'il voyage.

LA COMTESSE.

Ah çà !... vous savez que je suis furieuse contre vous ? Je vous ai écrit il y a six mois et j'attends encore votre réponse.

RENÉ.

Je n'étais pas à Paris quand votre lettre est arrivée chez moi.

LA COMTESSE

Où étiez-vous donc ?

RENÉ.

J'étais dans ma terre.

LA COMTESSE

Quelle terre ?

RENÉ.

Une terre que j'ai sur le chemin de fer de Lyon.

LA COMTESSE.

Vous l'appelez ?

RENÉ.

La forêt de Fontainebleau.

LA COMTESSE.

La forêt de Fontainebleau est à l'État.... mauvais plaisant !

RENÉ.

Eh bien, l'État, c'est moi. L'État, c'est un possesseur invisible, représenté par tous ceux qui ne possèdent pas.

LA COMTESSE.

Et qu'est-ce que vous faisiez dans votre terre de Fontainebleau ?

RENÉ.

Je faisais des économies.

LA COMTESSE.

Même sur les ports de lettres? Je crois que vous étiez amoureux.

RENÉ.

Moi, amoureux?... C'est trop cher.

LA COMTESSE.

Comment, trop cher?

RENÉ.

Il faut être riche pour aimer dans un certain monde. Tenez, supposons que je vous aime et que vous m'aimiez;... supposons!

LA COMTESSE.

Soit.

RENÉ.

Entourée des hommes les plus élégants de Paris, et avec vos habitudes de luxe, qu'est-ce que vous feriez d'un amant comme moi, qui, par la pluie battante, ne pourrait venir vous voir qu'à pied?

LA COMTESSE.

J'irais le voir en voiture.

RENÉ.

Voilà bien un mot de femme! mais la richesse a sa tyrannie comme la pauvreté; chacune d'elles vit dans une atmosphère qu'elle a créée et qui n'est pas respirable pour l'autre. Vous vous lasseriez bien vite de monter les cinq étages d'un pauvre diable comme moi.

LA COMTESSE.

Ah çà! cher ami, je vous écoute; à vous entendre, vous seriez le nouveau Job!

RENÉ.

Mais c'est qu'il n'y a pas une grande différence avec l'ancien.

LA COMTESSE.

On m'avait dit que vous étiez riche.

RENÉ.

Quelle calomnie! j'ai trois mille livres de rente.

LA COMTESSE.

Par mois?

RENÉ.

Par an. Autrement dit: j'ai deux cent cinquante francs à dépenser par mois, huit francs et quelques sous à dépenser par jour.

LA COMTESSE.

Comment vivez-vous avec cela?

RENÉ.

Je vis mal; mais, au moins, il n'y a pas un être dans la création qui puisse me faire faire ce que je ne veux pas faire, excepté les gens que j'aime. Voilà.

LA COMTESSE.

Mais cette vie-là ne pourra pas durer toujours. Vous vous marieriez.

RENÉ.

Je ne suis pas assez riche pour deux.

LA COMTESSE.

Vous épouserez une femme riche.

RENÉ.

Je ne veux pas me vendre.

LA COMTESSE.

Alors, vous resterez libre?

RENÉ.

Oui.

LA COMTESSE.

Ah çà! vous êtes peut-être heureux!

RENÉ.

Je ne le suis pas peut-être, je le suis certainement.

LA COMTESSE.

Je voudrais bien pouvoir en dire autant.

RENÉ.

Vous n'êtes donc pas heureuse?

LA COMTESSE.

Je m'ennuie quelquefois.

RENÉ.

Vous êtes trop riche.

LA COMTESSE.

Je n'en sais rien. Figurez-vous que je suis criblée de dettes.

RENÉ.

Comment vous y êtes-vous prise pour vous endetter?

LA COMTESSE.

Je l'ignore; j'ai acheté des robes et j'ai donné des bals, comme toutes les femmes. Il faut bien s'habiller un peu et danser de temps en temps.

RENÉ.

Et vous devez?

LA COMTESSE.

Oh! ne m'en parlez pas!... c'est affreux! Comme j'étais toute seule hier, j'ai passé en revue les notes non payées de mes fournisseurs : je dois, entre autres choses, trente-huit mille francs de chapeaux et de bonnets, onze mille francs de gants, cinquante-deux mille francs de robes, vingt-huit mille francs de fleurs et cent dix mille francs de châles et de dentelles. Je ne vous parle pas du marchand de chevaux, du carrossier, du bijoutier, qui ne veulent pas m'envoyer leurs factures : je me doute de ce qu'elles sont. J'ai fait bâtir un hôtel qui me revient à un million, et le tapissier qui l'a arrangé m'a fait remettre un compte de trois cent quarante-sept mille huit cent quatre-vingt-neuf francs cinquante centimes.

RENÉ.

Les cinquante centimes sont adorables.

LA COMTESSE.

N'est-ce pas? Ils donnent tout de suite un petit air honnête et vraisemblable au mémoire de ce brave homme.

RENÉ.

Et votre intendant, à quoi sert-il donc?

LA COMTESSE.

Mon intendant, il m'a quittée; il vit de mes rentes. Du reste, il avait trouvé un bon procédé: depuis deux ans, il mettait toutes les notes dans un tiroir, me donnait tout l'argent que je demandais et ne payait rien. C'était bien simple.

RENÉ.

Quel gaspillage!

LA COMTESSE.

Que voulez-vous! je me suis trouvée veuve à vingt-deux ans, sans père ni mère. Le comte Savelli, à qui on m'avait mariée, et qui avait une immense fortune qu'il m'a laissée, ne savait pas plus que moi ce que c'était que compter.

RENÉ.

C'était un jeune homme?

LA COMTESSE.

Il avait soixante ans.

RENÉ.

De quoi est-il mort?

LA COMTESSE.

De jeunesse. (René rit.) Ne riez pas: c'était un homme charmant. Je n'en suis pas moins restée veuve et livrée à moi-même et aux intendants, avec des biens aux quatre coins de l'Europe. J'ai des terres dans l'intérieur de la Russie, des palais à Gênes et à Rome, et des plantations aux colonies; je crois même que j'ai en Sicile une montagne à moi avec un volcan, un vrai volcan qui fume; mais je ne le compte pas comme rapport.

RENÉ.

Au contraire.

LA COMTESSE.

Maintenant, je vais réaliser ma fortune, placer tout en France, en argent comptant, savoir positivement ce que je possède, me fixer à Paris et vivre très modestement. J'ai envie de devenir avare.

RENÉ.

Ça vous amusera toujours pendant quelque temps; mais, en attendant, je vais vous donner un bon conseil. Vous avez dîné ici avec...?

LA COMTESSE.

Avec votre tante, votre cousine et votre oncle, M. de Cayolle.

RENÉ.

Un homme intelligent, supérieur. Il s'est fait tout seul.

LA COMTESSE.

Avec M. de Roncourt et sa fille.

RENÉ.

Ah! arrêtons-nous ici. M. de Roncourt est d'une bonne et vieille famille du Poitou. Il avait un frère très bon chimiste qui avait fait une découverte qui l'a ruiné, comme font toutes les découvertes. Ce frère est mort de chagrin, à l'idée qu'il allait être mis en faillite. M. de Roncourt, comme un vrai gentilhomme, a répondu pour son frère, ne voulant pas qu'un Roncourt dût quelque chose à quelqu'un. Les trois cent mille francs de fortune qu'il avait y ont passé. Savez-vous ce qui est arrivé, alors?

LA COMTESSE.

Il a été ruiné?

RENÉ.

Naturellement, et il s'est trouvé redevoir encore cent mille francs.

LA COMTESSE.

Comment a-t-il fait?

RENÉ.

Il les doit toujours; seulement, il ne possède plus rien, qu'une place de quinze cents francs...

LA COMTESSE.

Pauvre homme!

RENÉ.

Et comme sa fille donne des leçons de piano pour vivre ses créanciers ne lui réclament pas cette dette. Ils en seraient pour leurs frais : ils aiment donc mieux se donner des airs de générosité.

LA COMTESSE.

Mais sa famille ne pourrait-elle...?

RENÉ.

Un homme ruiné n'a plus de famille. Voici donc ce que vous allez faire.

LA COMTESSE.

Dites.

RENÉ.

Vous allez reconduire, ce soir même, M. de Roncourt, à Paris, dans votre voiture.

LA COMTESSE.

Il y a deux lieues.

RENÉ.

C'est une promenade pour vos chevaux; et, comme vous n'avez plus d'intendant et que vous ne pouvez pas vous en passer, vous lui demanderez s'il veut accepter cette place.

LA COMTESSE.

S'il me refuse, en sa qualité de gentilhomme?

RENÉ.

S'il vous refuse, c'est que vous le lui aurez mal demandé. Il acceptera donc, il rétablira vos affaires, il prendra des arrangements avec ses créanciers, et vous aurez sauvé un honnête homme.

LA COMTESSE.

Cela se trouve d'autant mieux, que je vais faire un petit voyage, et que je cherchais quelqu'un qui se chargeât d'arranger mes affaires pendant mon absence.

RENÉ.

Quant à sa fille.

LA COMTESSE.

Au fait, sa fille, qu'est-ce que j'en ferai?

RENÉ.

Vous la prendrez avec vous.

LA COMTESSE.

Et puis?

RENÉ.

Et puis vous la marierez.

LA COMTESSE.

Avec qui?

RENÉ.

Avec un des petits messieurs qui passent leur temps à vous faire la cour. (Une pause.) A quoi pensez-vous?

LA COMTESSE.

Je pense à une difficulté.

RENÉ.

Déjà?

LA COMTESSE.

Cette demoiselle de Roncourt est-elle mariable?

RENÉ.

Toutes les femmes le sont.

LA COMTESSE.

Plus ou moins. C'est Élisa qu'on l'appelle?

RENÉ.

Oui.

LA COMTESSE.

Je me disais, pendant le dîner : « Où donc ai-je entendu parler de cette jeune fille? » Je me le rappelle très bien maintenant. Elle allait dans le monde, autrefois?

RENÉ.

Parfaitement.

LA COMTESSE.

Il y a une histoire sur le compte de cette demoiselle de Roncourt; n'a-t-elle pas dû épouser Max Hubert, le compositeur?

RENÉ.

Oui.

LA COMTESSE.

Le mariage n'a pas eu lieu?

RENÉ.

Qui est-ce qui n'a pas manqué un mariage?

LA COMTESSE.

Oui; mais ce n'est pas tout, il paraît que les choses ont été très loin.

RENÉ.

Qui vous a dit cela?

LA COMTESSE.

Je n'en sais rien; je sais qu'on m'a dit...

RENÉ.

Que Max avait été son amant, peut-être?

LA COMTESSE.

Voilà.

RENÉ.

On m'a bien dit que lord Nofton était le vôtre, et comme vous partez pour l'Angleterre, sans doute...

LA COMTESSE.

Oh! mais, moi...

RENÉ.

Vous, tout vous est permis. Ce qui est une faute chez une fille pauvre est à peine une inconséquence chez une femme riche. Le monde vend des mots différents pour désigner la même chose. Le tout est de pouvoir y mettre le prix.

LA COMTESSE.

Comme vous vous emportez!...

RENÉ.

Voilà comme je suis pour mes amis.

LA COMTESSE.

Vous êtes donc l'ami de mademoiselle de Roncourt?

RENÉ.

Oui.

LA COMTESSE.

Elle est bien heureuse.

RENÉ.

Et elle le mérite. Élisa est une charmante fille.

LA COMTESSE.

Vous l'appelez Élisa tout court?

RENÉ.

Il y a douze ans que je la connais.

LA COMTESSE.

Continuez.

RENÉ.

Je disais : Élisa est une charmante fille, pleine de qualités solides, de distinction, de talent même, et enfin elle est malheureuse. Voilà, pour vous et pour moi, la raison sans réplique. Nous savons bien à quoi nous en tenir sur le monde; nous n'allons pas faire de la pruderie ensemble. A chaque femme son petit secret. Ne voyez qu'une chose, c'est que vous pouvez être utile à un très honnête homme et à une très excellente créature. Réglez-vous là-dessus ; faites bien, et laissez dire.

LA COMTESSE.

C'est convenu, alors.

RENÉ.

Vous me le promettez ?

LA COMTESSE.

Ce sera terminé avant mon départ.

RENÉ.

A la bonne heure.

SCÈNE III

Les Mêmes, MADAME DURIEU.

MADAME DURIEU, entrant.

J'espère que nous vous avons laissés causer!

LA COMTESSE.

Oui, ma chère madame Durieu ; aussi en avons-nous dit...

MADAME DURIEU.

Maintenant, je viens vous faire une petite annonce.

LA COMTESSE.

Voyons.

MADAME DURIEU.

Je viens vous demander d'être indulgente pour un monsieur qui va entrer.

LA COMTESSE.

Avez-vous besoin de réclamer mon indulgence pour les gens qui sont chez vous ?

MADAME DURIEU.

C'est que M. Giraud n'est pas comme tout le monde.

RENÉ.

Qu'est-ce c'est que M. Giraud ?

MADAME DURIEU.

C'est un nouvel enrichi.

LA COMTESSE.

De quand ?

MADAME DURIEU.

De l'autre jour ; de sorte que ce n'est pas tout à fait un homme comme il faut, mais mon mari l'a pris en affection.

LA COMTESSE.

Nous le verrons. Est-il vieux ?

MADAME DURIEU

Il est jeune.

LA COMTESSE.

C'est une excuse.

MADAME DURIEU.

Le voici, avec mademoiselle de Roncourt.

LA COMTESSE.

Oh ! comme il est bien mis !

SCÈNE IV

Les Mêmes, JEAN, ÉLISA, DURIEU, MATHILDE, DE RONCOURT, DE CAYOLLE.

JEAN, entre en causant avec Élisa.

La voiture vient de chez Ehrler et les chevaux de chez Drake ; mais je puis dire que j'ai la plus belle paire de chevaux qui soit à Paris.

ÉLISA.

En effet, monsieur, cet attelage est d'une grande richesse. Ces harnais dorés doivent être d'un très bel effet au soleil.

JEAN.

Croyez-vous que mon sellier ne voulait pas absolument les faire dorés ?

ÉLISA.

C'eût été malheureux.

JEAN.

Eh bien, mademoiselle, quand monsieur votre père et vous voudrez faire une promenade au bois, je mets ma voiture à votre disposition.

ÉLISA.

Je craindrais de vous en priver, monsieur.

JEAN.

J'en ai bien d'autres ! Figurez-vous que j'ai un coupé...

DURIEU, l'interrompant.

Mon cher monsieur Giraud...

JEAN.

Plaît-il ?

DURIEU.

Je veux vous...

JEAN, l'interrompant.

Quelle est cette demoiselle avec qui je causais là ?

DURIEU.

C'est mademoiselle de Roncourt.

JEAN.

De Roncourt ! Elle est noble ?

DURIEU.

Mais voilà tout ce qu'elle a, la pauvre fille; ils ne sont pas heureux, elle et son père ; ils ne sont pas bien amusants non plus ; mais je les ai connus autrefois, quand ils étaient riches, et je ne puis guère cesser de les voir.

JEAN.

La fille est charmante.

DURIEU.

Elle n'est pas mal. Mais venez, que je vous présente à une très grande dame, très riche ; dix millions de fortune, rien que ça.

JEAN, désignant du doigt la comtesse.

C'est cette dame qui est là-bas ?

DURIEU.

Oui ; mais ne la montrez pas du doigt.

JEAN.

C'est la comtesse Savelli.

DURIEU.

Vous la connaissez ?

JEAN.

Je me suis trouvé avec elle, mais je ne lui ai jamais parlé.

DURIEU.

Venez; c'est une bonne connaissance pour vous. (A la comtesse.) Monsieur Jean Giraud...

ACTE PREMIER.

LA COMTESSE, saluant.

Monsieur...

JEAN.

Madame la comtesse... (Il prend une chaise et veut s'asseoir, mais ne sait comment la poser et finit par rester debout.)

RENÉ, à Mathilde.

Tu ne veux donc plus me parler, cousine!

MATHILDE.

Moi? Au contraire.

RENÉ.

Tu as l'air de te sauver quand je suis là.

MATHILDE.

Pas le moins du monde; je donnais des ordres pour le thé.

RENÉ.

Tu parais triste; est ce que tu as cassé ta poupée?

MATHILDE.

Justement.

RENÉ.

Je t'en apporterai une autre.

MATHILDE.

C'est cela.

DURIEU, à René.

Tu me feras penser à te dire un mot, avant de t'en aller.

RENÉ.

C'est bien.

JEAN, à la comtesse

Alors, vous ne me reconnaissez pas?

LA COMTESSE.

Non, monsieur.

JEAN.

Moi, je vous ai reconnue tout de suite; mais c'est tout

simple, une personne comme vous, quand on l'a vue une fois, on s'en rappelle toujours.

LA COMTESSE, à part.

S'en rappelle n'est pas heureux.

JEAN.

Je vais vous remettre sur la voie. Vous êtes allée, il y a sept ou huit jours, pour acheter un hôtel aux Champs-Élysées, près du Jardin-d'Hiver.

LA COMTESSE.

C'est vrai, monsieur.

JEAN.

Un hôtel Louis XIII.

LA COMTESSE.

Non, un hôtel Louis XV.

JEAN.

Je le croyais du temps de Louis XIII. Après cela, Louis XIII, Louis XV, c'est toujours à peu près la même chose. De grand-père à petit-fils, il n'y a pas si loin.

LA COMTESSE.

Peut-être plus loin qu'on ne le pense.

JEAN.

Mais non. Louis XIII, Louis XIV, Louis XV, enfin, c'est toujours de la même famille. J'ai dit une bêtise?

LA COMTESSE.

Non, pas du tout.

JEAN.

C'est que ça m'arrive souvent. Eh bien, quand vous êtes venue voir cet hôtel, dans le salon du propriétaire, il y avait quelqu'un qui causait avec lui, c'était moi.

LA COMTESSE.

J'en suis enchantée, monsieur.

JEAN.

Oui, c'était moi qui venais pour acheter l'hôtel. Nous nous tenions à cinquante mille francs, une bagatelle. J'ai fait signe au propriétaire, qui vous a dit alors qu'il venait d'être vendu. Quand j'ai vu qu'une personne comme vous le désirait, j'en ai eu encore plus d'envie.

LA COMTESSE.

C'est très flatteur pour moi, monsieur.

JEAN.

Mais, aujourd'hui que j'en suis propriétaire, je le mets à votre disposition.

LA COMTESSE.

Pour quel prix?

JEAN.

Pour rien, si vous voulez.

LA COMTESSE.

J'attendrai que vous fassiez une diminution, monsieur, c'est un peu cher. (Elle se lève, et va à René, qui cause avec Élisa et M. de Roncourt.) Il vient de m'offrir un hôtel.

RENÉ.

Meublé?.

LA COMTESSE, riant.

Je crois que oui...

JEAN, à lui-même.

Cette fois, j'ai dit une bêtise, une vraie.

UN DOMESTIQUE.

Les gens de M. le baron Giraud demandent s'ils doivent attendre M. le baron.

RENÉ, à la comtesse.

Le baron Giraud! cela devient drôle.

JEAN, au domestique.

Mon ami, dites à mes gens de m'attendre... et attendez

aussi, vous. Priez mes gens de ne plus m'appeler baron quand je suis dans le monde; c'est bon quand je suis seul, puisqu'ils y tiennent absolument, mais j'ai bien assez d'autres ridicules involontaires, sans me donner volontairement celui-là. Et voici vingt francs pour votre commission. Allez.

DURIEU, à la comtesse.

Il a de l'esprit, n'est-ce pas?

LA COMTESSE.

Il est amusant.

JEAN.

C'est vrai. On sait bien que je ne suis pas baron.

MATHILDE.

Il va en dire trop, il va gâter son effet.

JEAN.

Voilà M. René de Charzay qui ne me reconnaît pas, ou qui fait semblant de ne pas me reconnaître, mais que je reconnais bien, moi, et qui tôt ou tard pourrait dire qui je suis.

RENÉ.

Moi, monsieur?

JEAN.

Vous-même; seulement, j'étais un grand garçon, que vous étiez encore un moutard. Quel âge avez-vous?

RENÉ.

J'ai vingt-huit ans, monsieur.

JEAN.

Et moi, trente-sept. C'est une fière différence, allez! Comme vous ressemblez à votre père! C'était un brave homme, M. de Charzay.

RENÉ.

Vous m'intriguez beaucoup, monsieur, car je ne croyais vraiment pas avoir jamais eu l'honneur de me trouver avec vous. Il me semble que je me le serais toujours rappelé.

JEAN.

C'est une méchanceté, ça; mais ça m'est égal! On m'en dit bien d'autres tous les jours. Vous souvenez-vous de François Giraud, qui était jardinier chez M. de Charzay, à son petit château de la Varenne?

RENÉ.

Parfaitement. C'était un très honnête homme que mon père estimait beaucoup.

JEAN.

C'était mon père.

RENÉ.

C'est vrai... il avait un grand garçon... Comment! c'est vous?

JEAN.

C'est moi. Hé! hé! j'ai fait mon chemin, comme on dit. Il y a des gens qui rougissent de leur père; moi, je me vante du mien, voilà la différence.

RENÉ.

Et qu'est-ce qu'il est devenu, le père Giraud? Oh! pardon!...

JEAN.

Ne vous gênez pas, nous l'appelons toujours le père Giraud. Eh bien, il est encore jardinier, seulement pour son propre compte. C'est à lui la maison que votre père a été forcé de vendre autrefois. Il n'avait qu'une idée, le père Giraud, c'était d'en devenir propriétaire; je la lui ai achetée, il est heureux comme le poisson dans l'eau. Si vous voulez, nous irons déjeuner un matin avec lui, il sera bien content de vous voir. Comme tout change, hein!... Là où nous étions serviteurs, nous voilà maîtres; mais nous n'en sommes pas plus fiers pour cela.

LA COMTESSE.

Il a passé le Rubicon des parvenus. Il a avoué son père; maintenant, on ne l'arrêtera plus.

JEAN.

Il y a bien longtemps que j'avais envie de vous voir; mais je ne savais pas comment vous me recevriez.

RENÉ.

Je vous aurais reçu avec plaisir, comme mon oncle vous reçoit. On ne peut reprocher à un homme qui a fait sa fortune que de l'avoir faite par des moyens déshonnêtes ; mais celui qui la doit à son intelligence et à sa probité, qui en use noblement, tout le monde est prêt à l'accueillir comme on vous accueille ici.

JEAN.

Il n'est même pas bien nécessaire qu'il en use noblement; pourvu qu'il l'ait gagnée, voilà l'important.

MADAME DURIEU.

Oh! monsieur Giraud, vous gâtez là tout ce que vous avez dit de bien.

JEAN.

Je ne dis pas cela pour moi, madame, mais je sais ce que je dis; l'argent est l'argent, quelles que soient les mains où il se trouve. C'est la seule puissance que l'on ne discute jamais. On discute la vertu, la beauté, le courage, le génie ; on ne discute jamais l'argent. Il n'y a pas un être civilisé qui, en se levant le matin, ne reconnaisse la souveraineté de l'argent, sans lequel il n'aurait ni le toit qui l'abrite, ni le lit où il couche, ni le pain qu'il mange. Où va cette population qui se presse dans les rues, depuis le commissionnaire qui sue sous son fardeau trop lourd, jusqu'au millionnaire qui se rend à la Bourse au trot de ses deux chevaux? L'un court après quinze sous, l'autre après cent mille francs. Pourquoi ces boutiques, ces vaisseaux, ces chemins de fer, ces usines, ces théâtres, ces musées, ces procès entre frères et sœurs, entre fils et pères, ces découvertes, ces divisions ces assassinats? Pour quelques pièces plus ou moins nombreuses de ce métal blanc ou jaune qu'on appelle l'argent ou l'or. Et qui sera le plus considéré à la suite de cette grande course aux écus ? Celui qui en rapportera davantage. Aujourd'hui un homme ne doit plus avoir qu'un but, c'est de devenir très riche. Quant à moi, ç'a toujours été mon idée, j'y suis arrivé et je m'en félicite. Autrefois tout le monde me trouvait laid, bête, importun ; aujourd'hui tout le monde me trouve beau, spirituel, aimable, et Dieu sait si je suis spirituel, aimable et beau ! Du jour où j'aurai été assez niais pour me ruiner et redevenir Jean comme devant, il n'y aura pas assez de pierres dans les carrières de Montmartre pour me les jeter à la tête ; mais ce jour est encore loin, et beaucoup de mes confrères se seront ruinés d'ici là, pour que je ne me ruine pas. Enfin le plus grand éloge que je puisse faire de l'argent, c'est qu'une société comme celle où je me trouve ait eu la patience d'écouter si longtemps le fils d'un jardinier qui n'a d'autres droits à cette attention que les pauvres petits millions qu'il a gagnés.

DURIEU.

C'est très vrai, tout ce qu'il vient de dire là Le fils d'un jardinier ! C'est étonnant ! Il voit notre siecle tel qu'il est.

MADAME DURIEU.

Eh bien, mon cher monsieur de Cayolle, que pensez-vous de tout cela ?

DE CAYOLLE.

Je pense, madame, que les théories de M. Giraud sont vraies, seulement dans le monde où M. Giraud a vécu jusqu'à présent, qui est un monde de spéculation, dont le but unique doit être l'argent. Quant à l'argent par lui-même, il fait faire quelques infamies, mais il fait faire aussi de grandes et nobles choses. Il est semblable à la parole humaine, qui est un mal chez les uns, un bien chez les autres, selon l'usage que l'on en fait. Mais cette obligation où nos mœurs mettent l'homme d'avoir à s'inquiéter tous les jours, en se réveillant, de la somme nécessaire pour ses besoins, afin qu'il ne prenne rien à son voisin, a créé les plus belles intelligences de tous les temps. C'est à ce besoin de l'argent quotidien que nous devons : Franklin, qui a commencé, pour vivre, par être ouvrier imprimeur ; Shakspeare, qui gardait les chevaux à la porte du théâtre qu'il devait immortaliser plus tard ; Machiavel, qui était secrétaire de la république florentine, à quinze écus par mois ; Raphaël, qui était le fils d'un barbouilleur d'Urbin ; Jean-Jacques Rousseau, qui a été commis-greffier, graveur, copiste, et qui encore ne dinait pas tous les jours ; Fulton, qui a d'abord été rapin, puis ouvrier mécanicien, et qui nous a donné la vapeur,... et tant d'autres ! Faites naître tous ces gens-là avec cinq cent mille livres de rente chacun, et il y avait bien des chances pour qu'aucun d'eux ne devînt ce qu'il est devenu. Cette course aux écus dont vous parlez a donc du bon. Si elle enrichit quelques imbéciles ou quelques fripons, si elle leur procure la considération et l'estime des subalternes, des inférieurs, de tous ceux enfin qui n'ont avec la société que des rapports qui se payent, elle fait assez de bien d'un autre côté en éperonnant des facultés qui seraient restées stationnaires dans le bien-être, pour qu'on lui pardonne quelques petites erreurs. A mesure que vous entrerez dans le vrai monde qui vous est à peu près inconnu, monsieur Giraud, vous acquerrez la preuve que l'homme qui y est reçu n'y est reçu que pour sa valeur personnelle. Regardez ici, autour de vous, sans aller plus loin, et vous verrez que l'argent n'a pas cette influence que vous lui prêtez. Voici madame la comtesse Savelli, qui a cinq cent mille francs de revenu, et qui, au lieu de dîner avec les millionnaires qui assiégent son hôtel tous les jours, vient dîner chez M. et madame Durieu, de simples bourgeois, pauvres à côté d'elle, pour le plaisir de se trouver avec M. de Charzay, qui n'a que mille écus de rente, et qui, pour des millions, ne ferait pas ce qu'il ne doit pas faire ; avec M. de Roncourt, qui a une place de quinze cents francs, parce qu'il a abandonné toute sa fortune à des créanciers qui n'étaient pas les siens, et qu'il pouvait ne pas payer; avec mademoiselle de Roncourt, qui a sacrifié sa dot au même sentiment d'honneur et de solidarité; avec mademoiselle Durieu, qui ne sera jamais la femme que d'un honnête homme, eût-il pour rivaux tous les Crésus présents et à venir ; enfin, avec moi, qui ai pour l'argent, dans l'acception que vous donnez à ce mot, le mépris le plus profond. Maintenant, monsieur Giraud, si nous vous avons écouté si longtemps, c'est que nous sommes tous gens bien élevés ici, et que, d'ailleurs, vous parliez bien; mais il n'y avait là aucune flatterie pour vos millions, et la preuve, c'est qu'on m'a écouté encore plus longtemps que vous, moi qui n'ai pas comme vous un billet de mille francs à mettre dans chacune de mes phrases.

JEAN, à Durieu.

Quel est ce monsieur qui vient de parler?

DURIEU.

C'est M. de Cayolle.

JEAN

L'administrateur du chemin?...

DURIEU.

Oui.

JEAN, à de Cayolle.

Monsieur de Cayolle, vous pouvez croire que je suis bien heureux de me trouver avec vous.

DE CAYOLLE.

Je le crois, monsieur. (Il lui tourne le dos.)

DE RONCOURT, à Durieu.

De Cayolle a été dur pour notre parvenu.

DURIEU.

Ces gens d'argent se détestent entre eux.

DE CAYOLLE, appelant.

Durieu!

DURIEU.

Cher ami?

DE CAYOLLE.

Où diable avez-vous connu ce Jean Giraud?

DURIEU.

C'est mon fils qui me l'a adressé; ce n'est pas un mauvais garçon.

DE CAYOLLE.

C'est possible; je parie que vous faites des affaires avec lui.

DURIEU.

Parbleu!

DE CAYOLLE.

Prenez garde.

DURIEU.

Il est plus malin que vous tous.

DE CAYOLLE.

C'est bien cela que je crains pour vous.

DURIEU.

Mais, moi, je suis plus malin que lui.

DE CAYOLLE.

Tant pis. Adieu!

DURIEU.

Vous partez déjà?

DE CAYOLLE.

Oui, j'ai beaucoup à travailler, et nous avons une séance demain. Au revoir.

Il sort.

SCÈNE V

Les Mêmes, hors DE CAYOLLE

JEAN, à Élisa.

Ils disent du mal de moi, là-bas.

ÉLISA.

Qui peut vous faire faire une pareille supposition, monsieur?

JEAN.

Je sens ça, moi; mais l'important, c'est que vous ne pensiez pas de mal de moi, vous.

ÉLISA.

Quel mal pourrais-je penser de vous, monsieur? Il n'y a pas une heure que je vous connais.

JEAN.

Il ne faut peut-être pas plus de temps pour penser du mal des uns que pour penser du bien des autres. Il n'y a, moi aussi, qu'une heure que je vous connais, et je pense toute sorte de bien de vous.

MATHILDE.

Monsieur Giraud!

JEAN.

Mademoiselle?

MATHILDE.

Un mot, je vous prie.

JEAN.

Je suis à vous, mademoiselle

RENÉ, à Élisa.

Vous avez fait la conquête de M. Giraud.

ÉLISA.

Je commence à le croire.

RENÉ.

Si vous alliez devenir madame Giraud?

ÉLISA.

Quelle folie!

LA COMTESSE.

Monsieur de Roncourt!

DE RONCOURT.

Madame?...

LA COMTESSE.

Voulez-vous venir causer un instant avec moi?... (A René.) Soyez donc assez bon pour voir si ma voiture est là. (René sort.)

JEAN, venant à Mathilde.

Je suis à vos ordres, mademoiselle.

MATHILDE.

Je suis chargée d'une commission pour vous, monsieur.

JEAN.

Quelle commission?

MATHILDE.

J'ai à vous remettre cinq cents francs que vous avez eu l'obligeance de prêter à mon frère, à Marseille.

JEAN.

Ce n'était pas pressé, mademoiselle, et, si votre frère a encore besoin de cet argent...

MATHILDE.

Non, monsieur; ma mère, à qui il avait écrit de vous les rendre, regrette même de vous les avoir fait attendre si longtemps; mais, vous savez, une mère de famille n'a pas toujours cinq cents francs à donner pour une dette de son fils, surtout quand le père n'en doit rien savoir, car nous vous prions de n'en rien dire à mon père. C'est là un secret de jeune homme qui ne regarde que la mère et la sœur. (Elle lui remet un petit portefeuille.)

JEAN.

Mais, mademoiselle, vous me rendez cet argent dans un charmant petit portefeuille que je n'ai pas prêté à votre frère.

MATHILDE.

C'est moi qui l'ai brodé, monsieur.

JEAN.

Est-ce encore un secret?

MATHILDE.

Non, monsieur, c'est l'intérêt légal. (Elle s'éloigne.)

JEAN, à lui-même en comptant.

Cinq cents francs. C'est bien cela. Ces gens du monde ont une façon de vous rendre l'argent qu'ils vous doivent, qui vous ferait croire qu'ils ne vous le devaient pas.

DE RONCOURT, à Élisa.

Je vais te dire adieu, chère enfant.

ÉLISA.

Pourquoi ne restes-tu pas ici ce soir, puisque M. Durieu t'a offert une chambre? Tu t'en retourneras demain.

DE RONCOURT.

La comtesse m'a proposé de me reconduire, j'ai accepté. Elle a, dit-elle, à causer avec moi, je ne sais pas ce qu'elle peut avoir à me dire, et puis il faut que je sois demain matin de bonne heure à Paris. J'ai rendez-vous avec M. Petitet, l'avoué; mes créanciers me font faire une proposition. En donnant dix mille francs, je pourrais me libérer de tout; mais où trouver ces dix mille francs?

ÉLISA.

M. de Cayolle te les prêterait peut-être dans une circonstance comme celle-là.

DE RONCOURT.

Peut-être! enfin, je vais toujours voir ce que me dira demain cet avoué. (Il l'embrasse.)

RENÉ, entrant, à la comtesse.

Votre voiture est là.

LA COMTESSE.

Je vous verrai avant mon départ?

RENÉ.

Cela va sans dire.

LA COMTESSE.

Et je vous mettrai au courant de ce que j'aurai fait pour vos protégés !

MADAME DURIEU, à Durieu.

Le dîner était-il convenable, mon ami ?

DURIEU.

Très bien, très bien. A-t-il coûté cher ?

MADAME DURIEU.

Non.

JEAN, à Élisa.

Est-ce que vous retournez à Paris ce soir, mademoiselle ?

ÉLISA.

Non, monsieur ; je reste ici, je passe quelques jours avec Mathilde.

JEAN.

Alors, j'aurai le plaisir de vous revoir ?

ÉLISA.

Oui, monsieur.

LA COMTESSE, à madame Durieu.

Au revoir, ma chère madame Durieu.

MADAME DURIEU.

Vous ne vous êtes pas trop ennuyée.

LA COMTESSE.

Je me suis beaucoup amusée, au contraire. Votre M. Giraud est très drôle ; je l'inviterai un de ces jours pour moi toute seule. (A Mathilde.) A bientôt, chère enfant. (Elle embrasse Élisa.) Au revoir, mademoiselle.

ACTE PREMIER.

ÉLISA.

Au revoir, madame.

DURIEU.

A bientôt, comtesse ; à bientôt. (Mathilde vient dire adieu à la comtesse qui l'embrasse.)

MADAME DURIEU, à Mathilde.

As-tu fait tes comptes de la semaine?

MATHILDE.

Ils ne sont pas terminés.

MADAME DURIEU.

Va les chercher et apporte-les-moi. Tu es en retard. Il faut les mettre au courant ce soir. Je vais accompagner un peu la comtesse, je te retrouverai là.

Elles sortent.

SCÈNE VI

Les Mêmes, hors LA COMTESSE
et MADAME DURIEU.

RENÉ.

Eh bien, mon oncle, je m'en vais. Qu'est-ce que vous aviez à me dire?

DURIEU.

Voici ce que tu vas faire. Demain matin, tu m'écriras ceci : « Mon cher oncle, ne comptez pas sur moi pour dîner mercredi avec vous. J'ai trouvé en rentrant une lettre qui m'annonce pour ce jour-là une entrevue avec la personne dont je vous ai parlé. Vous savez que je suis amoureux et qu'il s'agit d'un mariage sérieux. J'irai vous porter des nouvelles, et, s'il y a une démarche à faire, je compte sur vous. » (Pendant cette tirade, Jean s'est assis au piano et a joué *Il pleut, bergère*, avec un seul doigt.)

RENÉ.

Voilà tout?

DURIEU.

Oui.

RENÉ.

Vous savez que je ne comprends pas...

DURIEU.

Quand nous nous reverrons, je t'expliquerai ce grand mystère. En attendant, écris-moi la lettre.

RENÉ.

Vous l'aurez demain. Au revoir.

DURIEU.

Au revoir, cher enfant.

JEAN, à René.

Voulez-vous que je vous offre une place dans ma voiture, monsieur de Charzay?

RENÉ.

Je vous remercie beaucoup, je vais prendre le chemin de fer.

JEAN.

Jusque-là...

RENÉ.

J'irai à pied.

JEAN.

Je crois qu'il va pleuvoir.

RENÉ.

J'ai mon parapluie. (A Élisa, en lui donnant la main.) Bonsoir

ÉLISA.

Bonsoir.

René sort.

SCÈNE VII

DURIEU, JEAN, ÉLISA.

DURIEU, à Jean.

Quel charmant garçon ! il ne lui manque que vingt-cinq mille livres de rente.

JEAN, à Durieu.

Quand pourrons-nous causer ?

DURIEU.

Est-ce que vous avez de bonnes nouvelles ?

JEAN.

Je n'en ai jamais que de bonnes.

DURIEU.

Ça va bien, alors ; tant mieux, car j'ai grand besoin d'argent. Je vais marier ma fille, et les gendres sont chers, par le temps qui court.

JEAN.

Eh bien, si vous avez besoin d'argent, je puis vous mettre dans une bonne opération.

DURIEU.

Qu'est-ce que c'est ?

JEAN.

Avez-vous touché les quarante mille francs que vous deviez recevoir ?

DURIEU.

C'est pour demain ; du moins, on me l'a promis.

JEAN.

Eh bien, vous me les donnerez, vos quarante mille francs, et vous m'en direz des nouvelles.

DURIEU.

Ah !

JEAN.

En attendant, lisez ceci. C'est le projet de notre acte de société; lisez-bien attentivement, nous en causerons ces jours-ci. A bientôt.

DURIEU.

Ah! oui, oui. A propos, je voulais vous dire...

Il sort avec Jean. — Élisa reste seule; elle fait quelques accords au piano, puis elle pose sa tête sur sa main et se met à rêver.

SCÈNE VIII

MATHILDE, ÉLISA.

MATHILDE, entrant.

Qu'est-ce que tu fais là?

ÉLISA.

Rien; je feuilletais cette musique.

MATHILDE.

Le dernier opéra de M. Max Hubert. Il nous l'a envoyé; j'en ai joué quelques morceaux : ce n'est pas bon.

ÉLISA.

Je ne suis pas de ton avis. M. Max Hubert a beaucoup de talent.

MATHILDE.

Il avait, tu veux dire.

ÉLISA.

Qu'est-ce que tu as donc contre M. Max Hubert?

MATHILDE.

Je le déteste.

ÉLISA.

Parce que?

MATHILDE.

Parce qu'il t'a fait du chagrin.

ACTE PREMIER.

ÉLISA.

A moi ?

MATHILDE.

On a beau être une petite fille, on voit bien des choses.

ÉLISA.

Et qu'est-ce que tu as vu ?

MATHILDE.

J'ai vu qu'autrefois tu aimais M. Hubert.

ÉLISA.

Tu es folle.

MATHILDE.

J'en suis sûre; tu l'aimais.

ÉLISA.

Qui est-ce qui a laissé traîner le verbe *aimer* dans la maison? Voilà une petite fille qui l'a trouvé et qui ne sait pas ce que c'est.

MATHILDE.

Prends la chose en riant, je le veux bien; il n'en est pas moins vrai que, si tu ne t'es pas mariée, c'est que tu voulais être la femme de M. Hubert ou n'être la femme de personne.

ÉLISA.

Je ne me suis pas mariée parce qu'une fille sans dot ne se marie pas, et c'est ainsi que j'ai atteint les vingt-quatre ans que j'ai aujourd'hui. Quant à M. Hubert, la preuve qu'il ne m'aimait pas, c'est qu'il a épousé une femme riche. Peut-être, s'il eût eu le courage de supporter quelques années de misère, fût-il devenu ce qu'il promettait d'être, un homme de génie. Au lieu de cela, il s'est endormi dans le bien-être et n'a plus fait en art ce qu'il était appelé à faire. Selon moi, un artiste doit rester maître de sa vie, la première condition de l'art étant la liberté. S'il se rencontre une femme assez folle pour l'aimer, assez heureuse pour être aimée de lui, elle doit lui sacrifier son existence tout entière, sans lui rien demander en échange. Telles sont, petite fille, mes idées sur les artistes en général et sur M. Hubert en particulier. Tu n'es pas tout à fait d'âge à les comprendre : mieux vaut même que tu ne les comprennes jamais. La vie ne t'a encore rien demandé; tu es jeune, tu es riche, tu épouseras un homme de ton choix et tu seras une bonne épouse et une heureuse mère, pendant que d'autres subiront leur destinée comme Dieu l'aura voulu. Quels yeux tu ouvres!

MATHILDE.

Je t'écoute.

ÉLISA, l'embrassant.

Ferme les yeux alors, j'ai fini. Qu'est-ce que tu tiens là ?

MATHILDE.

Ce sont les comptes de la semaine, c'est la note du boucher, du boulanger...

ÉLISA.

Eh bien, fais tes comptes; il faudra que tu saches compter, si tu épouses ton cousin.

MATHILDE.

Qui t'a dit ?

ÉLISA.

Moi aussi, j'ai des yeux, et je vois.

MATHILDE.

Où vas-tu ?

ÉLISA.

Je vais me coucher.

MATHILDE.

Reste donc un peu.

ACTE PREMIER.

ÉLISA.

Tu voudrais me faire causer, mais c'est inutile ; je ne veux rien savoir et je ne veux rien dire. D'ailleurs, voici ta mère.

SCÈNE IX

Les Mêmes, MADAME DURIEU

MADAME DURIEU, entrant.

Eh bien, as-tu tes notes?

MATHILDE.

Oui, maman.

ÉLISA.

Bonsoir, madame.

MADAME DURIEU, l'embrassant.

Bonsoir, chère enfant.

Élisa sort.

SCÈNE X

MADAME DURIEU, MATHILDE.

MADAME DURIEU.

Voyons. (Elle examine les notes) « Boulanger, vingt francs. Boucher, quatre-vingt-dix francs... Épicier... »

ACTE DEUXIÈME

Même décor.

SCÈNE PREMIÈRE

MADAME DURIEU, RENÉ.

RENÉ, entrant.

Bonjour, ma tante.

MADAME DURIEU.

Bonjour, cher enfant.

RENÉ.

Mon oncle n'est pas là?

MADAME DURIEU.

Il va venir; mais je suis bien aise de te voir seul un moment, pour te dire, mon cher René, ce que je n'ai pas pu te dire l'autre jour, c'est que je ne suis pour rien dans les petites combinaisons de ton oncle.

RENÉ.

Que, du reste, je ne m'explique guère.

MADAME DURIEU.

Ton oncle te les expliquera. Tout cela le regarde. Il m'est interdit de me mêler de quoi que ce soit dans la maison, si ce n'est des économies. Ta mère et moi, nous étions sœurs, mais pas du même lit. Madame de Charzay avait une petite fortune qui lui venait de sa mère et elle a épousé ton père qui l'adorait. Moi, je menaçais fort de rester fille, quand M. Durieu s'est présenté. C'était un bourgeois, mais il était riche, et il n'avait pas de concurrents. Mon père, qui était bien en cour, lui promit une place de préfet et le titre de baron. Le roi l'avait autorisé à faire cette double promesse. Le mariage eut lieu, et six mois après, la révolution de Juillet éclata, la veille du jour où M. Durieu allait être nommé.

RENE.

Je comprends : il ne vous a jamais pardonné la révolution de Juillet.

MADAME DURIEU.

Et il m'a fait sentir que je n'étais rien, malgré mes aïeux, qu'une pauvre fille qui a eu le bonheur d'épouser un homme riche. Il n'y a pas à lutter, vois-tu, contre la supériorité que donne dans le ménage, à l'un des deux époux, l'argent qu'il apporte à l'autre. Ma délicatesse m'exagéra peut-être ma dépendance, mais j'en arrivai à reconnaître que mon mari était dans son droit. Sans lui, aurais-je seulement les domestiques qui me servent? J'aurais donné des leçons dans ma jeunesse, comme Élisa, et, après, que serais-je devenue ? car que deviendra-t-elle ? Mes enfants eux-mêmes me semblent moins à moi qu'à leur père, car, si je leur ai donné la vie, il leur donne plus que moi en leur donnant le moyen de vivre. Depuis vingt-deux ans, je fais les comptes, je les lui remets, je les paye, et je n'ai pas cent francs à moi dont je puisse disposer librement, à moins que je ne vende un des derniers bijoux qui me restent de ma mère, comme je l'ai fait dernièrement pour payer à M. Giraud les cinq cents francs que mon fils lui avait empruntés. Voilà, mon cher enfant, ce qu'on appelle un bon mariage.

RENÉ.

Mais je m'explique maintenant la présence de M. Giraud dans votre maison.

MADAME DURIEU.

Gustave l'a connu à Marseille, dans un cercle, et lui a emprunté cinq cents francs qu'il ne pouvait lui rendre. Il lui a donné une lettre pour moi et m'a priée d'acquitter cette dette. Je n'avais pas ces cinq cents francs; je suis devenue l'obligée de M. Giraud, malgré moi. Pendant le temps qu'il m'a fallu pour me procurer de l'argent, il s'est implanté dans la maison et s'est mis au mieux avec M. Durieu, en lui promettant de lui faire gagner de l'argent.

RENÉ.

Toujours la même chose.

MADAME DURIEU.

Maintenant, cher enfant, tout ceci est entre nous. Voici ton oncle.

SCÈNE II

Les Mêmes, DURIEU.

DURIEU, à René.

Ah! tu es exact, mon garçon...

RENÉ.

Vous m'avez écrit de venir à onze heures, il est onze heures précises, bien que votre pendule marque onze heures un quart.

DURIEU.

La pendule avance donc?

MADAME DURIEU.

Oui, mon ami.

DURIEU.

Depuis quand?

MADAME DURIEU.

Depuis quelque temps déjà.

ACTE DEUXIÈME.

DURIEU.

Il faut faire venir le marchand qui l'a vendue.

MADAME DURIEU.

Il y a quinze ans que nous avons cette pendule, mon ami.

DURIEU.

Qu'importe! Le marchand l'a garantie.

MADAME DURIEU.

Mais le marchand est mort.

DURIEU.

Il doit avoir un successeur. Avez-vous écrit les lettres que je vous avais priée d'écrire?

MADAME DURIEU.

Oui, j'ai écrit à votre tailleur de changer la doublure de votre paletot de l'année dernière.

DURIEU.

Et au cordonnier?

MADAME DURIEU.

Je lui ai commandé, pour vous, deux paires de grosses bottines à double semelle.

DURIEU.

C'est cela. Qu'est-ce que je voulais donc vous dire encore?... Ah!... la blanchisseuse vous attend.

MADAME DURIEU.

J'ai pris en note ce que vous m'avez dit.

DURIEU.

Il me manque un mouchoir, et elle m'a rendu un gilet de dessous qui n'est pas à moi. C'est la même marque, mais ce n'est pas la même étoffe. Le gilet qu'elle m'a rendu est en croisé de coton et les miens sont en finette.

C'est bien facile à reconnaître ; je ne comprends pas qu'il y ait eu une erreur.

MADAME DURIEU.

Elle sera réparée.

Elle sort.

SCÈNE III

RENÉ, DURIEU.

DURIEU.

Tu es intrigué.

RENÉ.

Je l'avoue.

DURIEU.

Alors, je ne vais pas y aller par quatre chemins. Tu as de l'esprit et tu es un bon garçon !

RENÉ.

Oui, mon oncle.

DURIEU.

Et tu sais bien que j'ai de l'amitié pour toi.

RENÉ.

Non, mon oncle.

DURIEU.

Tu en doutes ?

RENÉ.

Votre amitié n'irait pas jusqu'à me prêter vingt-cinq mille francs.

DURIEU.

Naturellement ; mais il y a d'autres preuves d'amitié à donner que celle-là.

RENÉ.

Et moins chères... Tranquillisez-vous ; du reste, je ne compte pas vous emprunter d'argent.

ACTE DEUXIÈME.

DURIEU.

Oh! je connais tes principes, tu es un garçon sérieux. J'ai reçu ta lettre; c'était bien ce que je t'avais demandé, mais ce n'est pas tout.

RENÉ.

A votre service.

DURIEU.

Ce que tu m'as écrit là, il faudra le dire à quelqu'un, mais plus clairement. Ta lettre n'était qu'un tirailleur; le coup a porté, il faut maintenant une charge à fond de train.

RENÉ.

Vos metaphores me font trembler, mon oncle! expliquez-vous.

DURIEU.

Tu connais ma position vis-à-vis de ta tante.

RENÉ.

Est-ce que vous allez vous plaindre d'elle?

DURIEU.

Non; mais ta tante n'a pas eu de dot comme madame de Charzay, je l'ai donc épousée pour elle seule; c'est une bêtise que j'ai faite.

RENÉ.

Vous avez des résumés biographiques qui sont d'un grand bonheur. Votre femme est un ange.

DURIEU.

Certainement; c'est une très digne femme, mais elle aurait eu un peu de bien à elle que cela n'aurait rien gâté. Si elle n'a pas toujours été heureuse avec moi, c'est à cause de cela; je l'ai bien vu, je le vois bien encore, j'en souffre, mais qu'y faire?

RENÉ.

C'est magnifique.

DURIEU.

Tu dis?

RENÉ.

Rien, mon oncle; continuez.

DURIEU.

C'est pour en arriver à ceci : qu'une fille sans dot qu'épouse un homme riche fait une aussi grande sottise, en croyant faire un bon mariage, qu'une fille riche en épousant un homme pauvre. Il faut que les deux époux apportent autant l'un que l'autre; c'est une garantie réciproque. Qu'est-ce que c'est qu'un homme qui accepte de devoir toute sa fortune à une femme? Quand la société...

RENÉ.

Si nous nous asseyions, mon oncle?

DURIEU.

C'est vrai, nous serions mieux. (Il s'assied avec René.) C'est moi qui ai payé l'éducation de mes enfants, c'est de moi qu'ils hériteront, c'est moi qui les doterai, il est donc tout naturel que je ne les laisse pas faire, le jour où ils se marieront, la sottise que j'ai faite.

RENÉ.

C'est très juste. Après?

DURIEU.

Tu es de mon avis?

RENÉ.

Parbleu! Si vous me dites ces choses-là, c'est pour que je sois de votre avis; sans cela, au train dont va la conversation, nous n'en finirions jamais.

DURIEU.

Il n'est qu'onze heures dix

RENÉ.

C'est bien commencer la journée.

ACTE DEUXIÈME.

DURIEU.

Je n'ai rendez-vous avec Giraud qu'à midi.

RENÉ.

Ne vous gênez pas alors.

DURIEU.

Allons droit au but. J'ai trouvé un parti excellent pour ta cousine.

RENÉ.

Tant mieux.

DURIEU.

Cela te fait plaisir?

RENÉ.

Naturellement.

DURIEU.

Mais, quand j'en ai parlé à Mathilde, sais-tu ce qu'elle m'a répondu?

RENÉ.

Non.

DURIEU.

Qu'elle t'aimait et qu'elle ne voulait pas être la femme d'un autre.

RENÉ.

Ce n'est pas bête. Je serais un mari excellent, moi.

DURIEU.

Tu serais un mari excellent, mais tu es un parti détestable, entre nous.

RENÉ.

Ne discutons pas, je suis de votre avis. Alors, vous avez imaginé...?

DURIEU.

De te prier d'écrire cette lettre où tu m'annonçais...

RENÉ.

Que j'allais me marier! Et vous l'avez montrée à Mathilde.

DURIEU.

Oui.

RENÉ.

C'est très ingénieux; qu'est-ce qu'elle a dit?

DURIEU.

Elle a pleuré.

RENÉ.

Eh bien, vous avez dû être content?

DURIEU.

Très content; et elle m'a demandé si je savais qui tu épousais, je lui ai dit que oui.

RENÉ.

Et j'épouse?

DURIEU.

La comtesse Savelli.

RENÉ.

Très bien. J'avais besoin d'être prévenu. C'est parfait; avez-vous prévenu le notaire aussi; il n'y aurait pas de mal non plus à prévenir la comtesse.

DURIEU.

C'est inutile, elle est en voyage. D'ailleurs, elle n'a pas besoin d'être prévenue; elle est de la conspiration malgré elle; elle t'adore!

RENÉ.

Vous croyez?

DURIEU.

Tu le sais bien, mon gaillard, et, si j'étais à ta place...

RENÉ.

Qu'est-ce que vous feriez?...

DURIEU.

Je conduirais si bien ma barque...

####### RENÉ.

Que ?...

####### DURIEU.

Que je l'épouserais, parbleu !

####### RENÉ.

Comment ! vous dites qu'un honnête homme ne doit pas tenir sa fortune de sa femme, et vous me conseillez, avec trois mille livres de rente, d'essayer d'épouser une femme veuve, dix fois millionnaire ! Vous avez donc des morales de rechange ?

####### DURIEU.

Qu'est-ce que je demande, moi, que tu sois heureux.

####### RENÉ.

Et que ça ne vous coûte rien.

####### DURIEU

Pour en revenir à Mathilde, c'est toi qui dois lui faire entendre raison ; c'est toi qui dois lui dire que tu ne veux pas d'elle.

####### RENÉ.

Et comment le lui dirai-je ?

####### DURIEU.

Adroitement ; sans avoir l'air de rien.

####### RENÉ.

Je lui dirai : « A propos, tu sais que je ne veux pas de toi... » comme ce sera fin !

####### DURIEU.

Non. Tu lui annonceras ton mariage, en causant. Tu es censé ignoré qu'elle a eu connaissance de ta lettre. Tu ajouteras que tu pars, et, pendant quelque temps...

RENÉ.

Il n'y aurait pas de mal qu'on ne me vît pas ici!...

DURIEU.

Oui, elle te croira à Londres avec la comtesse, elle t'oubliera et tout sera dit.

RENÉ.

En un mot, vous me flanquez à la porte.

DURIEU.

Tu es fou.

RENÉ.

Allez toujours, je suis habitué à votre caractère, et, comme vous vous en trouvez bien, vous auriez grandement tort d'en changer. C'est convenu, je parlerai à Mathilde.

DURIEU.

Aujourd'hui?

RENÉ.

Aujourd'hui même.

DURIEU.

Tu es un bon garçon.

RENÉ.

Vous n'avez pas encore quelque chose de désagréable à me dire, pendant que vous y êtes?

DURIEU.

Non.

RENÉ.

Allons, allons, vous êtes fièrement réussi, mon cher oncle. Si jamais vous êtes malheureux, vous, cela m'étonnera bien!

DURIEU.

Moi aussi.

SCÈNE IV

Les Mêmes, ÉLISA.

ÉLISA, entrant.

Le clerc de votre notaire est là, monsieur Durieu.

DURIEU.

Je vais le trouver. Et le père, comment va-t-il?

ÉLISA.

Il m'a amenée. Il est avec madame Durieu.

DURIEU.

Vous êtes tout à fait installés chez la comtesse?

ÉLISA.

Tout à fait.

DURIEU.

Elle est partie?

ÉLISA.

Il y a trois jours.

DURIEU.

Et vous êtes contents?

ÉLISA.

Très contents.

DURIEU.

Allons, tant mieux. Je suis bien heureux pour vous.

ÉLISA.

Je vous en remercie.

DURIEU, à René.

N'oublie pas Mathilde.

Il sort.

SCÈNE V

ÉLISA, RENÉ.

ÉLISA, à René.

On m'a dit que vous étiez là, j'ai voulu vous serrer la main. Vous faites le bien, et vous vous sauvez làchement. Quel service vous nous avez rendu !

RENÉ.

C'est à la comtesse que j'en ai rendu un. On la volait; il lui fallait un intendant honnête homme, je lui ai indiqué votre père; elle s'ennuyait et voulait une compagne, une amie sur qui elle pût compter, je vous ai nommée. Je suis un passant à qui un autre passant demande son chemin, et qui l'indique. Voilà tout.

ÉLISA.

Il y a longtemps que nous attendions ce passant-là.

RENÉ.

L'occasion m'a manqué longtemps.

ÉLISA.

Ce n'est pas la première preuve d'affection que vous nous donnez.

RENÉ.

Et la comtesse a été gentille?

ÉLISA.

Charmante. Nous habitons son pavillon, à l'entrée du parc, et, l'hiver, nous aurons un étage dans son hôtel de Paris. Nous sommes chez les autres, l'orgueil en souffre un peu, mais il est impossible de faire le bien avec plus de grâce et de respect de la dignité des gens que ne l'a fait la comtesse. Elle donne quinze mille francs par an à mon père, c'est une fortune!... Mon pauvre père! je suis si heureuse pour lui!... Tout le monde sait

combien il est honnête ; moi seule, je sais combien il est
bon. Ses créanciers lui avaient proposé une transaction
moyennant dix mille francs; il pouvait accepter, ces
dettes-là ne sont pas les siennes, et, dans quelques jours,
il ne devra plus rien.

RENÉ.

Mais ces dix mille francs ?

ÉLISA.

M. de Cayolle nous les a promis. Mon père les lui rendra
dans le courant de l'année. Enfin, qu'est-ce que je ferai
jamais pour vous prouver ma reconnaissance ?

RENÉ.

Soyez heureuse, c'est tout ce que je vous demande.

ÉLISA.

Je le suis ; mais il était temps que Dieu se souvînt de
nous.

RENÉ.

Ça allait mal ?

ÉLISA.

Oh ! terriblement mal ; mon père se mourait de chagrin, pas pour lui, mais pour moi. Notre position était
si différente de celle que nous avions eue jadis ! On
s'habitue quelquefois à ne pas avoir d'argent, jamais à
n'en plus avoir. On ne croirait pas que des gens d'un certain monde, qui ont été riches, qui ont rendu des services, qui ont eu des amis, peuvent se trouver, un beau
jour, sans savoir comment ils dîneront.

RENÉ.

Ç'a été aussi loin? On ne s'en est jamais douté.

ÉLISA.

Je l'espère bien. Vous êtes le seul à qui nous l'aurions
avoué, mais vous étiez trop bon. Nous n'osions pas vous
le dire. Aujourd'hui, c'est autre chose. Il y a un jour entre
autres que je me rappellerai toute ma vie, quand je
vivrais cent ans. C'était un dimanche, l'été heureuse-

16.

ment ; nous nous sommes trouvés littéralement sans un sou. On nous devait encore une vingtaine de mille francs à cette époque, on nous les doit, on nous les devra toujours. Nous avions dîné, la veille, d'un petit pâté de douze sous, qui n'était pas gros, mais qui n'était pas bon non plus, et d'une belle carafe d'eau. Il était deux heures, nous n'avions rien pris. Nous connaissions une vieille dame qui nous avait bien souvent invités à venir dîner chez elle, le dimanche, quand nous n'aurions rien de mieux à faire. C'est la formule polie avec laquelle on sauvegarde l'amour-propre des pauvres gens à qui l'on veut faire l'aumône de temps en temps d'un dîner. Nous n'y étions jamais allés. Nous prenons notre courage à deux mains et nous partons, à pied, bien entendu, pour Neuilly. Cette dame habitait près de la porte Maillot. Nous arrivons à quatre heures. Nous l'apercevons de loin qui sortait de chez elle, avec sa bonne et son petit chien, et qui s'en allait du côté du pont. Elle ne nous avait pas vus. Nous entrons chez son portier, espérant qu'elle n'allait faire qu'une petite promenade, mais le portier nous dit : « Cette dame vient de sortir pour aller dîner chez sa fille, dont c'est la fête aujourd'hui. » Nous nous sommes regardés, mon père et moi, vous devinez avec quel sourire, et nous avons repris notre chemin, en passant par les Champs-Élysées, pour nous distraire. Nous nous sommes assis sur un banc pendant une heure et nous avons regardé passer les voitures. Nous ne disions pas un mot. J'avais faim... très grand'faim. J'ai compris alors et j'ai excusé bien des fautes, en remerciant Dieu de m'avoir fait le cœur assez fort, pour que l'idée ne me vînt pas de les commettre. Quand nous avons été reposés, nous sommes rentrés chez nous, nous nous sommes bien embrassés, mon père et moi, et nous nous sommes couchés.

RENÉ.

Et le lendemain ?

ÉLISA.

Le lendemain, vous êtes venu nous voir. Aviez-vous deviné notre situation, je le crois, car vous veniez de toucher la moitié de votre petite rente, et, quand vous avez été parti, mon père m'a montré deux cents francs que vous lui aviez prêtés. Vous nous avez sauvé la vie, monsieur René, et, de plus, vous nous avez porté bonheur, car, quelques jours après, mon père a obtenu la place qu'il demandait, et, j'ai trouvé deux élèves. Voilà de ces services qui lient éternellement les cœurs honnêtes, aussi j'ai pour vous une bien franche et bien solide amitié.

RENÉ.

Et moi aussi, je vous aime bien, et je me suis mis en tête que vous seriez heureuse.

ÉLISA.

Que voulez-vous donc de plus pour moi ?

RENÉ.

Nous vous trouverons un mari.

ÉLISA.

A mon âge, il est trop tard. Ma vie est finie de côté-là.

RENÉ.

Quelle plaisanterie ! A vingt-quatre ans, on est une jeune femme.

ÉLISA.

Non ; on est une vieille fille. Du reste, j'ai donné tout mon avenir à mon passé ; ce serait de l'ingratitude de le lui reprendre, au moment où je vais être heureuse.

RENÉ.

Vous changerez d'avis.

ÉLISA.

Beaucoup plus tard, peut-être ; mais, maintenant, aujourd'hui, voyez comme les femmes sont exigeantes, je voudrais encore n'épouser qu'un homme que j'aimerais.

RENÉ.

Eh bien, vous aimerez un homme et il vous épousera.

ÉLISA.

Voulez-vous que je vous dise, pour ne rien exagérer comment je crois que j'en finirai avec la vie ?

RENÉ.

Dites.

ÉLISA.

Quand j'aurai trente-cinq ou quarante ans, à l'âge où je ne pourrai plus parler d'amour sans être ridicule, je rencontrerai un brave homme, veuf, ayant des enfants à élever et désireux de leur donner une seconde mère qui les soigne et les aime sans qu'ils puissent être jaloux d'elle. Mon père, il faut l'espérer, vivra encore, il aura mis honorablement un peu d'argent de côté, j'épouserai cet homme, et je terminerai mes jours dans une province, en faisant de mon mieux pour être utile aux orphelins. C'est encore un beau rôle à remplir, et c'est, entre nous, le seul que je puisse ambitionner.

RENÉ.

C'est une idée comme une autre, elle a du bon, et je comprends très bien ce genre de mariage. Un homme et une femme, honorables et intelligents tous les deux, que des circonstances quelconques ont éloignés du mariage pendant la première partie de leur existence, et qui, arrivés à l'âge mûr, mettent en commun des sentiments calmes, une philosophie douce et des goûts analogues, ces gens-là font un acte sensé, qui contient de grandes chances de bonheur. Moi qui n'ai pas l'idée de me marier aujourd'hui, je serais homme à me marier ainsi plus tard.

ÉLISA.

Vous le croyez ?...

RENÉ.

J'en suis sûr, et tenez, si, dans dix ans, vous n'avez rien trouvé de mieux, si vous voulez, nous nous marierons. Nous nous retirerons en province avec votre père et un quatrième pour faire un whist, et nous finirons notre vie comme des bourgeois du Marais ; je suis sûr que nous serions très heureux. Cela vous va-t-il ?

ÉLISA.

Est-ce sérieux ?

RENÉ.

Très sérieux.

ÉLISA.

Eh bien, c'est convenu.

RENÉ.

C'est convenu, si vous ne trouvez pas mieux. Ce serait drôle cependant, si cela finissait ainsi.

ÉLISA.

Mais non, cela me paraîtrait tout simple.

RENÉ.

Nous avons peut-être dit des folies là... Heureusement, personne ne nous a entendus.

Il lui serre la main.

SCÈNE VI

Les Mêmes, JEAN.

JEAN, entrant au moment où René baise la main d'Élisa.

Je n'ai rien vu !..

ÉLISA, redonnant sa main à René.

Eh bien, il faut que vous voyiez !

RENÉ.

Quel est ce beau bouquet que vous portez là, monsieur Giraud !

JEAN.

C'est un bouquet que j'apportais à mademoiselle, car je voulais aller chez la comtesse, pour causer avec M. de Roncourt... (A Élisa.) Voulez-vous bien accepter ces fleurs?

ÉLISA.

Avec grand plaisir, j'adore les violettes; mais qu'est-ce qu'il y a donc là, autour de votre bouquet, monsieur Giraud? (Elle retire un bracelet qui entoure la queue du bouquet.)

JEAN.

C'est un ruban qui j'ai fait mettre pour que les fleurs ne se séparent pas.

ÉLISA.

Vous pouvez le reprendre, maintenant que le bouquet est arrivé.

JEAN.

Vous ne voulez pas accepter ce petit joujou?

ÉLISA.

Non, monsieur; pour les gens qui ne peuvent pas le rendre, un cadeau n'a de prix que s'il n'a pas de valeur. Je vais dire à mon père de vous attendre, puisque vous avez à causer avec lui; cela vous épargnera la peine d'aller jusqu'au château.

Elle salue et sort.

SCÈNE VII

JEAN, RENÉ.

JEAN.

Encore une boulette.

RENÉ.

Oh! oui!

JEAN.

Il est pourtant très joli, ce bracelet; qu'est-ce que je vais en faire?

RENÉ.

Vous le donnerez à mademoiselle Flora.

JEAN.

Vous savez donc?...

RENÉ.

On m'a dit que vous aviez des bontés pour cette demoiselle ; je vous en fais mon compliment.

JEAN.

Vous la connaissez!

RENÉ.

Je l'ai vue.

JEAN.

Est-ce que?...

RENÉ.

Je ne lui ai jamais parlé.

JEAN.

Ça ne fait rien, elle n'est pas causeuse, on peut même dire qu'elle est bête, mais elle est jolie, et puis c'est une fille très connue. Elle a compromis beaucoup d'hommes comme il faut, ça me pose ; je l'ai enlevée à ces messieurs du Jockey... ça change toutes leurs habitudes ; ils sont furieux, mais ils ne peuvent pas lui donner ce que je lui donne.

RENÉ.

Combien donc?

JEAN.

Cinq mille francs par mois.

RENÉ.

Et des cadeaux?...

JEAN.

Non, tout compris. Du reste, je gagne tant d'argent! Comme vous me regardez!

RENÉ.

Je vous trouve quelque chose de changé dans la figure.

JEAN.

La barbe...

RENÉ.

Oui.

JEAN.

Cela me va mieux, n'est-ce pas?...

RENÉ.

Certainement.

JEAN.

Et je suis mieux mis que l'autre jour. L'autre jour, j'étais trop brodé... je l'ai bien vu. (Familièrement.) Mais j'ai pris modèle sur vous, je ne pouvais pas mieux faire.

RENÉ.

Vous me comblez!

JEAN.

Vous me plaisez beaucoup.

RENÉ.

C'est trop! c'est trop!

JEAN.

Et ça vous profitera. Voyons, causons de vos petites affaires. Est-ce qu'un homme de votre nom doit végéter avec trois mille livres de rente? Vous avez un capital de soixante mille francs, c'est énorme! et dire que ça vous rapporte 5 pour 100. Vous me faites l'effet d'un homme qui s'obstinerait à prendre les gondoles pour aller à Versailles, au lieu de prendre le chemin de fer. Le 5 pour 100, c'est le coucou obstiné de la finance; qui est-ce qui va en coucou, aujourd'hui?

RENÉ.

Ceux qui ont peur de sauter sur le chemin de fer.

JEAN.

Est-ce qu'on saute? Je sais comment vous avez été élevé, moi; est-ce que vous êtes fait pour vivre comme un surnuméraire? Vous êtes fait pour avoir des voitures, des chevaux, des domestiques, des châteaux, des chasses. Est-ce que moi, le fils de votre ancien jardinier, je puis souffrir que vous alliez à pied, quand je me promène en phaéton avec des chevaux de douze mille francs que je ne sais pas conduire, et deux domestiques qui se demandent pourquoi ils sont derrière et moi devant? A ma place, beaucoup seraient enchantés de vous humilier et de faire sonner bien haut devant vous quelques millions qu'ils auraient gagnés; moi pas, et je vous ferai votre fortune, ou j'y perds mon nom, et je me fais appeler de la Giraudière.

RENÉ.

Je vous remercie, mon cher monsieur Giraud. Ma vie est arrangée, je la garde comme elle est.

JEAN.

Enfin, si un jour l'envie vous en prend, donnez-moi la préférence. En attendant, il faut que nous nous voyions. Entrez chez moi de temps en temps, aux Champs-Élysées, c'est le chemin de tout le monde... Vous verrez mon hôtel, et je vous montrerai mes tableaux et mes statues, parce qu'on m'a dit qu'un homme, dans ma position, devait avoir le goût des arts. Je n'y entends rien du tout; j'ai payé tout ça très cher, mais je crains bien que cela ne vaille pas grand'chose. Vous me direz ce que vous en pensez, vous me donnerez vos conseils. Je voudrais arriver à me faire une autre société que celle que je vois. Le matin, ça va encore : il vient des hommes à peu près comme il faut, pour que je leur fasse gagner de l'argent, car l'argent est l'argent, voyez-vous, ça attire toujours; mais ces gens viennent chez moi comme ils vont chez leurs maîtresses, en se cachant. Quant à ceux qui vien-

nent ouvertement me visiter et même qui se vantent de
me connaître, il faut voir ce que c'est! Un tas de
bonshommes qui me boivent mon vin, qui fument mes
cigares, qui m'empruntent mon argent et qui détournent
Flora de ses devoirs! Et les lettres qu'on m'écrit! Et les
gens qui ont fait des découvertes et qui veulent s'associer avec moi! Et le chantage au suicide! Ceux qui vont
se poignarder si je ne leur envoie pas dix mille francs!
Et les aveux que je reçois, et les infamies dont je suis
le confident! Non! il n'y a qu'un homme qui a fait
fortune tout à coup qui puisse savoir ce qu'il y a de
gredins à Paris.

RENÉ.

Le fait est que vous devez voir des choses curieuses.

JEAN.

Ne m'en parlez pas; mais, maintenant que j'ai tâté des
gens du monde, tous les gueux que je connais, je veux
les flanquer à la porte. Me voilà déjà reçu chez M. Durieu
et chez la comtesse Savelli; vous savez que j'ai été la voir
avant son départ...

RENÉ.

Ah!...

JEAN.

Oui, tout bonnement... Ça n'est pas bête, hein?

RENÉ.

Elle vous a reçu?...

JEAN.

Parbleu! j'avais appris qu'elle était gênée; je savais
bien où j'allais; je lui ai offert de lui faire gagner de
l'argent; et qu'elle a été bien contente! Or donc, reçu
chez M. Durieu, reçu chez la comtesse, mon affaire sera
faite. La bourgeoisie d'un côté, la noblesse de l'autre, je
touche à tout, et je suis lancé. Il ne me manquerait plus
qu'une liaison avec une femme comme il faut : c'est cela

qui me poserait. Cette comtesse Savelli est charmante.

RENÉ.

Entre nous, n'y comptez pas.

JEAN.

Ils sont trop verts, oui. Ce que j'ai de mieux à faire alors décidément, c'est de me marier; qu'en pensez-vous?

RENÉ.

Vous êtes dans le vrai.

JEAN.

Ah! voyez-vous, je savais bien que j'avais une bonne idée.

RENÉ.

Auriez-vous déjà des vues sur quelqu'un?

JEAN.

Si je voulais, je n'aurais pas besoin de chercher bien loin... Votre cousine...

RENÉ.

Mathilde?

JEAN.

Oui, son père m'en a touché deux mots sans en avoir l'air. Il aime l'argent, le papa Durieu; car, s'il me donnait sa fille, ce ne serait pas pour mes beaux yeux.

RENÉ.

Ah! Eh bien?

JEAN.

Eh bien, moi, je fais la sourde oreille.

RENÉ.

Pourquoi?

JEAN.

Je suis un parvenu, je suis le fils d'un jardinier, je suis tout ce qu'on voudra, mais je ne suis pas un imbécile, puisque j'ai fait fortune; et, si je me marie, je ne veux pas d'une femme qui se croira quitte envers moi en m'apportant deux ou trois cent mille francs ; qu'est-ce que c'est que ça ? ... et qui fera sauter mes petits millions dans une fricassée de dentelles, de cachemires et de diamants tout en me faisant la grimace, pendant que je tiendrai la queue de la poêle. Non, il me faudrait une fille simple, heureuse de tout me devoir et que j'irais découvrir dans son obscurité, une fille comme mademoiselle de Roncourt.

RENÉ.

C'est bien pensé.

JEAN.

N'est-ce pas ?

RÉNÉ.

Mais vous ne connaissez mademoiselle de Roncourt que depuis bien peu de temps.

JEAN.

Qu'est-ce que cela fait ?... Les gens comme moi, habitués à jouer des sommes importantes sur le moindre événement, décident de leur vie en cinq minutes ! Et puis je la trouve charmante ! Ce n'est plus une toute jeune fille ; elle a de l'esprit, elle est de noblesse ; elle ne voit plus le monde, mais, redevenue riche, elle pourrait le revoir et m'en ouvrirait les portes. Ce serait une recommandation pour moi d'avoir choisi une fille pauvre. Que voulez-vous ! le monde, c'est ma toquade. Les gens comme il faut me tournent la tête. Si mademoiselle Élisa veut de moi, dans quinze jours elle sera ma femme.

RENÉ.

Vous allez vite.

JEAN.

Voilà comme je suis. J'aime au 15, j'épouse au 30.

RENÉ.

Mais mademoiselle de Roncourt ne voudra pas de vous.

JEAN.

Elle aura bien tort.

RENÉ.

Vraiment ?

JEAN.

Elle ne trouvera jamais mieux sous le rapport de l'argent. J'ai dix millions à moi, on peut s'informer à la Banque, comme a fait M. Durieu, et j'en aurai bien d'autres ; il n'y a que le premier qui coûte. Je tiens mon affaire maintenant, je veux enfoncer tous les banquiers de la routine. J'ai des projets, des combinaisons gigantesques et très simples ; seulement, c'est un bouleversement complet dans le système financier. En attendant, je suis amoureux de mademoiselle de Roncourt et je veux l'épouser. Mais, dites-moi, elle a l'air bien sentimental, cette fille-là. Entre nous, croyez-vous qu'elle soit arrivée à son âge, sans ?...

RENÉ.

Sans quoi ?

JEAN.

Au pair, comme on dit à la Bourse ?

RENÉ.

Monsieur Jean !

JEAN.

C'est que, si j'y mets le prix, je voudrais au moins être sûr...

RENÉ.

Je crains que vous vous donniez beaucoup de peine pour rien, monsieur Giraud. Mademoiselle de Roncourt est une honnête fille, d'abord, et qui n'a pas besoin de se marier pour sortir des embarras pécuniaires où son père et elle se trouvaient hier encore.

JEAN.

Qu'arrive-t-il donc ?

RENÉ.

M. de Roncourt est depuis trois jours intendant de la comtesse Savelli avec quinze mille francs d'appointements.

JEAN.

Tiens, tiens! C'est donc pour cela qu'il m'a écrit de venir lui parler aujourd'hui chez la comtesse. Mais, savez-vous que c'est une rude affaire pour lui, et que, s'il est malin, il fera sa fortune ?

RENÉ.

Je ne sais pas si c'est un malin, mais c'est un honnête homme.

JEAN.

En affaires, il faut plus de malice que d'autre chose.

RENÉ.

Qu'est-ce que c'est donc que les affaires, monsieur Giraud?...

JEAN.

Les affaires, c'est bien simple, c'est l'argent des autres.

SCÈNE VIII

Les Mêmes, MATHILDE.

MATHILDE.

Mon père va venir, monsieur Giraud ; il m'a chargée de vous prier de l'attendre. Vous permettez que je dise un mot à mon cousin ?

JEAN.

Comment donc, mademoiselle ! deux si vous voulez ; je vais faire des comptes pendant ce temps-là.

MATHILDE, à René.

Tu te maries ?

ACTE DEUXIÈME.

RENÉ.

Oui.

MATHILDE.

Mon père m'a appris cette nouvelle.

RENÉ.

Je lui en ai parlé.

MATHILDE.

Qui épouses-tu ?

RENÉ.

Une jeune fille.

MATHILDE.

Ah ! je croyais que c'était une veuve riche ?

RENÉ.

Très riche.

MATHILDE.

Son nom ?

RENÉ.

Il ne m'est pas encore permis de le dire.

MATHILDE.

Tu sais que je ne crois pas un mot de tout cela ?

RENÉ.

C'est pourtant la vérité.

MATHILDE.

Non ; tu veux être agréable à mon père, qui t'a demandé de jouer cette comédie, mais elle est indigne de toi.

RENÉ.

Écoute, ma chère enfant, ton père...

MATHILDE.

Mon père t'a dit que je t'aimais...

RENÉ.

Comme toutes les petites cousines aiment leurs petits cousins. C'est si commode pour une fille de ton âge de ne pas faire changer de place à son cœur et d'être toute transportée pour l'amour ; mais ces amours-là passent vite ; ce sont les lilas de la vie.

MATHILDE.

De la poésie !... Décidément, tu ne m'aimes pas, n'en parlons plus. Je ne te menace pas de me tuer ni d'entrer dans un couvent, ni même de ne me marier jamais ; je ferai, au contraire, tout mon possible pour t'oublier ; mais je veux que notre conversation, qui aura une si grande influence sur ma vie, en ait une sur la tienne.

JEAN, écrivant, à lui-même.

Timbre et courtage...

MATHILDE.

Me promets-tu de suivre le conseil que je vais te donner ?

RENÉ.

Je te le promets.

MATHILDE.

Toutes les femmes qui te connaîtront t'aimeront.

RENÉ.

Toutes ?

MATHILDE.

Oui. Tu représenteras, pour elles comme pour moi, le bonheur, parce que tu es le bien. Tu en aimeras certainement une un jour, car tu as ton cœur comme tout le monde ; tu es jeune, intelligent, de bonne famille, franc et loyal, il ne te manquera donc qu'une chose : l'argent. Tu es fier, tu as raison de l'être ; si tu aimais une fille pauvre, tu ne le lui dirais pas, car tu ne serais pas assez riche pour la rendre heureuse.

RENÉ.

C'est vrai.

MATHILDE.

Si tu aimais une fille riche, tu le lui cacherais, pour ne

pas même être soupçonné d'un calcul. Si tu étais riche, tu aurais peut-être pensé à m'aimer, tu m'aimerais peut-être ; je serais peut-être heureuse. Tu vois que je ne suis plus tout à fait la petite cousine. Juge, par l'émotion que tu éprouves en ce moment, de celle que tu éprouverais s'il te fallait renoncer à une femme que tu aimerais parce qu'elle serait plus riche que toi. Eh bien, puisqu'il n'y a entre toi et ton bonheur à venir qu'un obstacle d'argent, fais ta fortune ; cela doit être facile, il y a tant de sots qui s'enrichissent.

JEAN, comptant toujours.

Six mille quatre cent cinquante-deux francs quinze centimes.

RENÉ.

Tu as raison.

MATHILDE.

Tu te mettras à l'œuvre ?

RENÉ.

Dès demain.

MATHILDE.

Et, quand tu seras heureux plus tard, tu te rappelleras que c'est à la petite cousine que tu le dois. Maintenant, donne-moi la main, embrasse-moi bien fort, et, quoi qu'il arrive, comptons toujours l'un sur l'autre. (Il embrasse Mathilde sur le front.)

JEAN.

Ah çà ! ce gaillard-là embrasse tout le monde.

SCÈNE IX

Les Mêmes, DURIEU.

DURIEU.

Bonjour, mon cher Giraud.

JEAN.

Nous avons à causer.

MATHILDE.

Nous vous laissons.

DURIEU, à René.

Eh bien ?...

MATHILDE.

Eh bien, mon père, René m'a fait entendre raison. Vous pouvez me présenter M. de Bourville quand vous voudrez.

DURIEU.

Il va venir tout à l'heure.

MATHILDE.

Vous n'aurez qu'à me faire appeler, je vais rejoindre maman. (Elle sort.)

RENÉ, à Durieu.

Vous n'avez plus besoin de moi ?

DURIEU.

Non, au revoir.

RENÉ.

Merci, adieu !...

Il sort

SCÈNE X
JEAN, DURIEU.

DURIEU, à Jean.

Eh bien, mon maître, quoi de nouveau

JEAN.

J'ai de l'argent à vous remettre.

DURIEU.

Ça va donc bien ?

ACTE DEUXIÈME.

JEAN.

Très bien. La liquidation a été bonne. Vous avez acheté cent cinquante actions le quinze, à sept cent soixante-dix ; vous avez revendu fin du mois à huit cent quinze, cela nous fait... voyons : cela nous fait six mille sept cent cinquante francs de gain, sur lesquels il faut déduire le courtage et le timbre, c'est-à-dire deux cent quatre-vingt-dix-sept francs quatre-vingt-cinq centimes. C'est donc six mille quatre cent cinquante-deux francs quatre-vingt-cinq centimes que j'ai à vous remettre. (Tirant les billets de sa poche.) Mille, deux mille, six mille... quatre cent cinquante-cinq francs ; rendez-moi deux francs quinze centimes.

DURIEU.

Vous n'avez pas de monnaie?

JEAN.

Non.

DURIEU, lui rendant trois francs.

Eh bien, vous me devrez deux francs trois sous.

JEAN, fouillant à sa poche.

Non pas, non pas... Oh! je suis très régulier en affaires. Attendez donc... attendez donc... les voici justement. Je ne vous dois plus rien. Maintenant, avez-vous lu notre petit acte de société?

DURIEU.

Oui.

JEAN.

Vous convient-il?

DURIEU.

Parfaitement. Mais...

JEAN.

Nous nous constituerons pour un an d'abord.

DURIEU.

Et pendant cette année?

JEAN.

Vous aurez un quart dans tous les bénéfices.

DURIEU.

Et vous évaluez les bénéfices?...

JEAN.

Pour vous... de cent cinquante à deux cent mille francs.

DURIEU.

Et je ne mettrais dans la maison...

JEAN.

Que cent mille francs; c'est assez beau. Seulement, la maison prendra le titre de maison Giraud, Durieu et Cie.

DURIEU.

Oui.

JEAN.

Commencez toujours par cent mille francs.

DURIEU.

Mais il faut les avoir.

JEAN.

Voulez-vous les avoir vite?

DURIEU.

Je ne demande pas mieux.

JEAN.

Je vous ai parlé d'une affaire...

DURIEU.

Oui.

JEAN.

Dans laquelle je vous ai conseillé de mettre quarante mille francs.

DURIEU.

Oui.

JEAN.

Vous deviez vendre une part dans des forges qui vous rapportent 7.

DURIEU.

C'est vrai.

JEAN.

Et vous deviez aller à Paris chercher les quarante mille francs.

DURIEU.

J'y suis allé ce matin.

JEAN.

Donnez-les-moi, et, dans un mois d'ici, je vous rapporte soixante mille francs au lieu de quarante mille. Ça en vaut la peine ; mais vous comprenez que ce que je fais pour vous, je ne le ferais pas pour un autre.

DURIEU.

Mais quelle est l'affaire?

JEAN.

Oh! l'affaire est un secret.

DURIEU.

Comment, un secret?

JEAN.

Oui. Je suis dans l'affaire, moi, que cela vous suffise.

DURIEU.

Allons, dites-moi ce que c'est.

JEAN.

Non !

DURIEU.

Vous m'en direz bien un mot ?

JEAN.

Pas une syllabe, c'est à prendre ou à laisser.

DURIEU.

Et après ?

JEAN.

Après ?

DURIEU.

Oui. Quand nous aurons touché, vous me mettrez au courant.

JEAN.

Vous n'en saurez jamais rien.

DURIEU.

Jamais, jamais ?

JEAN.

Jamais, jamais. C'est bien plus original. Où trouverez-vous une affaire plus commode ? Vous me donnez quarante mille francs, je vous en rends soixante mille ; c'est bien simple.

DURIEU.

Et il faut absolument mettre quarante mille francs ?

JEAN.

Pas un sou de moins.

DURIEU.

C'est que je n'ai pas la somme.

JEAN.

Vous n'avez donc pas touché ce matin ?

DURIEU.

Non, l'acquéreur m'a demandé un délai de deux jours.

JEAN.

Dans deux jours, il sera trop tard

DURIEU.

Cependant, deux jours...

JEAN.

Mon cher monsieur, vous sentez bien que l'argent ne

peut produire cinquante pour cent en un mois qu'à la condition de profiter immédiatement des circonstances. Nous sommes des brûleurs, nous autres, nous faisons une affaire et nous passons à autre chose. Nous n'avons pas le temps d'attendre les bourgeois qui ont pris l'omnibus. Vous ne voulez pas, n'en parlons plus...

DURIEU, retenant Giraud.

Mais enfin, les affaires sont les affaires, vous le savez aussi bien que moi : si je vous confie mon argent, quelles garanties m'offrez-vous, en somme ?

JEAN.

Est-ce que je vous offrirais des bénéfices, si je vous donnais des garanties ? Si je vous donnais des garanties votre argent vous rapporterait cinq; passé ce taux-là, on ne garantit rien. Vos garanties, c'est mon intelligence et ma probité : il ne manquerait plus que je vous donne hypothèque sur une de mes maisons pour vous faire gagner vingt mille francs du 2 septembre au 1er octobre. Tenez, voulez-vous que je sois franc avec vous ?

DURIEU.

Oh! oui.

JEAN.

Eh bien, vous avez des malices de bourgeois, cousues de fil blanc : vous avez fait comme tout le monde dans ces derniers temps, vous avez joué à la Bourse! vous croyant plus malin que les autres, vous avez perdu une trentaine de mille francs et vous voulez vous rattraper.

DURIEU.

Vous me l'avez offert.

JEAN.

Et je vous l'offre encore; seulement, vous voudriez gagner de l'argent sans vous dessaisir du vôtre : ce n'est pas vous qui avez inventé cela; vous prévoyez le jour où l'on viendra vous dire que j'ai fait banqueroute, et vous voulez pouvoir répondre : « Je m'en lave les mains, je ne perds pas un sou. » Mais comprenez donc que, si je m'occupe de vous enrichir, c'est que vous pouvez m'être bon à quelque chose. Vous êtes un de mes prospectus, il faut que vous me rapportiez. Sans cela je serais trop bête. Il faut qu'on sache que M. Durieu, l'honorable M. Durieu, a un intérêt dans ma maison; on aura confiance en moi et l'on m'apportera les capitaux dont toute maison de banque a besoin en dehors des siens : voilà mon calcul. J'ai donc plus d'intérêt à vous enrichir qu'à vous ruiner, et je n'ai point la moindre envie de vous voler vos quarante mille francs; ça n'en vaudrait pas la peine. Ils ne quitteront pas ma caisse, mais je tiens à les avoir chez moi, sous clef, pour vous lier à moi, pour établir la solidarité des intérêts. Il y a un coup superbe, certain, à faire à la fin du mois : si vous ne voulez pas en être, libre à vous ; si vous le voulez, au contraire, tirez vos quarante mille francs qui sont dans votre poche, je vais me retourner pour ne pas vous voir, et donnez-les-moi. Le mois prochain, vous aurez vingt mille francs de plus. Est-ce fait ?...

DURIEU, mettant la main à sa poche.

On ne peut rien vous cacher.

JEAN.

C'est l'A B C du métier. Quel est le banquier qui ne lit pas à première vue sur la figure d'un client qu'il a de l'argent dans sa poche ? Voyons, où sont-ils, ces pauvres petits billets ?

DURIEU.

Les voici.

JEAN, les prenant.

Ça vous fend le cœur! Voulez-vous les reprendre ? il est encore temps...

DURIEU.

Non, gardez-les. Seulement, mon cher monsieur Giraud, rappelez-vous que c'est une partie de la dot de ma fille.

JEAN.

Vous voulez m'attendrir, mais n'ayez pas peur, vous les reverrez. (Il les met dans sa poche.) Maintenant, je vous quitte.

DURIEU.

Où allez-vous ?

JEAN.

Je vais à mes affaires.

DURIEU.

Mais...

JEAN.

Ah !... c'est que vous tenez à ne pas me perdre de vue...

DURIEU.

Non; mais c'est à cause du petit reçu.

JEAN.

Quel petit reçu ?

DURIEU.

Le reçu de ce que je viens de vous donner.

JEAN.

Mon caissier viendra régler cela avec vous.

DURIEU.

Aujourd'hui ?

JEAN.

Ou demain.

DURIEU.

C'est que, demain, je ne serais pas ici.

JEAN.

Après-demain, alors.

DURIEU.

Eh bien, non, demain ; je puis remettre ce petit voyage, j'attendrai... A quelle heure ?

JEAN.

A neuf heures du matin.

DURIEU.

C'est cela. Du reste, j'aurais pu passer moi-même à la caisse.

JEAN, se mettant à écrire.

Tenez, vous me faites trop de chagrin... voilà le reçu... Allez vous-même à la caisse quand vous voudrez, et faites passer les écritures.

DURIEU.

Oui, voyez-vous, c'est plus régulier.

JEAN.

Est-ce tout ce tout ce que vous désirez ? Faut-il vous rendre l'argent, maintenant ?

DURIEU.

Non.

JEAN.

Je puis partir, alors ?

DURIEU.

Oui... Ah ! à quelle heure s'en va votre caissier ?

JEAN.

A cinq heures.

DURIEU.

Il est une heure et demie... Vous avez là votre voiture ?

ACTE DEUXIÈME.

JEAN.

Oui.

DURIEU.

Eh bien, emmenez-moi à Paris, je ferai régulariser la chose tout de suite.

JEAN.

Je vous mènerais au bout du monde, si je voulais, avec votre argent dans ma poche. Allons, venez; mais vous vous serez promené aujourd'hui.

ACTE TROISIÈME

Chez la comtesse. — Cabinet de Roncourt.

SCÈNE PREMIÈRE

DE CAYOLLE, un Domestique, puis RENÉ.

DE CAYOLLE, entrant.

M. de Roncourt est-il là ?

LE DOMESTIQUE.

M. de Roncourt est en affaires avec l'avoué de madame la comtesse. Si monsieur veut me dire son nom...

DE CAYOLLE.

M. de Cayolle. Mais ne le dérangez pas, je vais l'attendre ici. Donnez-moi un journal. Madame la comtesse est-elle de retour ?

RENÉ, entrant.

Pas encore.

DE CAYOLLE.

Ah ! c'est vous, mon cher René ; je suis bien aise de vous voir. (Le dometsique sort.) Avez-vous des nouvelles de la comtesse ?

RENÉ.

Je ne sais pas ce qui lui est arrivé ; elle m'a écrit une lettre lugubre. Elle voulait entrer dans un couvent ; mais, le surlendemain, j'ai reçu une nouvelle lettre très gaie où elle m'annonçait qu'elle avait été entendre *la Norma*, que cela lui avait fait beaucoup de bien, qu'elle partait pour l'Écosse et qu'elle serait de retour ici dans une quinzaine de jours.

DE CAYOLLE.

Quelle charmante folle! Et vous êtes venu pour me voir, la semaine dernière? J'ai trouvé votre carte chez moi.

RENÉ.

Vous étiez à votre inauguration.

DE CAYOLLE.

Oui, nous avons été inaugurer notre nouvel embranchement. Est-ce que vous aviez quelque chose d'important à me dire?

RENÉ.

Je voulais vous demander un conseil.

DE CAYOLLE.

A votre service. Parlez.

RENÉ.

J'ai été pris de l'envie de gagner de l'argent.

DE CAYOLLE.

C'est une bonne idée... qui vient à beaucoup de monde... Malheureusement, il n'y a qu'un moyen légitime de se procurer de l'argent, et comme une foule de gens ne veulent pas l'employer, il en résulte une foule de malentendus.

RENÉ.

Et ce moyen, quel est-il?

DE CAYOLLE.

Vous le connaissez aussi bien que moi : c'est le travail.

RENÉ.

C'est un coup de patte, en passant...

DE CAYOLLE.

Contre l'oisiveté. Tenez, prenons le fils de Durieu pour exemple. A quoi sert-il, ce gaillard-là? il ne sait

rien, il ne fait rien... Si... il fait des dettes ; n'est-ce pas
là une jolie occupation? Savez-vous où il est maintenant?

DE CAYOLLE.

Non.

DE CAYOLLE.

Vous n'avez donc pas vu votre oncle.

RENÉ.

Il y a quinze jours que je n'ai mis les pieds chez lui.

DE CAYOLLE.

Eh bien, monsieur son fils est à Clichy.

RENÉ.

Le père doit être furieux.

DE CAYOLLE.

Il est enchanté, au contraire. Il compte l'y laisser un
an, et il a raison ; mais n'est-ce pas déplorable qu'un
homme de vingt-deux ans, de bonne famille, qui aurait
pu utiliser son intelligence, si peu qu'il en ait, débute
dans la vie de cette façon-là, et que le père en soit réduit
à bénir la prison ! Les résultats de l'héritage ! Ah ! quand
nous aurons la conscription civile ..

RENÉ.

Qu'est-ce que c'est que cela?

DE CAYOLLE.

C'est une conscription dont j'ai eu l'idée et qui est la
chose du monde la plus simple. Elle servirait de pendant
à la conscription militaire, et pourrait même la remplacer,
car il est probable que, dans un temps donné, tous les
peuples seront unis par les intérêts, les arts, le commerce, l'industrie, et que la guerre disparaîtra du monde.
Alors, la société ne demandera plus aux hommes que le
tribut de leurs capacités intellectuelles. Quand un homme
aura vingt et un ans, l'État viendra le trouver et lui dira :
« Monsieur, quelle carrière avez-vous embrassée ? que

ACTE TROISIÈME.

faites-vous pour les autres hommes ? — Rien, monsieur. — Ah !... voulez-vous travailler ? — Non, monsieur, je ne veux rien faire.— Très bien ; vous avez donc une fortune ? Oui, monsieur. — Eh bien, monsieur, vous êtes libre de ne pas travailler ; mais, alors, il faut prendre un remplaçant. Vous allez donc nous donner tant par an pour que des gens qui n'ont pas de fortune travaillent à votre place, et nous allons vous délivrer une carte de paresse, avec laquelle vous pourrez circuler librement. »

RENÉ.

C'est très ingénieux ; mais à quoi occupera-t-on tous ces remplaçants ?

DE CAYOLLE.

A la terre, qu'on néglige trop. Si cela continuait, dans cinquante ans d'ici, un laboureur coûterait vingt-cinq mille francs par an. Mais tout s'équilibrera et il y aura de la place pour tout le monde, quand tout le monde travaillera.

RENÉ.

Mais où prendra-t-on l'argent nécessaire pour payer tous ces travailleurs, car le numéraire ne pourra peut-être pas s'augmenter dans la proportion du travail ?

DE CAYOLLE.

Ah !... ah !... cela vous intéresse donc, ces questions-là ?

RENÉ.

Mais oui...

DE CAYOLLE.

Quand vous y aurez mis le nez une fois, vous ne voudrez plus en sortir ; rien n'est plus attachant que cette question de l'argent, qui est la question de tout le monde. Eh bien, quand le travail, capital sans limite, sera devenu général, comme en effet l'argent, le numéraire, capital limité, serait insuffisant pour représenter le travail, il est probable qu'on supprimera l'argent.

RENÉ, riant.

Oh! oh

DE CAYOLLE.

Très bien, je m'attendais à cette exclamation. Je l'ai déjà entendue vingt fois.

RENÉ.

Mais par quoi remplacer l'argent ? Cela me semble impossible.

DE CAYOLLE.

Impossible comme toutes les choses à trouver ; un jour, cela semblera tout simple comme toutes les choses faites. Tenez, autrefois... un Parisien achetait je suppose, une maison de campagne à Marseille pour cent mille francs. Qu'est-ce qu'il faisait ? Il mettait cent mille francs en écus sur une diligence et les expédiait au vendeur en les faisant escorter par deux gendarmes. En route, les voleurs attaquaient la diligence, tuaient les gendarmes et se partageaient l'argent. On renvoyait d'autres gendarmes à la poursuite des voleurs ; on se battait encore ; enfin, les voleurs étaient pris, on les pendait et la société était vengée. Mais avouez que c'était se donner bien de la peine pour acheter une maison de campagne. Un jour, un monsieur qui avait une forte somme à payer à une grande distance, et qui était un homme honorable, s'est dit : « Mais à quoi bon faire porter cette grosse somme à mon créancier, qui sera forcé lui-même, s'il la doit à une autre personne, de la faire transporter, et ainsi de suite ? A quoi bon déranger tant de gendarmes et tant de voleurs ? Je vais garder la somme chez moi, et écrire à mon vendeur que je la lui remettrai à sa première réquisition ; s'il a la même somme à payer, il enverra ma lettre à qui de droit, et ma lettre pourra faire le tour du monde, sans que le capital change de place. » Ce monsieur avait tout bonnement eu l'idée de la lettre de change, et, à partir de ce jour-là, on commença à s'apercevoir que l'argent n'était rien et que le crédit était tout. Mais je n'en finirais pas, si je voulais vous initier à ces grandes questions, et ce n'est pas de cela qu'il s'agit ; vous voulez gagner de l'argent en travaillant?

RENÉ.

Oui.

DE CAYOLLE.

D'où vous est venue cette résolution ?

RENÉ.

Elle m'est venue d'une enfant, laquelle m'a fait comprendre par le cœur, comme vous par le raisonnement, qu'un homme de mon âge ne doit pas vivre sans rien faire, et que ce que j'appelais indépendance finirait peut-être par s'appeler égoïsme.

DE CAYOLLE.

A la bonne heure. Eh bien, écoutez : je prépare une vaste opération dont je dois remettre les projets au ministre. Il s'agit tout simplement de défricher une partie des terres incultes qu'il y a en France. Venez me voir, et je vous donnerai un rapport à faire sur mon projet. Je vous fournirai tous les documents. Ce rapport vous coûtera beaucoup de peine, car vous n'êtes pas un homme pratique, et vous y direz sans doute beaucoup de folies ; mais je verrai bien à quoi vous êtes bon et ce que je pourrai faire de vous.

RENÉ.

Voilà tout ce que je voulais ; merci. Maintenant, encore un mot : que pensez-vous personnellement de Jean Giraud?

DE CAYOLLE.

Eh bien, ce Jean Giraud n'est pas bête, il s'en faut. C'est ce qu'on appelle, en affaires, un malin : il est déjà réellement riche ; il y a des chances pour qu'il fasse une fortune immense. Il sera peut-être un jour, par ses capitaux et l'élasticité de ses moyens, une des premières puissances brutales avec lesquelles les administrations les plus sérieuses sont quelquefois forcées de compter. Ces puissances-là sont rares, beaucoup, avant d'arriver au but, s'écroulent dans le scandale ; mais il en est qui résistent, et alors deviennent incontestables. Pourquoi ces questions sur M. Giraud ?

RENÉ.

Parce que je tenais à avoir sur lui l'opinion d'un homme comme vous.

DE CAYOLLE.

De Roncourt ne vient pas. Je n'ai pas le temps de l'attendre davantage. Vous restez ici?

RENÉ.

Oui.

DE CAYOLLE.

Voulez-vous bien vous charger de lui remettre ce petit paquet?

De Roncourt entre.

SCÈNE II

Les Mêmes, DE RONCOURT.

RENÉ.

Voici M. de Roncourt.

DE RONCOURT.

Je suis désolé de vous avoir fait attendre, cher ami, mais j'avais une affaire très importante à terminer. (A René.) Bonjour, René.

DE CAYOLLE.

J'ai attendu en très bonne compagnie. Je vous apporte...

DE RONCOURT.

Je comptais passer chez vous aujourd'hui pour vous remercier, cher ami ; je n'ai plus besoin de cette somme.

DE CAYOLLE.

Vos affaires sont arrangées ?

DE RONCOURT.

Oui.

DE CAYOLLE.

Ne craignez pas de me gêner, mon cher de Roncourt.

DE RONCOURT.

Cet argent m'est inutile, maintenant ; merci encore une fois, et de tout mon cœur.

DE CAYOLLE.

N'en parlons plus, et toujours à votre service. (A René.) A bientôt, cher ami.

RENÉ

A demain, si vous voulez.

DE CAYOLLE.

De bonne heure ?

RENÉ.

De bonne heure.

DE CAYOLLE, à de Roncourt.

Quand vous verra-t-on, vous ?

DE RONCOURT.

Dès que j'aurai un moment de libre, j'irai vous serrer la main.

DE CAYOLLE.

Au revoir ! Il sort.

SCÈNE III

RENÉ, DE RONCOURT.

DE RONCOURT.

J'ai cru que je n'en finirais pas avec cet avoué...

RENÉ.

Toujours pour les affaires de la comtesse ?

DE RONCOURT.

Toujours. Elle me les a laissées dans un désordre!... Elle a signé, avec son ancien intendant, des ventes, des locations, des reçus, des hypothèques !... C'est à ne plus s'y reconnaître. Aussi fait-elle des sacrifices énormes pour convertir ses propriétés en valeurs portatives. Elle a pu réaliser cinq cent mille francs qu'elle a confiés à M. Giraud. Quand elle aura tout vendu et tout payé, il lui restera quatre-vingt ou cent mille livres de rente au plus. D'un autre côté, voici ce qui m'arrive, à moi, personnellement. Vous savez que je redevais cent mille francs sur cette déplorable affaire d'autrefois; il y a trois semaines, on m'offrait une quittance générale contre dix mille francs. C'est cette somme que de Cayolle m'apportait tout à l'heure.

RENÉ.

Vous lui avez dit que vous n'en aviez plus besoin.

DE RONCOURT.

Parce que, aussitôt que mes créanciers ont appris que j'étais l'intendant de la comtesse Savelli, ils sont revenus sur moi avec une procédure en règle et m'ont réclamé la totalité de la dette, me disant de choisir entre le payement et Clichy.

RENÉ.

Mais les propositions qu'ils vous faisaient dernièrement?

DE RONCOURT.

Rien de signé, rien de fait. Savez-vous ce que l'homme d'affaires a eu l'aplomb de me dire?... Il m'a dit : « Tant » pis pour vous, c'est votre faute; vous avez été trop » honnête! »

RENÉ.

Quel joli reproche!...

ACTE TROISIÈME.

DE RONCOURT.

Ils consentent cependant à me laisser tranquille si je prends l'engagement de leur donner dix mille francs par an sur les quinze mille que je gagne. Avant un mois d'ici, la comtesse saura parfaitement à quoi s'en tenir sur sa position, elle me gardera près d'elle, j'en suis certain, mais avec trois ou quatre mille francs d'appointements. Il est vrai que, la comtesse ayant besoin d'argent, on vient tous les jours m'offrir des pots-de-vin pour que je lui fasse faire certains marchés... Oh! si je veux, je peux payer tout ce que je dois en un an, donner une grosse dot à ma fille, et garder dix mille livres de rente pour moi; seulement, la comtesse sera ruinée et je serai un voleur. Ce serait dur de commencer à soixante ans.

RENÉ.

Mais vous auriez payé ; là est toute la morale de l'argent : payez et vous serez considéré.

DE RONCOURT.

Vous comprenez, mon ami, qu'au milieu de toutes ces perplexités, mon plus grand souci, c'est l'avenir de ma fille. Sa situation est encore plus inquiétante qu'il y a un mois; si je venais à mourir...

RENÉ.

La comtesse...

DE RONCOURT.

Ne l'abandonnerait pas, je le sais bien ; mais vous connaissez Élisa : consentirait-elle à vivre de la charité? Est-ce là un avenir pour elle? Et la comtesse ne peut-elle pas mourir aussi?

RENÉ.

Que faire alors?... Si j'étais riche!...

DE RONCOURT.

Ah! cher enfant, si vous étiez riche, je sais bien ce

que vous feriez, mais vous ne l'êtes pas. Eh bien, au milieu de toutes ces mauvaises chances, il s'en présente une bonne. M. Giraud aime Élisa, il me l'a dit comme à vous, et il est venu me demander officiellement sa main. Je lui ai répondu que je consulterais ma fille, qui est en âge de disposer d'elle, et il doit aujourd'hui venir chercher sa réponse. Ce n'est pas là le bonheur comme le comprend Élisa, comme je le comprenais pour elle, mais c'est la fortune, c'est la tranquillité de mes vieux jours, c'est le bien-être matériel, c'est plus que tout cela, c'est la revanche d'un passé douloureux. M. Giraud est un parvenu, il est parti de très bas, il a ses ridicules; mais il est millionnaire, et les millionnaires qui épousent de pauvres filles sont rares dans tous les temps.

RENÉ.

Eh bien?

DE RONCOURT.

Eh bien, mon cher enfant, elle refuse.

RENÉ.

Connaît-elle votre position telle que vous venez de me la dire?

DE RONCOURT.

Oui.

RENÉ.

Et elle refuse toujours?

DE RONCOURT.

Nettement. Je n'ai pas osé insister, moi, son père, craignant de lui imposer un sacrifice au-dessus de ses forces; je lui en ai déjà bien assez imposé... et puis...

RENÉ.

Et puis?...

DE RONCOURT, avec émotion.

Et puis... je n'ai pas de secrets pour vous... j'ai eu

peur qu'elle n'eût, pour refuser ce mariage des raisons qu'elle ne pourrait ni ne voudrait me donner.

RENÉ.

Que voulez-vous dire?

DE RONCOURT.

Eh! mon pauvre enfant, on dit et on écrit beaucoup de choses sur l'argent; on ne connaîtra jamais certaines situations qu'il crée, d'autant plus douloureuses, d'autant plus poignantes, qu'elles doivent rester secrètes. J'ai ruiné ma fille, moi, pour une cause honorable, c'est vrai, mais enfin je l'ai dépossédée de l'héritage de sa mère, je l'ai privée de l'unique moyen que la société offre à une femme pour qu'elle soit heureuse épouse et heureuse mère. Elle ne m'a rien dit, elle ne m'a pas fait un reproche. Elle a accepté le sacrifice avec courage, avec noblesse, avec bonheur. De quel droit viendrais-je aujourd'hui lui demander les comptes de son cœur, à elle qui ne me demande pas les comptes de sa fortune? L'homme qu'elle aimait paraissait bon et loyal, il avait du talent, de l'avenir; j'ai tout espéré de son honneur et du temps. Pouvais-je, d'ailleurs, surveiller ma fille minute par minute? Ne fallait-il pas vivre, ne fallait-il pas que j'allasse, dans un bureau, gagner mon pain de chaque jour, tandis qu'elle gagnait le sien de son côté? Quand j'ai appris que cet homme allait se marier, quand j'ai vu la douleur d'Élisa, j'ai couru chez ce Max Hubert; je lui ai demandé, à lui, la vérité que je n'osais pas lui demander à elle; je l'ai supplié, moi, de ne pas abandonner mon enfant. Il m'a juré que son honneur n'était engagé en rien, qu'il était libre comme elle. Cet homme a-t-il menti? Oh! mon pauvre enfant, j'ai bien souffert depuis deux ans; mais cela me fait du bien, de pouvoir le dire enfin à un homme de cœur comme vous.

RENÉ.

Je vous remercie de cette preuve de confiance, j'en

suis digne, croyez-le. Vous avez raison; il est des questions si délicates, qu'elles ne peuvent être agitées entre un père et sa fille. C'est là qu'un ami doit intervenir. Voulez que je voie mademoiselle de Roncourt?

DE RONCOURT.

Oui, vous m'avez deviné. Si vous me dites, après votre conversation avec Élisa, que le mariage est impossible, nous n'en parlerons plus.

RENÉ.

Je suis certain que vous vous trompez et que tout s'arrangera.

DE RONCOURT.

Dieu vous entende! mais la destinée me poursuit depuis plusieurs années avec une telle obstination, que, par moments, je m'avoue vaincu, et je doute de tout...

LE DOMESTIQUE.

M. Jean Giraud.

RENÉ.

Il n'y a pas de mal que je cause avec lui avant de causer avec elle. (Il serre la main de M. de Roncourt.) A tout à l'heure.

De Roncourt sort.

SCÈNE IV
RENÉ, JEAN.

JEAN, entrant.

Bonjour, mon cher maître. M. de Roncourt n'est pas là?...

RENÉ.

Il y était à l'instant. Il va revenir.

JEAN.

Eh bien, avez-vous pensé à ce que je vous ai proposé?

RENÉ.

Non. La définition que vous m'avez donnée des affaires ne m'y encourage pas.

JEAN.

Et vous comptez faire fortune, cependant; votre cousine me l'a dit.

RENÉ.

Non; je compte augmenter un peu mes ressources, voilà tout.

JEAN.

Comment vous y prendrez-vous, s'il vous plaît?

RENÉ.

J'essayerai d'utiliser les facultés que Dieu m'a données, le courage, l'intelligence et la probité.

JEAN.

Oui, oui, oui! c'est autre chose, alors; savez-vous ce que cela vaut au temps où nous sommes, les facultés que Dieu vous a données? C'est un prix fait comme pour les petits pâtés. Le courage, ça vaut un sou par jour, si vous voulez vous faire soldat; l'intelligence, cent francs par mois, si vous voulez vous faire commis, et la probité, trois mille francs par an, si vous pouvez arriver à être caissier. Maintenant, il y a un moyen de vous enrichir tout de suite et par vous-même... Avez-vous une idée?... Une simple idée, comme celle qu'a eue un monsieur, un jour, d'acheter en gros, pendant trois ans, aux boulangers de Paris, toute la braise qu'ils vendaient en détail aux petits ménages parisiens. Il a revendu trois sous ce qu'il payait deux, et il a gagné cinq cent mille francs. Ayez une idée de ce genre-là, votre fortune est faite. Mais vous ne l'aurez pas; ces idées-là ne viennent qu'aux gens qui se promènent, l'hiver, à six heures du soir, sous une petite pluie fine, avec un habit râpé, dans des souliers douteux, en regardant s'ils ne trouveront pas dix sous entre deux pavés, et en se demandant comment ils souperont. J'ai passé par là, moi, je sais ce que c'est; mais vous, vous n'êtes pas un pauvre, vous êtes un homme qui n'est pas assez riche. Il y a une fière différence, allez!... Il est vrai que vous êtes un homme du monde... Eh bien, enrichissez-vous comme un grand seigneur. Vous avez bien des ressources que nous n'avons pas. Épousez une fille laide, élevée dans l'arrière-boutique d'un commerçant qui voudra tâter de la noblesse, ou bien encore...

RENÉ.

Assez, monsieur Giraud. Nous ne nous comprendrons jamais, sur ce sujet du moins. Revenons à vous. Vous voulez, vous, épouser une fille pauvre, c'est là une résolution honorable, si elle est sans arrière-pensée.

JEAN.

Quelle arrière-pensée puis-je avoir?

RENÉ.

C'est bien parce que vous aimez mademoiselle de Roncourt que vous voulez l'épouser?

JEAN.

Oui.

RENÉ.

Et vous voulez vous faire accepter par le monde dont elle est?

JEAN.

C'est tout naturel.

RENÉ.

Avez-vous bien réfléchi? Êtes-vous bien décidé? Savez-vous bien à quoi cela vous engage à l'égard du monde dans lequel vous allez entrer?

JEAN.

Oui.

RENÉ.

Alors, je puis user de l'influence que j'ai sur mademoiselle de Roncourt pour la décider à ce mariage.

JEAN.

Comment! la décider?

RENÉ.

Elle hésite..

JEAN.

Pour quel motif?

RENÉ.

Quel que soit le motif, il ne peut être qu'honorable. Je le combattrai, je l'ai promis à son père, je vous le promets.

JEAN.

Eh bien, la voici, je m'en vais retrouver son père; je reviendrai savoir ce qu'elle vous aura dit...

ÉLISA, entrant, à René.

Mon père m'a dit que vous aviez à me parler.

RENÉ.

C'est vrai.

ÉLISA.

Me voici.

JEAN.

Mademoiselle...

ÉLISA.

Monsieur...

JEAN.

Je vous laisse avec M. de Charzay, puisque vous avez à causer ensemble.

Il salue et sort.

SCÈNE V
RENÉ, ÉLISA.

ÉLISA.

Qu'est-ce que vous avez donc à me dire?

RENÉ.

J'ai à vous parler de choses sérieuses. Vous savez ce que vient faire aujourd'hui M. Giraud chez votre père?

ÉLISA.

Il vient chercher une réponse à mon sujet.

RENÉ.

Eh bien?

ÉLISA.

Eh bien, j'ai refusé.

RENÉ.

Pourquoi?

ÉLISA.

Comment! c'est vous qui me le demandez? Parce que, je vous l'ai dit dernièrement, j'ai encore trop de cœur pour épouser un homme que je n'aime pas.

RENÉ.

N'avez-vous consulté personne?

ÉLISA.

Dans ces questions-là, on ne prend conseil que de soi-même. Cependant, M. Durieu, sa femme, Mathilde, m'ont conseillé ce mariage au point de vue de mes intérêts. La comtesse, à qui mon père en a écrit, m'a envoyé quatre pages d'exhortations.

RENÉ.

On vous a donné là de sages conseils.

ÉLISA.

Vous aussi! quelle cause plaidez-vous là?

RENÉ.

Je plaide la cause de votre avenir.

ÉLISA.

Mon avenir est assuré maintenant.

ACTE TROISIÈME.

RENÉ.

Non, et les embarras sont peut-être plus graves qu'il y a un mois, vous le savez bien.

ÉLISA.

Cependant, mon père n'a pas insisté, lui!...

RENÉ.

Il a eu peur, après votre refus formel, de paraître vouloir vous imposer un sacrifice plus grand encore que celui qu'il vous a demandé autrefois.

ÉLISA.

Alors, mon père désire ce mariage?

RENÉ.

Votre père voudrait vous voir heureuse.

ÉLISA.

Et vous?

RENÉ.

Moi, qui comprends tous les dévouements, je lui ai promis de vous décider.

ÉLISA.

Vous me conseillez d'épouser M. Giraud?

RENÉ.

Oui.

ÉLISA.

Si vous aviez une sœur, lui donneriez-vous un semblable conseil?

RENÉ.

Si j'avais une sœur, je pourrais faire pour elle ce que je ne puis faire pour vous; car, bien que je vous aime comme une sœur, pour le monde vous m'êtes étrangère. Si j'avais une sœur et qu'elle se fût trouvée dans la position où vous vous êtes trouvée il y a deux ans, s'il se présentait pour elle un mariage comme celui qui se présente pour vous, si ce mariage pouvait, à mon point de vue, la rendre heureuse plus tard, et en tout cas lui apporter le bonheur matériel et la tranquillité des dernières années de son père, je lui prendrais les mains et je lui dirais : « Ce n'est pas le bonheur tel que tu l'avais rêvé, mais c'est peut-être la seule compensation que la vie puisse t'offrir aux chagrins du passé, marie-toi, à moins... »

ÉLISA.

A moins ?...

RENÉ.

« A moins que l'amour que tu as éprouvé autrefois ne te mette dans l'impossibilité de te marier jamais... » Et comme elle serait ma sœur, comme elle saurait qu'elle n'a pas de meilleur ami que moi, elle me dirait le secret de sa vie qu'elle n'a pu dire à son père, et...

ÉLISA.

Et, conseillée par un frère aussi dévoué, elle pourrait peut-être se marier... quand même, n'est-ce pas?

RENÉ.

Élisa !...

ÉLISA

Vous vous êtes dit : « Voilà une fille qui a probablement commis une faute ; moi qui suis un honnête homme, je l'épouserais peut-être malgré ce qu'on a pu dire, mais plus tard, dans dix ans, à l'âge où l'on ne demande plus compte à une femme de son passé ; » et vous avez fait dernièrement à la pauvre fille l'aumône d'une espérance. Mais, aujourd'hui, il se présente un homme riche, le fils d'un ancien valet de votre père, peu importe, qui me fait l'honneur de me demander en mariage : c'est un grand bonheur pour moi ; et M. Giraud est bien bon, en effet, car une fille pauvre, cela ne s'épouse pas, cela s'achète. J'aurais donc bien tort de ne pas l'épouser. C'est juste, je n'avais pas pensé à tout cela, et je dois me trouver trop heureuse! Merci, monsieur de Charzay, vous m'ouvrez les yeux ; je ne voyais pas la vie sous cet aspect; un mot de vous a fait plus sur moi que n'auraient fait peut-être les prières de mon excellent père. (Elle sonne.) Eh bien, c'est dit...

RENÉ.

Que faites-vous?...

ÉLISA.

Je suis le conseil que vous venez de me donner. (Au domestique qui entre.) Priez mon père et M. Giraud de se rendre ici. Le domestique sort.

RENÉ.

Adieu!

ÉLISA.

Oh! ne vous en allez pas; je veux que tous ceux qui ont intérêt à mon bonheur sachent clairement à quoi s'en tenir sur ma vie.

De Roncourt et Giraud entrent.

SCÈNE VI

Les Mêmes, DE RONCOURT, JEAN.

ÉLISA, allant à Jean.

Monsieur, mon père m'a communiqué la demande que vous lui avez faite de ma main ; êtes-vous toujours dans les mêmes intentions?

JEAN.

Toujours, mademoiselle...

ÉLISA.

En échange de cette preuve d'estime et de confiance, dont je vous serai éternellement reconnaissante, quoi qu'il arrive, preuve que pouvait seule donner à une fille sans fortune un homme qui, lui aussi, a connu la misère, j'ai à vous donner, moi, une preuve de franchise et de loyauté, après laquelle vous serez encore libre de reprendre votre parole. Cette confession, je vous la fais devant mon père et M. de Charzay, qui est après mon père mon meilleur ami. J'ai dû épouser, il y a trois ans, un homme que j'aimais. Toutes mes espérances s'étaient réfugiées dans cet amour; car, ruinée tout à coup, j'avais vu en un instant s'éloigner de moi tous ceux qui, la veille, recherchaient ma main, remplacés par les gens qui ont le courage d'apprendre à une pauvre fille que la misère et la beauté sont encore une fortune pour elle. L'homme que j'aimais était pauvre, il avait tout son avenir à faire; je voulus attendre pour devenir sa femme que, mon père ou moi, nous eussions retrouvé une position qui nous permît de n'imposer aucune charge à mon mari. Cette situation dura un an; pendant un an, mon fiancé fut reçu par mon père comme un fils, par moi comme un frère. Au bout d'un an, ses tentatives vers la fortune n'avaient rien produit. Il était bon, mais il était faible; la lutte le décourageait. Il était aimé d'une fille riche dont la famille l'agréait. Il me dit de prononcer sur sa destinée; je lui rendis sa parole. Le monde jugea et commenta ma conduite de différentes façons, et des cœurs qui m'étaient restés chers ont peut-être douté de moi. Voilà le passé, monsieur; quant à l'avenir, je puis affirmer que je serai ce que j'ai toujours été, une honnête femme.

JEAN, à de Roncourt.

Monsieur de Roncourt, je vous renouvelle ma demande. Voulez-vous m'accorder la main de votre fille?

ÉLISA, à de Roncourt.

Êtes-vous content, mon père?

DE RONCOURT.

Chère enfant...

JEAN, à René.

Eh bien?

RENÉ, à Jean.

Vous vous conduisez comme un galant homme, monsieur Giraud.

JEAN.

Vous m'approuvez ?...

RENÉ.

De tout mon cœur...

JEAN, à part.

Comme ils sont émus tous! ces gens-là sont plus forts que toi, mon ami Giraud ; ils t'ont mis dedans.

ACTE QUATRIÈME

Salon chez la comtesse.

SCÈNE PREMIÈRE

LA COMTESSE, MATHILDE, MADAME DURIEU DURIEU.

MADAME DURIEU.

Que c'est aimable à vous, chère comtesse, de nous avoir fait prévenir tout de suite de votre arrivée ! Vous avez fait un bon voyage ?

LA COMTESSE.

Excellent ! Et vous, mon cher monsieur Durieu, vous vous êtes toujours bien porté ?

DURIEU.

Toujours ; j'ai une santé de fer.

LA COMTESSE.

J'espère qu'il s'est passé des événements, en mon absence.

MADAME DURIEU.

Et très heureux tous.

DURIEU.

Mademoiselle de Roncourt va faire un mariage superbe.

MADAME DURIEU.

C'est vous qui leur avez porté bonheur, au père et à la fille.

ACTE QUATRIÈME.

LA COMTESSE.

Le père est un bien digne homme. Il a débrouillé mes affaires avec une intelligence et une loyauté inappréciables; aussi...

DURIEU.

Il y a des gens comme cela; ils ne font bien que les affaires des autres.

LA COMTESSE.

Et M. de Charzay, qu'est-il devenu?

MADAME DURIEU.

Il y a longtemps que nous n'avons entendu parler de lui...

MATHILDE.

Il a quitté Paris pendant quinze jours.

DURIEU.

Qui est-ce qui te l'a dit?

MATHILDE.

C'est M. de Cayolle.

LA COMTESSE.

Et où est-il allé?

MATHILDE.

En Sologne.

DURIEU.

Ça ne peut pas être pour son plaisir.

MATHILDE.

M. de Cayolle l'avait chargé de se mettre en rapport avec deux ou trois propriétaires, et de voir quels ont été, à son avis, les meilleurs résultats de fertilisation obtenus jusqu'à ce jour; ce qui est, par exemple, le plus économique, de la marne ou de la chaux.

DURIEU

Tu dis?

MATHILDE.

Je dis que le sol de ce pays se divise en terres siliceuses, c'est-à-dire en terres contenant des pierres en grande quantité, et en terres calcaires, renfermant beaucoup de chaux et quelquefois même de la magnésie; alors...

DURIEU.

Qu'est-ce que tu racontes?

MATHILDE.

Je vous explique la composition du sol, et je vous expliquerai, après, les différents procédés de fertilisation.

DURIEU.

Merci! qu'est-ce que c'est que cette plaisanterie!

MATHILDE.

Papa, je ne plaisante pas.

DURIEU.

Et où as-tu étudié la fertilisation de la Sologne?

MATHILDE.

Dans un gros livre d'agriculture.

DURIEU.

Que tu as trouvé?...

MATHILDE.

Chez vous.

DURIEU.

J'ai des livres sur l'agriculture, moi!...

MATHILDE.

Oui, papa, très bien reliés, dans votre bibliothèque.

DURIEU.

Tiens!... et tu les as lus?

MATHILDE.

J'ai voulu voir si René aurait beaucoup de peine à faire le travail que M. de Cayolle lui a demandé, et j'ai vu qu'avec de la patience et l'intelligence qu'il a il s'en tirerait très bien. C'est très intéressant, l'agriculture!

LA COMTESSE.

Elle a raison; elle pourra faire ce que je n'ai pas fait, elle pourra faire valoir ses terres elle-même, quand elle sera mariée.

MATHILDE.

Oh! quand je serai mariée! j'ai le temps d'étudier, alors.

DURIEU.

Tu es si difficile!

MATHILDE.

Oh!... papa, vous ne pouvez pas dire cela.

DURIEU.

On t'a présenté M. de Bourville, tu ne veux pas de lui.

LA COMTESSE.

Il est pourtant très bien.

MADAME DURIEU.

Vous le connaissez, comtesse?

LA COMTESSE.

Oui.

DURIEU.

C'est un homme charmant.

LA COMTESSE.

Et dans une très bonne position, je crois.

MATHILDE.

Il n'est pas riche!

DURIEU.

Comment, pas riche?

MATHILDE.

Mais non.

DURIEU.

Il a deux cent cinquante mille francs.

MATHILDE.

En terres.

DURIEU.

Il peut vendre.

MATHILDE.

Non. C'est un majorat régulier, c'est un immeuble inaliénable.

DURIEU.

Où as-tu encore appris?

MATHILDE.

Toujours dans la bibliothèque.

LA COMTESSE.

Mais il a une tante...

DURIEU.

Dont il est l'unique héritier, et qui est très malade...

MATHILDE.

Il n'y a plus d'espoir, elle est sauvée !

MADAME DURIEU.

Mathilde!

MATHILDE.

C'est que je suis un très bon parti, moi : j'apporte deux cent cinquante mille francs de dot... argent... sans compter les espérances.

DURIEU.

Les espérances!... j'espère bien...

MATHILDE.

Oh! moi aussi, mon cher papa... j'espère bien que vous vivrez longtemps; mais si le mot espérance signifie deux choses, ce n'est pas ma faute. Vous allez vous associer avec M. Giraud, vous allez faire une très grande fortune.

DURIEU.

Tu as un frère!

ACTE QUATRIÈME.

MADAME DURIEU.

Comment se fait-il que nous ne recevions pas de ses nouvelles ?

DURIEU.

J'en ai reçu.

MATHILDE.

Où est-il donc? pourquoi ne revient-il pas?

DURIEU.

Il s'est trouvé... arrêté... en route. (A Mathilde.) Tu disais?...

MATHILDE.

Je disais que je serai trop riche, un jour, pour épouser M. de Bourville.

DURIEU.

Tu voulais bien épouser ton cousin !

MATHILDE.

Parce que je croyais l'aimer.

LA COMTESSE.

Vous ne l'aimez plus?

MATHILDE

Non, madame, il ne m'aimait pas ; du reste, je ne demande pas mieux que d'épouser M. de Charzay... M. de Bourville, veux-je dire, si vous y tenez absolument; mais peut-être se présentera-t-il quelque chose de mieux. Élisa, qui n'a rien, fait bien un très bon mariage; pourquoi n'en ferais-je pas un aussi beau? d'autant plus que je sais ce qu'il me faut maintenant; il me faut un homme mûr, très mûr, et que j'aimerai bien, comme un père.

DURIEU, à sa femme.

Y comprenez-vous quelque chose?

MADAME DURIEU.

Absolument rien.

LA COMTESSE.

J'ai fait un mariage dans ce genre-là, ce n'est donc pas à moi d'en dire du mal. Eh bien, chère enfant, j'ai peut-être ce qu'il vous faut.

MATHILDE.

Vraiment?

LA COMTESSE.

Un parent à moi m'a écrit qu'il voulait se marier. Il est riche!

MATHILDE.

Combien a-t-il?

LA COMTESSE.

Dix-huit cent mille francs.

MATHILDE.

C'est magnifique!... Quel âge?

LA COMTESSE.

Cinquante-cinq ans.

MATHILDE.

A merveille!

LA COMTESSE.

Mais il a la goutte.

MATHILDE.

Quel bonheur! je le soignerai;... nous resterons ensemble au coin du feu, comme ce sera amusant! Où est-il?

LA COMTESSE.

Ah! il est loin.

MATHILDE.

Où donc?

LA COMTESSE.

A Batavia; mais il ne demande qu'à revenir.

MATHILDE.

Et croyez-vous que je lui conviendrai?

LA COMTESSE.

J'en suis certaine... d'ailleurs, il s'en rapporte à moi.

MATHILDE.

Eh bien, papa, qu'en dites-vous?... J'espère que voilà un bon mariage!

DURIEU.

Est-ce que tu n'as pas peur d'être folle?

MATHILDE.

J'ai peur d'être trop raisonnable, au contraire.

DURIEU.

Tu consentiras, toi, à vivre toute ta vie avec un homme de cinquante-cinq ans?

MATHILDE.

Toute ma vie, non, mais toute la sienne, ce n'est pas la même chose. En tout cas, vous n'êtes pas pressé de me marier; six mois de plus ou de moins, qu'est-ce que cela fait! Madame la comtesse va écrire à son parent, il pourra être ici dans trois mois et demi. Il faut cinquante jours pour aller à Batavia

DURIEU.

Dis un peu où est Batavia?

MATHILDE.

C'est la capitale de l'île de Java... (A Giraud qui entre.) N'est-ce pas, monsieur Giraud?

SCÈNE II

LES MÊMES, JEAN.

JEAN.

Quoi, mademoiselle?

MATHILDE.

Que Batavia est la capitale de Java?

JEAN.

C'est bien possible, mademoiselle ; mais vous savez que je suis un ignorant, moi. Je ne connais que les pays avec lesquels je fais des affaires... Batavia n'est pas encore coté. (A la comtesse.) Madame la comtesse, j'ai appris votre retour. je viens mettre mes hommages à vos pieds.

LA COMTESSE.

Je suis enchanté de vous voir, mon cher monsieur Giraud.

JEAN, à madame Durieu.

Votre santé est bonne, madame?

MADAME DURIEU.

Excellente, monsieur.

JEAN.

Et vous, mon cher Durieu?

DURIEU.

Je vais très bien.... Et nos petites affaires?

JEAN.

Ne parlons donc pas d'affaires devant les dames. Les affaires!... Elles vont toujours bien.

LA COMTESSE.

Mon cher monsieur Giraud, j'ai appris votre mariage prochain, recevez tous mes compliments ; vous aurez là une femme charmante, que j'aime et que j'apprécie à sa valeur, et voici mon cadeau de noces : à Londres, j'ai rencontré un de mes amis, ministre d'une principauté allemande ; il venait en Angleterre pour contracter un emprunt, au nom de son gouvernement, à des conditions fort avantageuses pour le prêteur. Je lui ai parlé de vous ; il sera ici dans trois jours, et vous soumettra le projet. Ce sera pour vous un commencement de relations très importantes et très honorables.

JEAN.

Comment vous remercier, madame?

ACTE QUATRIÈME.

LA COMTESSE.

Et, le soir de la signature de votre contrat, qui sera signé chez moi, je vous présenterai à mes meilleurs amis; un homme qui emploie sa fortune comme vous mérite tous les encouragements possibles.

MATHILDE.

Quel malheur, mon cher papa, que mon frère ne soit pas ici pour le mariage d'Élisa!

JEAN.

Il y sera, mademoiselle.

DURIEU.

Qu'en savez-vous?

JEAN.

Je viens de le voir.

DURIEU.

Où donc?

JEAN.

Chez moi.

MADAME DURIEU.

Comment se fait-il qu'en arrivant, sa première visite n'ait pas été pour son père?

JEAN.

Maintenant que le danger est passé, nous pouvons tout vous dire.

MADAME DURIEU.

Le danger!

JEAN.

Tranquillisez-vous, madame... Figurez-vous, madame la comtesse, que ce pauvre Gustave Durieu, à qui je serai toujours dévoué, car c'est à lui que je dois l'honneur de connaître toutes les personnes qui sont ici : ce pauvre Gustave avait fait des lettres de change pour une misère... pour six mille francs, et on l'avait mené là-haut.

LA COMTESSE

Là-haut?

JEAN.

Oui; c'est le terme dont se servent les gardes du commerce pour ne pas dire Clichy ; mais Gustave m'a écrit, et ce matin, j'ai payé Mathieu, c'est le garde en question, et Gustave a été mis en liberté.

MATHILDE.

C'est très bien, cela, monsieur Giraud.
Madame Durieu essuie ses yeux silencieusement.

DURIEU.

Vous vous êtes mêlé là, mon cher Giraud, d'une chose qui ne regardait que moi.

LA COMTESSE.

M. Giraud a eu raison : le fils de M. Durieu ne doit pas être à Clichy.

DURIEU.

Ils y sont très bien! trop bien même, puisqu'ils y retournent. Je ne l'y aurais certainement pas laissé ; mais je voulais lui donner une leçon.

JEAN.

Vous la lui donnerez une autre fois ; il a souscrit des lettres de change, vous pouvez être tranquille, il en souscrira encore, puisqu'il y a toujours des gens assez bêtes pour donner leur argent, leur bon argent contre des lettres de change de fils de famille. Si les jeunes gens s'entendaient, ils formeraient une société anonyme, au capital d'un ou deux millions de lettres de change; ils les feraient escompter par ces misérables usuriers à 25 ou 30 pour 100, et moi, le banquier de la compagnie je me chargerais de faire rapporter 60 pour 100 à l'argent encaissé. Ce serait une spéculation certaine, on pourrait créer des actions... secrètes, comme toutes les bonnes actions. Il y a une idée dans tout, vous le voyez, mon cher Durieu ; et, en attendant, je ne pouvais pas permettre, dans mon intérêt même, que le fils de mon futur associé fût sous le coup d'une semblable poursuite; la raison l'interdisait... la raison sociale surtout.

DURIEU.

C'est bien! c'est six mille francs que je vous dois.

JEAN.

Plus les frais; mais je suis sans inquiétude : j'ai une couverture.

MADAME DURIEU, à Jean.

Merci, monsieur.

DURIEU.

Est-ce que monsieur mon fils est chez moi?

JEAN.

Il vous attend.

DURIEU.

C'est bien, je vais le retrouver.

LE DOMESTIQUE, entrant.

On vient d'apporter les étoffes que madame la comtesse a envoyé demander.

LA COMTESSE.

J'y vais; qu'on attende!... — Accompagnez-moi, ma chère madame Durieu ; ce sont des étoffes de robes pour notre mariée.

DURIEU.

Adieu, comtesse!

LA COMTESSE.

Au revoir, mon cher monsieur Durieu.

Il sort.

JEAN, à la comtesse.

Il est furieux! Ces bourgeois sont tous les mêmes!

MADAME DURIEU.

Viens avec nous, Mathilde.   Élisa entre.

MATHILDE.

Voici Élisa! je reste avec elle.

<small>Élisa va à la comtesse et à madame Durieu, qui l'embrassent.</small>

LA COMTESSE.

Nous nous retrouverons là; nous allons nous occuper de vous. <small>Elle sort avec madame Durieu.</small>

JEAN, à Élisa.

Moi aussi, mademoiselle, je vais m'occuper de vous; c'est ma seule excuse pour vous quitter sitôt.

<small>Il lui baise la main, salue Mathilde et sort. — Au moment où il ouvre la porte, il se trouve en face de M. Durieu.</small>

JEAN.

Vous étiez encore là?

DURIEU.

Oui, je vous attendais.

<small>Ils referment les portes et s'en vont ensemble.</small>

SCÈNE III

ÉLISA, MATHILDE.

MATHILDE.

Tu as complètement métamorphosé M. Giraud; ce que c'est que l'amour! il avait tout à l'heure des airs de grand seigneur qui réjouissent les yeux! La comtesse ne le reconnaissait pas. Tu sais que tu vas être très heureuse avec ce mari-là.

ÉLISA.

Tu le crois?

MATHILDE.

J'en suis sûre, il t'adore! il nous a priées, maman et moi, de l'aider pour ta corbeille de mariage; elle sera magnifique; il ne trouvait rien de trop beau ni de trop cher; il a vu la corbeille de la fille du duc de Riva, qui épouse un prince valaque, il a voulu que la tienne fût toute pareille; seulement, il a jeté au milieu une grande rivière en diamants qui coule paisiblement entre deux rives de dentelles. Et comme on parle de ce mariage!

ÉLISA.

Que dit-on?

MATHILDE.

Nous avons été exprès, maman et moi, faire des visites pour entendre ce que l'on disait. Les femmes que tu as connues autrefois font une figure! C'est si agréable de plaindre les gens! on s'était si bien habitué à dire : « Eh bien, cette pauvre mademoiselle de Roncourt, elle ne se marie donc pas? Mon Dieu, comme c'est malheureux! » Maintenant, ce n'est plus cela : « Mademoiselle de Roncourt épouse un financier, elle va être très riche; elle est protégée par la comtesse Savelli, elle va avoir une des bonnes maisons de Paris. » On ne peut plus la plaindre, c'est bien triste! il faut l'envier et alors on dit : « Il faut avouer qu'elle a du bonheur! Sans fortune, faire un pareil mariage, quand il y a tant de filles à marier dans une meilleure position qu'elle... » A entendre certaines gens, quand on a du bonheur, il semblerait toujours qu'on le prend à quelqu'un. Le bonheur vient pourtant de Dieu, qui est bien libre de le distribuer comme il l'entend; et qui est-ce qui mérite plus que toi d'être heureux ou heureuse? car je ne sais pas s'il faut le masculin ou le féminin.

ÉLISA.

Tu es charmante!

MATHILDE.

Non; je t'aime bien, voilà tout. Du reste, tu as pu voir aussi changer le vent autour de toi depuis que tes bans sont publiés.

LE DOMESTIQUE.

Des lettres pour mademoiselle.

Il dépose les lettres et sort.

ÉLISA.

Voilà ma réponse! ce sont les lettres d'aujourd'hui; j'en reçois tous les jours autant.

MATHILDE.

Et tu ne les lis pas?

ÉLISA.

Je ne lis plus... Je sais d'avance ce qu'elles contiennent.

MATHILDE, prenant trois lettres.

Au hasard! moi qui n'en ai pas encore lu une seule... Commençons par la plus vilaine écriture. (Elle lit.) « L'homme que vous épousez est un scélérat. » (Parlé.) Rien que ça! (Elle lit.) « Si vous voulez des détails, écrivez à M. Jules, poste restante, *qu'il* vous en donnera... Je vous salue... » (Parlé). Pas de signature... seulement, scélérat est écrit: c, é, l, é, r, a, et il n'y a pas d'*e* à salue. Une lettre anonyme, c'est toujours bien vilain; mais sans orthographe, c'est encore plus laid; qu'en penses-tu?

ÉLISA.

Voilà peut-être la dixième lettre de ce genre-là que je reçois.

MATHILDE, jetant la lettre au feu.

Tu les a jetées au feu?

ÉLISA.

Tout bonnement.

MATHILDE.

Tiens, en voici une de Gabrielle Valbray

ÉLISA.

Dont je n'ai pas entendu parler depuis quatre ans... Tu te la rappelles?

MATHILDE.

Je le crois bien! elle était dans les grandes à la pension... quand j'étais encore dans les petites; mais nous

nous moquions tant d'elle ! elle était très orgueilleuse...
Son père s'était enrichi dans les suifs, et elle était toujours de mauvaise humeur parce que sa mère lui faisait porter des bouts de manche pour qu'elle n'usât pas ses robes au coude, comme les écrivains publics. Elle a épousé M. de Valbray, receveur particulier.

ÉLISA.

Et elle me complimente sur mon mariage ?

MATHILDE.

Elle en est si heureuse, que c'est à n'y pas croire. (Elle jette la lettre au feu et en ouvre une autre.) « Mademoiselle, au moment de votre mariage, permettez-moi de vous rappeler ma maison... »

ÉLISA, prenant la lettre.

Benoît, marchand de nouveautés, qui a été notre fournisseur pendant plusieurs années et qui a fait saisir chez nous pour 125 francs. N'en lis pas davantage... c'est toujours la même chose ; parlons de toi. Voyons, quand te maries-tu, toi aussi ?

MATHILDE.

Oh ! moi, je ne me marierai pas de sitôt.

ÉLISA.

Pourquoi donc ?

MATHILDE.

Parce que, figure-toi qu'on est forcé de me faire venir un mari de Batavia. C'est de l'importation.

ÉLISA.

Qu'est-ce que cela signifie ?

MATHILDE.

Cela signifie que je veux gagner du temps.

ÉLISA.

Pour ?...

MATHILDE.

Pour que René ait une position et puisse m'épouser.

ÉLISA.

C'est convenu entre M. de Charzay et toi?

MATHILDE.

Non, il ne s'en doute pas; il ne soupçonne même pas qu'il m'aime, mais il m'aimera. Ce ne serait pas la peine que les verbes eussent un futur, si l'on ne s'en servait pas. Il a suivi le conseil que je lui ai donné; il s'est mis au travail. Quand il aura une position suffisante, il sera tout étonné de s'apercevoir qu'il m'aime... Où trouvera-t-il une meilleure femme que moi?

ÉLISA.

C'est vrai!

MATHILDE.

Je suis très maligne, va; j'avais écrit hier à la comtesse pour la prévenir, et elle est entrée très gentiment dans ma petite combinaison, sans même m'en demander la cause ni le but. Si j'avais dit la vérité à mon père, il aurait poussé les hauts cris! Au lieu de cela, il va attendre patiemment le parent de la comtesse. C'est un cousin à elle, le monsieur de Batavia que nous avons inventé. Voilà un homme qui va avoir des aventures! car tu comprends que son arrivée est soumise aux hasards des tentatives de René. Il va avoir la fièvre jaune, ce pauvre homme; il va faire naufrage; il sera sauvé... il donnera de ses nouvelles; enfin il arrivera en France, à Paris même... je veux qu'il vienne jusqu'à Paris; mais, en mettant le pied hors du wagon, il glissera, tombera sur les rails et sera coupé en deux. Ce sera affreux, mais il n'y a pas moyen de faire autrement, tant pis pour lui! Et René et moi, nous nous marierons au milieu des feux de Bengale, comme dans une féerie, et nous serons très heureux! Mais tu ne m'écoutes plus! Qu'est-ce que tu as? tu pleures, Élisa?

ACTE QUATRIÈME.

ÉLISA, se jetant dans ses bras.

Ma bonne petite Mathilde!

MATHILDE.

Que t'arrive-t-il? Je ne veux pas que tu sois malheureuse; et moi qui ne devine pas que tu as un chagrin! Voyons, qu'as-tu? que veux-tu que je fasse? Ne veux-tu plus épouser M. Giraud? Je le lui dirai, si tu n'oses pas le lui dire. Je vais aller chercher ton père, je lui parlerai, moi.

ÉLISA.

Mon père n'est pas ici; il s'occupe de tous les préparatifs de ce mariage qui se fera, qui doit se faire.

MATHILDE.

Mais pourquoi pleures-tu?

ÉLISA.

Ce n'est rien; j'ai mal aux nerfs! Je suis ainsi depuis quelques jours. Ce brusque changement de position, ces faux témoignages de sympathie qui m'arrivent de tous côtés, les souvenirs de mon passé que toi-même as évoqués un jour devant moi, une sensibilité trop grande, surexcitée par ces derniers événements, tout cela ressemble au chagrin et me donne par moments des envies de pleurer. Affaire de nerfs, je te le répète; tu vois, c'est passé. Cela m'a fait du bien, de pleurer un peu. Tu as eu une idée excellente; comme tu seras gentille en mariée!

MATHILDE.

Oui... oui... je serai très gentille.

LE DOMESTIQUE, annonçant.

M. René de Charzay.

MATHILDE, faisant un mouvement vers la porte.

Il arrive bien.

ÉLISA, essuyant ses yeux.

Silence! (A Mathilde.) Je te défends... je te prie de ne lui rien dire.

MATHILDE, la regardant.

C'est bien... sois tranquille.

RENE, entrant.

Bonjour, Mathilde... Ta mère t'attend en bas pour s'en aller avec ton frère qui vient la chercher.

MATHILDE.

Gustave est là ?... Je m'en vais... Viendras-tu nous voir, maintenant que tu es revenu à Paris ?

RENÉ.

Certainement.

MATHILDE, à Élisa

A bientôt. (A René). Je ne te dis pas adieu, alors.

Elle sort.

SCÈNE IV
ÉLISA, RENÉ.

RENÉ.

Comment allez-vous ?

ÉLISA.

Très bien, je vous remercie... Quand êtes-vous arrivé ?

RENÉ.

Ce matin.

ÉLISA.

Êtes-vous content de votre voyage ?

RENÉ.

Oui ; mon travail me sera utile sous plus d'un rapport. Je l'ai envoyé à M. de Cayolle, j'attends sa réponse... Et vous ?...

ÉLISA.

Vous ne me donnez pas la main ?

RENÉ, lui tendant la main.

Au contraire, et de grand cœur.

ÉLISA.

Avez-vous vu la comtesse ?

RENÉ.

Je sais qu'elle est de retour.

ÉLISA.

Depuis hier.

RENÉ.

Je vais la voir; elle est toujours bonne pour vous?

ÉLISA.

Plus que jamais. (Une pause.)

RENÉ.

Et votre père ?

ÉLISA.

Mon père va bien.

RENÉ.

Il est heureux ?

ÉLISA.

Oui... Il a pris avec ses créanciers des arrangements beaucoup plus avantageux pour lui que ceux qu'on lui proposait. Quand ils ont su qui j'épousais, ils ne sont plus venus nous demander de l'argent, ils sont venus nous en offrir.

RENÉ.

Le contrat n'est pas encore signé ?

ÉLISA.

Pas encore; on doit le signer dans deux jours.

RENÉ.

Quels sont vos témoins ?

ÉLISA.

M. Durieu et M. de Cayolle, à qui mon père a écrit, mais qui ne nous a pas encore répondu.

RENÉ.

Alors, c'est irrévocable?

ÉLISA.

Oui. (Une pause.)

RENÉ.

Nous ne nous verrons probablement plus beaucoup après votre mariage.

ÉLISA.

Pourquoi?

RENÉ.

Si j'ai la place que M. de Cayolle m'a fait espérer, j'habiterai la province.

ÉLISA.

Mais vous viendrez quelquefois à Paris?

RENÉ.

Le moins possible. Le travail va être ma grande distraction. Me permettrez-vous de vous offrir, comme le feront tous les gens qui vous aiment, mon petit cadeau de noces? Il ne sera pas brillant, car je ne suis pas riche, mais il vous rappellera un ami qui ne vous oubliera jamais. J'ai fait faire cette bien simple bague exprès pour vous; elle s'ouvre : il y a dessus le chiffre, et dedans des cheveux de ma mère.

ÉLISA, émue.

Oh! je ne m'en séparerai jamais. Votre mère était une sainte femme; je suis bien heureuse de ce souvenir; il me portera bonheur, j'en suis sûre.

RENÉ.

Elle vous rappellera les beaux projets que nous faisions dernièrement. Voilà ce que c'est que de prévoir les choses dix ans à l'avance.

ÉLISA, avec une émotion de plus en plus forte et qu'elle contient d'autant plus.

Ne parlons pas de cela, je vous en supplie. Laissez-

moi tout mon courage, dont j'ai si grand besoin... Adieu !
RENÉ.

Vous avez raison, adieu !

LA COMTESSE, entrant, à Élisa qui essuie ses yeux à la hâte.

Ma chère Élisa... ma couturière vous attend; elle veut vous essayer des robes que j'ai choisies moi-même; j'espère qu'elles vous plairont... il y en a une rose pour le contrat et une blanche pour l'église. Je veux que vous soyez belle comme un ange.
Elle embrasse Élisa, qui sort.

SCÈNE V

LA COMTESSE, RENÉ.

LA COMTESSE, à René.

Tiens, vous étiez là ! Voilà tout ce que vous dites aux gens que vous revoyez?

RENÉ.

Pardonnez-moi, je n'ai plus bien ma tête.

LA COMTESSE.

C'est la Sologne qui vous met dans cet état?

RENÉ.

Ne vous moquez pas de moi ; je ne suis pas en train de plaisanter.

LA COMTESSE.

Ni moi non plus ; j'ai un très grand chagrin...

RENÉ.

Vous !

LA COMTESSE.

Moi-même... Cela vous étonne?... Regardez-moi donc, je suis toute changée.

RENÉ.

C'est vrai, vous êtes un peu pâlie...

LA COMTESSE.

Je ne fais que pleurer depuis trois semaines.

RENÉ.

Que vous arrive-t-il donc?

LA COMTESSE.

C'est bien heureux que vous vous décidiez à me le demander. Il m'arrive un très grand malheur. D'abord, je suis ruinée.

RENÉ.

Ruinée!

LA COMTESSE.

Mais à peu près : il me reste cent mille livres de rente.

RENÉ.

Je le savais.

LA COMTESSE.

Et voilà toutes les consolations que vous m'offrez?

RENÉ.

Je ne peux pourtant pas m'attendrir sur votre sort parce que vous n'avez plus que cent mille livres de rente. Il ne fallait pas vous ruiner.

LA COMTESSE.

Je ne vous retiens pas, si vous n'avez que de ces choses-là à me dire.

RENÉ.

Pardon!

LA COMTESSE.

Qu'est-ce que vous avez?

RENÉ.

C'est mon cœur qui a fait une maladresse.

LA COMTESSE.

Vous aimez?

RENÉ.

Oui.

LA COMTESSE.

Et on ne vous aime pas?

RENÉ.

C'est cela.

UN DOMESTIQUE, entrant

Pour M. de Charzay.

RENÉ.

Pour moi... Vous permettez, comtesse?

LA COMTESSE.

Certainement...

RENÉ, lisant.

« Mon cher ami... on vient de me remettre votre travail, mais j'ai à vous parler de quelque chose de plus pressé en ce moment. Je suis en bas; je vois monter chez la comtesse quelqu'un avec qui je ne veux pas me trouver, surtout aujourd'hui : excusez-moi auprès d'elle, et tout à vous.

» DE CAYOLLE. »

RENÉ, au domestique.

C'est bien, j'y vais. (Le domestique sort.) Au revoir, comtesse.

LA COMTESSE, lui donnant la main.

Au revoir, mon ami.

LE DOMESTIQUE, annonçant.

M. Jean Giraud.

JEAN.

C'est moi qui vous fais sauver, monsieur de Charzay?

RENÉ.

Non pas; je sortais quand on vous a annoncé.

JEAN.

Mais nous nous reverrons?

RENÉ.

Certainement.

Il sort.

SCÈNE VI

JEAN, LA COMTESSE.

LA COMTESSE.

Quel beau portefeuille, monsieur Giraud! C'est un portefeuille de ministre.

JEAN.

On ne sait pas ce qui peut arriver! Mais, en attendant, mon portefeuille ne contient que des papiers personnels relatifs à mes affaires et mon contrat de mariage que je viens soumettre à mademoiselle de Roncourt.

LA COMTESSE.

Mon cher monsieur Giraud, dans combien de temps nous donnerez-vous la réponse de notre grande opération?

JEAN.

Dans huit jours, madame la comtesse.

LA COMTESSE.

Sur quelle somme puis-je compter?

JEAN.

Sur cent cinquante ou deux cent mille francs.

LA COMTESSE.

Et le capital que je vous ai remis me rapportera?

JEAN.

Pour être prudent, de dix à quinze mille francs par mois.

LA COMTESSE.

Notre première opération faite, je mettrai chez vous le

reste de ce que j'aurai réalisé, et, dans le cas même où je n'habiterais plus la France...

JEAN.

Cela ne ferait rien du tout. D'ailleurs, M. de Roncourt ne serait-il pas toujours là pour surveiller vos intérêts? N'oubliez pas le fameux emprunt que vous m'avez promis, madame la comtesse.

LA COMTESSE.

Soyez tranquille... je n'oublie jamais.

Elle sort.

JEAN, feuilletant ses papiers. — Seul.

Voyons, voyons... Écrivent-ils assez mal, ces clercs de notaire!

Élisa entre.

SCÈNE VII

ÉLISA, JEAN.

ÉLISA.

Vous m'avez fait demander, monsieur Giraud?

JEAN.

Non pas, mademoiselle, non pas. Je vous ai fait dire seulement que je désirais causer avec vous de nos petites affaires. Nous sommes assez grands tous les deux pour les traiter nous-mêmes, et je veux vous soumettre notre contrat que je viens de prendre chez mon notaire, et recevoir vos observations avant qu'il soit mis au net.

ÉLISA.

Ce contrat ne me regarde pas, monsieur; je n'apporte rien, vous apportez tout. Ce que vous ferez sera bien fait.

JEAN.

Vous m'apportez beaucoup, au contraire. Vous m'apportez la grâce, l'esprit, le goût, les relations du monde, le bonheur enfin. Tout cela est sans prix et je ne le payerai jamais ce que cela vaut. Voyons. « Par-devant maître... ont comparu M. Jean Giraud, banquier, d'une part, et mademoiselle Élisa de Roncourt; lesquels, dans la vue du mariage projeté entre eux, ont arrêté de la manière suivante les conditions civiles de cette union : — Article Ier. — Il y aura séparation de biens entre les époux... » Votre père m'a dit que vous désiriez que nous fussions mariés sous ce régime.

ÉLISA.

Oui, monsieur; j'ai tenu à cette clause pour votre garantie personnelle.

JEAN.

« La future aura l'administration de ses biens et la jouissance de ses revenus.

» Article II. — Apport de la future :

» Mademoiselle de Roncourt apporte en mariage et se constitue personnellement en dot :

» 1° Un trousseau à son usage, dentelles, cachemires, etc., estimé. . . . . 50 000 francs.
» 2° Bijoux, diamants, estimés . . . . 100 000 —
» 3° Une somme de un million en bonnes valeurs. »

ÉLISA.

Pardon, monsieur, pardon, je ne comprends pas.

JEAN.

C'est pourtant bien simple! je vous reconnais un million de dot...

ÉLISA.

Monsieur...

JEAN.

Notre contrat est rédigé, sauf les noms, exactement comme celui de la duchesse de Riva.

ÉLISA.

La duchesse apporte réellement un million, tandis que moi...

JEAN.

Mais l'homme qu'elle épouse n'apporte rien, ça revient toujours au même, et elle lui reconnaît trois cent mille francs. Il se peut que nous nous séparions un jour, pour une cause ou pour une autre; il ne faut pas que vous soyez à la discrétion de votre mari. Il n'y a pas de mal que, de temps en temps, les grands seigneurs apprennent des parvenus comment il faut se conduire en certains cas.

ÉLISA.

Il est bien triste, monsieur, dans quelque condition que se fasse un mariage, de prévoir, avant que le contrat soit signé, la possibilité d'une séparation.

JEAN.

En affaires, il faut tout prévoir. Et puis je peux mourir. Je ne veux pas que vous ayez la moindre contestation avec mes parents, qui n'ont pas sur l'argent les mêmes idées que moi. Je meurs, les enfants héritent, vous reprenez votre dot, personne n'a rien à dire, et vous n'êtes pas forcée de vous marier une seconde fois.

ÉLISA.

Si le malheur veut que vous mouriez le premier, monsieur, ce sera à vous d'avoir pris les dispositions que vous aurez cru devoir prendre, mais en dehors de moi. Cette aumône préventive et magnifique m'humilie et me blesse. Dans la position où je suis, j'accepte déjà trop pour accepter davantage. Il faut rayer cette clause, je vous en prie, je le veux...

JEAN.

Mais si cette clause est autant à mon avantage qu'au vôtre?

ÉLISA.

C'est autre chose, alors.

JEAN.

Mon Dieu, oui : je suis dans les affaires ; je les fais sur

une grande échelle; l'échelle peut casser. Il est bon que, dans ce cas, je retrouve par terre une bonne somme qui m'aide à me relever. Avec un million, on vit modestement, mais enfin on vit, ou l'on peut tenter de nouveau la fortune. Si je suis ruiné, si je perds plus que je ne possède, car on ne sait jamais, vous réclamez votre dot et les créanciers n'ont rien à dire.

ÉLISA.

C'est vrai! Je suis bien heureuse de votre franchise, monsieur Giraud, je m'explique enfin votre mariage.

JEAN.

Oui. Vous aviez peur que je ne fusse un mari ordinaire, un vrai mari jaloux, exigeant; je comprends cela. Soyez tranquille : nous autres hommes d'argent, qui ne pouvons pas avoir d'amis véritables, ce que nous demandons surtout à notre femme, c'est d'être notre amie. — Des femmes, il y en a partout, mais celle qui nous convient est difficile à trouver.

ÉLISA.

Oui, votre femme doit être un autre vous-même.

JEAN.

Il faut encore qu'elle soit assez honnête pour ne pas se sauver un beau jour avec l'argent que nous sommes forcés de mettre sous son nom. C'est arrivé quelquefois. Je ne dis pas ça pour vous. Du reste, vous allez être très riche de votre chef; il y a une foule d'opérations que vous...

ÉLISA.

Mais, dites-moi, monsieur Giraud, dans le cas où nous ferions de mauvaises affaires?

JEAN.

Eh bien, je vous l'ai dit, nous retrouverions toujours votre dot...

ACTE QUATRIÈME.

ÉLISA.

Et alors tant pis pour les créanciers! C'est que, vous savez, moi, je suis la fille d'un homme qui s'est dépossédé pour payer les siens, ou plutôt ceux de son frère.

JEAN.

Ce n'est pas la même chose. Des créanciers de Bourse, d'ailleurs, ça ne compte pas; la loi refuse de les reconnaître.

ÉLISA.

C'est juste. Mais, s'ils attaquent mon contrat, que répondrai-je?

JEAN.

Que vous tenez votre dot de votre père.

ÉLISA.

Mais mon père est sans fortune.

JEAN.

Il n'est pas sans fortune, il a une position: il est intendant de la comtesse.

ÉLISA.

Si l'on allait dire qu'il a volé pour doter sa fille?

JEAN.

On laisse dire. L'important est d'avoir la loi de son côté. Mais, du reste, nous ne ferons que des opérations très honnêtes et très sûres. Il faut que je vous dise encore...

ÉLISA, se levant.

C'est inutile, monsieur.

JEAN.

Pourquoi cela?

ÉLISA.

Je n'ai pas besoin d'en entendre davantage. Quand je pense que vous auriez pu ne me dire tout ce que je viens d'entendre qu'après notre mariage! Qu'est-ce que je serais devenue?

Elle déchire le contrat.

JEAN.

Qu'est-ce que vous faites?

ÉLISA.

Je déchire ce contrat.

JEAN.

Vous ne voulez plus être ma femme?

ÉLISA.

Pour qui me prenez-vous?

JEAN, se levant.

Madame!

RENÉ, qui est entré pendant la fin de la scene à Elisa.

Retournez auprès de la comtesse : cet homme va vous insulter; c'est inutile, je me charge du reste.

ÉLISA.

René!

RENÉ.

Ne craignez rien.

Il la reconduit jusqu'à la porte de sa chambre. Elle sort.
René revient à Jean qui se dispose à sortir. Il lui tape sur l'épaule.

SCÈNE VIII

RENÉ, JEAN.

JEAN, se retournant.

Bon! voilà l'autre. — Ah! c'est vous?

RENÉ.

Oui.

JEAN.

Vous étiez là. Vous avez entendu?

RENÉ.

Parfaitement.

JEAN.

Eh bien, comment trouvez-vous l'histoire? Elle est bonne, hein? une fille qui a...

RENÉ.

Qui a aimé et qui vous en a fait loyalement l'aveu.

JEAN.

Aimé! aimé! nous savons bien qu'une fille dans sa position n'a pas le droit de dire ce qu'elle dit; si on l'épouse, c'est bien le moins qu'elle serve à quelque chose.

RENÉ.

Épousez mademoiselle Flora, alors.

JEAN.

Monsieur!

RENÉ.

Mademoiselle de Roncourt, éclairée par sa seule conscience, a rejeté loin d'elle votre nom et votre fortune. Je revenais exprès pour lui apprendre tout ce qu'elle ne savait pas. On vient de me donner sur vous les détails les plus précis. Vous êtes un voleur!

JEAN.

Vous m'insultez!

RENÉ.

Croyez-vous? Vous avez commencé votre fortune en jouant avec un dépôt d'argent qui vous avait été confié par une femme dans une position telle, qu'un scandale public lui était interdit...

JEAN, se retournant pour s'en aller.

Ce n'est pas vrai; et puis je le lui ai rendu, son argent...

RENÉ, le retenant.

Ne bougez pas. Vous avez disparu une fois de la

Bourse sans payer. Vous êtes de ceux qui la déshonorent.

JEAN.

J'ai payé depuis.

RENÉ.

Et les actionnaires des mines que vous aviez découvertes, dont vous avez racheté les actions à soixante-quinze pour cent au-dessous du prix d'émission, qu'en dites-vous ?

JEAN.

Les actionnaires !... Ils ont été bien heureux.

RENÉ.

Et vous avez gagné trois millions dans cette affaire ! Écoutez bien, maintenant : vous avez entre les mains des sommes importantes à madame Savelli et à M. Durieu ; comme il est inutile que vous leur emportiez leur argent, vous allez leur rendre ces sommes et vous ne reparaîtrez plus ici.

JEAN.

Vraiment ! C'est vous qui avez arrangé ça ?

RENÉ.

Oui.

JEAN.

Et si je n'y consens pas, moi ?

RENÉ.

Je vous y contraindrai bien.

JEAN.

Comment, s'il vous plaît ?

RENÉ.

Je vous démasquerai.

JEAN.

Et les preuves ?

ACTE QUATRIÈME.

RENÉ.

Ma parole suffira.

JEAN.

Allons donc!

RENÉ.

Je vous souffletterai alors.

JEAN.

Ce sera une lâcheté : je ne me battrai pas. Est-ce que vous croyez que je serai assez bête pour me faire tuer par vous? Dix millions contre soixante mille francs; la partie ne serait pas égale, mon cher monsieur. Vous voulez du bruit, on en fera. Vous direz que j'ai volé, je dirai que ce n'est pas vrai, et je le prouverai; et j'ajouterai que vous me cherchez querelle parce que je n'ai pas voulu épouser mademoiselle de Roncourt, dont vous avez été l'amant!

RENÉ, levant la main.

Misérable!

JEAN.

Ne me touchez pas; j'appelle! Vous m'ennuyez, à la fin! Qu'est-ce que je vous ai fait, moi? J'ai essayé par tous les moyens possibles de vous rendre service, vous ne m'avez jamais dit que des choses désagréables. J'en ai assez, de vos sermons! J'ai bien vu le rôle que vous vouliez me donner, en me faisant épouser mademoiselle de Roncourt. Me suis-je plaint? Je n'ai rien dit. Elle ne veut plus de moi, je ne veux plus d'elle, cela ne vous regarde pas, et je me moque de vous. Vous ne pouvez rien contre moi; vous ne me ferez chasser ni de chez la comtesse, ni de chez M. Durieu, parce qu'ils ont besoin de moi tous les deux, parce que, dans votre monde comme dans les autres, l'intérêt passe avant tout, parce que je suis leur Argent enfin, et qu'on ne met jamais son argent à la porte. Là-dessus, ne vous mêlez pas plus de mes affaires que je ne me mêle des vôtres, et vous n'entendrez plus parler de moi. J'ai bien l'honneur de vous saluer. (Il sort.)

<small>René va prendre son chapeau. Il reste un instant pensif, puis il marche résolument vers la porte pour rejoindre Jean Giraud. Au moment où il va sortir, Élisa se met entre la porte et lui.</small>

ÉLISA.

Laissez cet homme. Je suis si heureuse de ne pas être sa femme.

ACTE CINQUIÈME

Chez Durieu.

SCÈNE PREMIÈRE
DURIEU, MADAME DURIEU.

DURIEU, sortant de sa chambre.

Je vous cherchais, chère amie !

MADAME DURIEU.

Je rentre à l'instant...

DURIEU.

Vous allez me donner votre avis...

MADAME DURIEU.

Sur quoi ?...

DURIEU.

Voici le fait : vous savez que Giraud est redevenu libre par suite de sa rupture avec les Roncourt ?

MADAME DURIEU.

Oui.

DURIEU.

Il a fait une démarche vers moi.

MADAME DURIEU.

Pour ?

DURIEU.

Pour me demander Mathilde.

MADAME DURIEU.

Que lui avez-vous répondu?

DURIEU.

Rien encore... Je voulais vous consulter...

MADAME DURIEU.

Moi?

DURIEU.

Vous. N'êtes-vous pas la mère de Mathilde?

MADAME DURIEU.

C'est vrai, mon ami, mais je me conformerai à votre décision.

DURIEU.

Ce n'est pas ce que je vous demande; je vous demande votre opinion pour me décider. Il y a trois partis : M. de Bourville, le cousin de la comtesse, l'homme de Batavia, et Giraud. Mathilde n'a pas de volonté, elle; quel est celui des trois que vous préférez?

MADAME DURIEU.

Il ne faut pas m'en vouloir, mon ami, mais je serais incapable de faire un choix. Ce n'est pas ma faute, c'est l'habitude qui me manque.

DURIEU.

Comment, l'habitude?...

MADAME DURIEU.

Depuis vingt-quatre ans que nous sommes mariés, vous avez toujours voulu diriger seul et vous-même vos enfants; c'était votre droit, je vous devais tout. Je me suis contentée, ne pouvant pas vous donner un conseil, de leur donner un exemple; c'est tout ce que j'ai pu faire. Cependant, Gustave n'a pas mené la vie qu'il devait mener, et, si votre fortune venait à lui échapper...

ACTE CINQUIÈME.

DURIEU.

Comment ma fortune lui échapperait-elle?

MADAME DURIEU.

Je n'en sais rien, mon ami, c'est une supposition. Vous êtes libre de disposer de votre bien comme bon vous semble, et, pour ma part, j'ai de si petits besoins, qu'en cas de malheur, je me contenterais de bien peu. Mais vous avez mis entre les mains de M. Giraud une somme importante, vous allez probablement lui confier le reste de vos capitaux, et signer même avec lui un acte de société.

DURIEU.

Je ne dois confier à M. Giraud que l'argent qu'il me fera gagner. Je ne cours donc aucun risque.

MADAME DURIEU.

Cependant, il a à vous cent cinquante mille francs en ce moment.

DURIEU.

Cent mille.

MADAME DURIEU.

Il dit cent cinquante mille partout. Vous voyez bien, en tout cas, que vous lui avez déjà confié une grosse somme qu'il ne vous a pas fait gagner.

DURIEU.

J'ai pris toutes les informations possibles, il n'y a pas de danger.

MADAME DURIEU.

Tant mieux; mais il a commencé par ne vous demander que quarante mille francs, et il est arrivé à vous en faire donner soixante mille de plus; prenez garde!

DURIEU, inquiet.

Est-ce que vous avez une raison de craindre que M. Giraud?...

MADAME DURIEU.

Je n'ai pas de raisons certaines. Nous autres femmes, nous sommes des créatures de sentiment plus que de raisonnement; ainsi je ne croirai jamais qu'il soit délicat en affaires d'intérêt, l'homme qui n'est pas délicat en affaires de cœur, et, à cette heure, M. Giraud se conduit très mal avec mademoiselle de Roncourt. — Croyez-moi, mon ami, tous les sentiments honnêtes se tiennent dans notre cœur, et celui qui se gâte gâte les autres. L'honneur n'a pas de nuances.

DURIEU.

Tout cela ne me dit pas ce que je dois faire avec Giraud.

MADAME DURIEU.

Vous devez vous retirer le plus poliment, le plus adroitement et le plus promptement possible, des combinaisons dans lesquelles il vous a engagé.

DURIEU.

Eh bien, je vais être franc avec vous : je n'ai jamais eu l'intention de m'associer avec M. Giraud.

MADAME DURIEU.

Vous le lui aviez promis cependant.

DURIEU.

Oui, parce que c'était le seul moyen qu'il me fît rattraper trente mille francs que j'ai perdus à la Bourse avant de le connaître.

MADAME DURIEU.

Et s'il vous fait perdre?

DURIEU.

Il n'est pas assez maladroit pour me faire perdre de l'argent, dans la première affaire que nous faisons ensemble. Pour la seconde, je ne dis pas non.

ACTE CINQUIÈME.

MADAME DURIEU.

Un pareil calcul est-il bien digne de vous?

DURIEU.

Enfin, c'est aujourd'hui le 30; c'est aujourd'hui que M. Giraud doit venir me rendre mes comptes.

MADAME DURIEU.

Vous en êtes sûr?

DURIEU.

Je l'ai vu hier; il m'a dit de l'attendre aujourd'hui à deux heures... Il est onze heures, ainsi...

MADAME DURIEU.

Voyons, mon ami, s'il vous est venu aujourd'hui cette bonne pensée de me consulter, c'est que vous avez enfin compris que je puis vous donner un bon avis dans une circonstance grave. Eh bien, voulez-vous faire ce que je vais vous dire et me rendre bien heureuse?

DURIEU.

Qu'est-ce que c'est?

MADAME DURIEU.

Courez chez M. Giraud tout de suite, et, avant même de connaître le résultat de son opération, reprenez tout simplement l'argent que vous lui avez confié, sans intérêts et sans bénéfices. Vous avez perdu trente mille francs, vous aurez perdu trente mille francs, voilà tout; mais, au moins, vous n'aurez pas à vous reprocher d'avoir trompé qui que ce soit. Rappelez-vous, mon ami, la rigidité proverbiale de votre père en matière d'argent. Est-ce à dire, parce que, depuis quelques années, il s'est produit des hommes nouveaux, qu'il doive en résulter une morale nouvelle? A mon avis, Durieu, on a le droit de perdre de l'argent avec certaines personnes, on n'a pas le droit d'en gagner, et l'honneur comme nous le comprenons, vous et moi, défend de tromper même qui nous trompe. Si M. Giraud tient ses engagements vis-à-vis de vous, quel que soit son but, il faudra tenir les vôtres vis-à-vis de lui, ou il sera en droit de dire que vous manquez à votre parole. Ce serait la première fois.

DURIEU.

Vous êtes décidément la meilleure créature que je connaisse.

MADAME DURIEU.

Non; mais j'ai un certain sentiment du devoir.

DURIEU.

Allons! je cours chez Giraud.

MADAME DURIEU.

A la bonne heure!

DURIEU.

Et, si je rentre dans mon argent, je fais le vœu...

MADAME DURIEU.

De?

DURIEU.

De donner ma fille à René, si elle l'aime toujours.

MADAME DURIEU.

Que vous êtes bon, mon ami!... Elle l'aime, elle m'a fait sa confidence...

DURIEU.

Et ce cousin de la comtesse?

MADAME DURIEU.

N'est qu'une invention.

DURIEU.

Ah! la petite rusée! Je m'en doutais.

MADAME DURIEU.

En revenant de chez M. Giraud, vous passerez chez M. de Roncourt, et vous le ramènerez, lui et sa fille, dîner avec nous.

DURIEU.

Vous êtes donc sûre?...

MADAME DURIEU.

Je suis sûre que, si je n'avais pas eu le bonheur de vous épouser, je serais restée fille comme Élisa, et qu'on aurait probablement dit sur moi ce qu'on dit sur elle.

DURIEU, embrassant sa femme.

Quand on pense que je vivais avec toi depuis vingt-quatre ans et que je ne te connaissais pas!...

MADAME DURIEU.

Eh bien, tu le vois, mon ami, il était encore temps de faire connaissance.

UN DOMESTIQUE, annonçant.

M. et mademoiselle de Roncourt!...

SCÈNE II

Les Mêmes, ÉLISA, DE RONCOURT.

DURIEU.

Bonjour, mon cher de Roncourt!

MADAME DURIEU, à Élisa.

Nous parlions de vous, chère enfant!

DE RONCOURT.

Je vous croyais malade, mon cher Durieu.

DURIEU.

Pourquoi?

DE RONCOURT.

Parce que je ne vous voyais plus, et que dans les circonstances où nous sommes, vous nous deviez une visite.

DURIEU.

J'ai été très occupé, cher ami; j'allais sortir et passer chez vous. Je suis enchanté de vous voir.

ÉLISA.

Et Mathilde?...

MADAME DURIEU.

Son père va lui dire que vous êtes là, et qu'elle vienne vous embrasser.

Élisa se jette au cou de madame Durieu.

DE RONCOURT, à Durieu.

Je ne vous retiens plus, cher ami; je sais tout ce que je venais savoir.

Il lui serre la main.

DURIEU.

Dans une demi-heure, je suis de retour.

Il sort.

SCÈNE III

Les Mêmes, hors DURIEU.

MADAME DURIEU.

La comtesse sort d'ici... Elle part donc encore?...

ÉLISA.

Elle va se marier.

DE RONCOURT.

Elle épouse, je crois lord Nofton.

MADAME DURIEU.

Qui est très riche?

DE RONCOURT.

Immensément riche!

MADAME DURIEU.

Est-ce que c'est un mariage d'argent?

DE RONCOURT.

Oh! non, il y a même déjà longtemps qu'ils pourraient être mariés; mais cela n'en arrive que mieux.

ACTE CINQUIÈME.

MATHILDE, entrant, à Élisa.

Je t'écrivais, quand mon père est venu me dire que tu étais là... Tu vas bien?...

ÉLISA.

Et que m'écrivais-tu?

MATHILDE, riant.

Toutes sortes de choses. Je vais te conter cela.

MADAME DURIEU.

Alors, tu nous renvoies?... Nous vous laissons ensemble. (A de Roncourt.) Venez, mon cher de Roncourt; vous qui avez été si souvent le confident de mes chagrins, je veux vous dire un bonheur qui m'arrive. (A Mathilde.) Mathilde!...

MATHILDE.

Maman?

MADAME DURIEU.

Si tu aimes toujours René, prépare-toi à un grand bonheur.

MATHILDE.

Quel bonheur?

MADAME DURIEU.

Ton père consent à ton mariage. Silence! Garde ta joie pour le moment où il te l'apprendra lui-même.

SCÈNE IV

ÉLISA, MATHILDE.

MATHILDE.

Élisa!

ÉLISA.

Mathilde?

MATHILDE.

Tu parais bien gaie.

ÉLISA.

Je suis contente de te revoir; je craignais que vous ne m'eussiez tous oubliée; je vois que je me trompais...

MATHILDE.

Me promets-tu d'être franche?

ÉLISA.

As-tu jamais eu à douter de ma franchise?

MATHILDE.

Non. Eh bien, réponds-moi : pourquoi n'épouses-tu point M. Giraud?.,.

ÉLISA.

Tu en es encore là?...

MATHILDE.

Oh! je t'en prie... ne plaisante pas là-dessus!...

ÉLISA.

Parce que?

MATHILDE.

Parce que les autres ne plaisantent pas.

ÉLISA.

Que veux-tu dire?

MATHILDE.

Je veux dire qu'il a été beaucoup parlé de cette rupture. Une femme qui n'est pas méchante disait devant moi : « Voilà déjà deux mariages que manque mademoiselle de Roncourt; il faudra que son mari, si elle en trouve un maintenant, soit bien honorable pour faire oublier les deux autres. »

ÉLISA.

Cette dame avait raison : c'est bien assez de deux mariages manqués dans la vie d'une femme, et j'ai renoncé à toute nouvelle tentative de ce genre. Je ne me marierai jamais.

MATHILDE.

Tu te marieras, au contraire; il le faut. C'est devenu indispensable pour ton honneur et pour l'honneur de ceux qui t'aiment.

ÉLISA.

Qui est-ce qui m'aime?

MATHILDE.

Moi!

ÉLISA, riant.

Tu ne peux pas m'épouser...

MATHILDE.

Je t'en supplie, ne ris plus. Il est impossible que tu sois aussi gaie que tu affectes de l'être : ton rire est faux; il te fait mal et à moi aussi. Réponds-moi... pourquoi n'as-tu pas épousé M. Giraud?

ÉLISA.

Parce que nous avons craint de ne pas être heureux ensemble.

MATHILDE.

Ou parce que tu en aimais un autre.

ÉLISA.

Personne.

MATHILDE.

Tu me trompes : le jour même de ta rupture avec M. Giraud, en causant avec toi, j'ai prononcé un nom; je t'ai fait part de mes projets, tu n'as pu retenir tes larmes. Ce jour-là, René est arrivé, tu m'as défendu de lui dire ce qui s'était passé, et, une heure après, tu rompais avec M. Giraud. Ce que personne ne devine, je le sais, moi : tu aimes René.

ÉLISA.

Non.

MATHILDE.

Et René t'aime.

ÉLISA.

Tu es folle!

MATHILDE.

Aujourd'hui, tu te contiens mieux que l'autre fois; mais je sais à quoi m'en tenir. Je ne te demande donc plus si tu aimes René, je te demande de me prouver que tu es mon amie : j'aime René, moi, tu le sais? Eh bien, il m'arrive un grand bonheur : mon père consent à mon mariage avec lui. Si René ne t'a jamais dit qu'il t'aimait, si tu ne lui as jamais avoué ton amour, tais-toi pour moi, sacrifie-toi, je t'en supplie, ne lui laisse jamais voir que tu l'aimes.

ÉLISA.

Je te jure, Mathilde, qu'il n'en a jamais rien su, et qu'il n'en saura jamais rien.

MATHILDE.

Ah! tu vois bien que j'avais deviné.

ÉLISA.

Mathilde...

LE DOMESTIQUE, annonçant.

M. René de Charzay!

ÉLISA.

Lui? Oh! je ne veux pas qu'il me voie!

Elle sort.

SCÈNE V

RENÉ, MATHILDE.

MATHILDE, allant au-devant de René.

D'où arrives-tu?

ACTE CINQUIÈME.

RENÉ.

J'arrive du bureau de M. de Cayolle, qui devait me rendre une réponse définitive aujourd'hui.

MATHILDE.

Tu as une place ?

RENÉ.

Oui, depuis dix minutes.

MATHILDE.

De combien ?

RENÉ.

De quatre mille francs.

MATHILDE.

Alors je t'ai donné un bon conseil ?

RENÉ.

Oui.

MATHILDE.

Et tu venais pour nous apprendre cette nouvelle ?

RENÉ.

J'avais d'abord été chez M. de Roncourt; on m'avait dit qu'il était ici.

MATHILDE.

Avec Élisa! Ils sont là, en effet... Attends un peu... Tu es maintenant en position de te marier, n'est-ce pas?...

RENÉ.

Oui.

MATHILDE.

Eh bien, fais une bonne œuvre. M. Giraud a calomnié Élisa; j'affirme, moi, qu'elle est une honnête fille, mais il lui faut plus que jamais le nom d'un homme estimable; épouse Élisa.

RENÉ.

Tu m'avais deviné, Mathilde, je venais...

MATHILDE.

Tais-toi donc, maladroit! laisse-moi donc croire que c'est moi qui ai eu cette idée-là, comme j'ai eu l'autre que tu as déjà suivie; laisse-moi donc croire que tu n'aimes pas Élisa autrement que comme une amie, que tu ne l'épouses que par dévouement, et que tu sacrifies à son honneur le bonheur que j'aurais pu te donner, puisque...

RENÉ.

Puisque?

MATHILDE.

Puisque aujourd'hui mon père consent à notre mariage.

RENÉ, la prenant dans ses bras.

Mathilde, tu es un ange!

MATHILDE.

Je le sais bien.

SCÈNE VI

Les Mêmes, DURIEU, puis DE RONCOURT, MADAME DURIEU, ÉLISA.

DURIEU, entrant.

C'est ça, embrassez-vous... Vous êtes bien heureux de n'avoir que ça à faire. Il se passe de jolies choses...

MATHILDE.

Quoi donc?

DURIEU.

Va chercher ta mère, va chercher Élisa, va chercher tout le monde.

Mathilde sort.

ACTE CINQUIÈME.

RENÉ.

Que vous arrive-t-il ?

DURIEU.

Tu vas voir... (Tout le monde entre.) Vous êtes tous là ?

MATHILDE.

Oui.

DURIEU.

Vous êtes attentifs ?...

DE RONCOURT.

Nous sommes attentifs...

DURIEU.

Préparez-vous... Giraud a filé !

TOUS.

Giraud !

MATHILDE, à Élisa.

Oh ! ma pauvre Élisa, quel bonheur pour toi !

RENÉ.

Vous êtes sûr du fait ?

DURIEU.

Trop sûr.

DE RONCOURT.

Qui vous l'a dit ?

DURIEU.

Tout Paris.

RENÉ.

Cela m'étonne bien.

DURIEU.

Cela t'étonne, toi ? Je te remercie.

RENÉ.

Oui, je le croyais plus malin ; avec un peu de patience, il vous aurait ruiné complètement.

DURIEU.

C'est pourtant assez malin d'emporter six cent cinquante mille francs, rien qu'à deux personnes. Il est vrai que l'une des deux y est pour cinq cent mille francs. C'est la comtesse qui ne doit pas rire...

MADAME DURIEU.

Tu vois, mon ami, que je ne m'étais guère trompée.

MATHILDE, embrassant Durieu.

Mon pauvre papa... nous t'aimons bien!

DE RONCOURT, lui serrant la main.

Cher ami!

DURIEU.

C'est ça... allez-y... En avant les phrases toutes faites pour ces circonstances-là!... Si vous croyez que je ne me suis pas dit tout ce que vous pouvez me dire... et que c'était bien prévu... et que j'ai voulu gagner trop d'argent... et que c'est bien fait, et que je suis un imbécile... Parbleu! je sais tout cela aussi bien que vous.

MATHILDE.

Il y a peut-être encore de l'espoir.

DURIEU.

Bon! voilà le tour de l'espoir.

MADAME DURIEU.

Dame!... mon ami, on te dit ce qu'on pense... Après tout, ce n'est pas notre faute.

DURIEU.

Et ça se termine par des reproches... C'est toujours la même chose.

RENÉ:

Enfin que s'est-il passé?

DURIEU.

Giraud jouait à la hausse, la baisse a eu lieu; il a

ACTE CINQUIÈME.

perdu trois millions dans une Bourse; il n'a pas payé, et il est parti hier avec notre argent : c'est d'une simplicité évangélique.

DE RONCOURT.

Êtes-vous allé chez lui?

DURIEU.

Parbleu!

DE RONCOURT.

Eh bien?

DURIEU.

Il n'a pas reparu depuis hier, et les commis et les domestiques faisaient des figures...

RENÉ.

Et leurs paquets.

DURIEU.

Eh bien, allons! faisons des mots, faisons de l'esprit; je suis en train, moi!

MADAME DURIEU.

Êtes-vous allé à la Bourse?

DURIEU.

J'y suis allé, la débâcle était connue, et tout le monde enchanté. On m'en a dit sur lui, ah! Il paraît qu'à une liquidation, il a reçu des soufflets.

DE RONCOURT.

Qu'est-ce qu'il a fait, alors?

RENÉ.

Il s'est fait reporter.

DURIEU, exaspéré.

Continue... Ce qui me rend furieux, ce n'est pas tant la perte, mais c'est d'avoir été mis dedans... aussi facilement par ce gredin-là... Je donnerais dix mille francs!...

RENÉ.

Pour rentrer dans les cent quarante mille autres.

DURIEU, reprenant son chapeau.

Vous comprenez que, du moment que c'est un parti pris de me plaisanter,... je vais aller voir la comtesse. Elle perd un demi-million, elle ne plaisantera pas, elle...

LE DOMESTIQUE, annonçant.

Madame la comtesse Savelli.

SCÈNE VII

LES MÊMES, LA COMTESSE.

DURIEU, à la comtesse.

Eh bien?

LA COMTESSE, riant.

Eh bien, nous sommes volés!

DURIEU.

Vous riez aussi, vous, comtesse?

LA COMTESSE.

Mon cher monsieur Durieu, je crois que c'est ce qu'il y a de mieux à faire. (Montrant Élisa.) Voilà une noble et digne jeune fille dont nous avons douté un instant parce qu'un misérable avait porté une accusation sur elle; il nous emporte notre argent, c'est bien joué... et la punition est encore au-dessous de la faute. J'y perds beaucoup; mais j'aimerais mieux perdre le reste de ce que je possède, que de douter une seconde d'une honnête femme.

Elle embrasse Élisa.

DURIEU.

C'est bien vrai, ce que vous me dites là... Mais est-ce qu'il n'y aurait pas moyen de lui faire quelque chose, à ce coquin?

LA COMTESSE.

Où le prendre maintenant? Et quand même, nous n'avons rien à gagner à traîner nos noms devant un tribunal, à côté du nom de M. Giraud, sans compter qu'il trouvera toujours un avocat pour nous dire des choses désagréables. Je crois que le meilleur parti à prendre, c'est de nous taire. C'est une leçon, elle coûte cher, mais elle profitera, d'autant plus qu'elle était prévue... le dénouement est écrit partout, c'est toujours le même ; mais chacun de nous croit toujours être plus fin ou plus heureux que les autres. J'ai eu des renseignements par le ministère. M. Giraud s'est embarqué ce matin au Havre ; il vogue vers l'Amérique. Bon voyage! c'est un voleur de plus dans le monde, dans le nouveau monde.

LE DOMESTIQUE, annonçant.

M. Jean Giraud.

TOUS

Jean Giraud!

SCÈNE VIII

LES MÊMES, JEAN.

JEAN, entrant et saluant.

Mesdames, messieurs, mon cher monsieur Durieu... madame la comtesse.

DURIEU.

Comment! c'est vous?

JEAN.

Oui, c'est moi. Qu'est-ce que vous avez? Est-ce que vous ne m'attendiez pas? Ne vous avais-je pas donné rendez-vous pour deux heures, aujourd'hui?...

DURIEU.

C'est vrai.

JEAN, tirant sa montre.

Eh bien, deux heures moins cinq. Je suis en avance; mais, quand il s'agit d'affaires, on n'est jamais trop exact. (Tirant des papiers de sa poche.) Eh bien, l'opération a réussi comme je l'espérais. Vous m'aviez confié cinq cent mille francs, madame la comtesse. (Lui remettant un papier.) les voici en un bon sur la Banque, tel que vous me l'avez remis; plus deux cent mille francs de bénéfice en un autre bon. Mon cher monsieur Durieu, voici votre compte à vous : cent cinquante mille francs de capital, que voici, plus cinquante mille francs de gain. J'ai tenu tous mes engagements, je crois; à vous, mon cher monsieur Durieu, de tenir les vôtres, et, le mois prochain...

LA COMTESSE et DURIEU, ensemble.

Monsieur... Je dois vous dire...

DURIEU.

Pardon, comtesse, commencez !...

LA COMTESSE.

Je crois que nous allions dire la même chose. (Remettant à Giraud le bon de deux cent mille francs.) Je n'accepte pas ce bénéfice, monsieur...

DURIEU, avec un soupir.

Ni moi le mien. (A madame Durieu.) Chère amie, veux-tu faire le compte des intérêts de cent cinquante mille francs pendant un mois, à 5, et tu enverras toucher cette petite somme chez M. Giraud?

MADAME DURIEU.

Oui, mon ami.

JEAN.

Je ne comprends pas.

LA COMTESSE.

Le bruit s'est répandu aujourd'hui que vous aviez disparu avec l'argent que nous vous avions confié...

ACTE CINQUIÈME.

JEAN.

J'étais au Havre! Je n'ai donc plus le droit d'aller au Havre?

DURIEU.

Il paraît que non!

JEAN.

C'est trop fort. Eh bien, voici la vérité : je n'ai pas quitté Paris. C'était une malice de Bourse pour vous faire gagner de l'argent. Qu'est-ce que vous en dites?

LA COMTESSE.

Nous en disons, monsieur, que nous ne sommes pas habitués à ces malices-là, et personne n'a douté que le fait ne fût vrai. Notre conscience nous interdit donc de continuer des relations avec vous, d'accepter des bénéfices de la main d'un homme dont la réputation, dans une circonstance aussi grave, n'a pas trouvé un seul défenseur.

JEAN.

L'opération par elle-même, je vais vous l'expliquer : elle est très honnête...

LA COMTESSE.

C'est inutile, monsieur ; une chose honnête n'a pas besoin d'être expliquée.

JEAN, regardant René.

Je vois d'où le coup part.

RENÉ.

Vous vous trompez, monsieur, je n'ai rien dit de ce que je savais : on m'aurait cru cependant. J'ai mieux aimé laisser la conscience du monde faire son œuvre toute seule. Vous venez de voir, monsieur, que pour certaines gens, les questions d'intérêt ne passent pas avant tout. Maintenant que je suis sans colère, je crois pouvoir vous donner sainement l'opinion du monde à votre égard : Vous n'êtes pas un homme méchant, vous êtes un homme intelligent qui a perdu dans la manipulation de certaines affaires la notion exacte du juste et de l'injuste, le sens moral enfin. Vous avez voulu acquérir la considération par l'argent, c'était le contraire que vous deviez tenter : il fallait acquérir l'argent par la considération. J'espère, je suis convaincu que vous ferez une grande fortune, qui vous dédommagera de ce que vous ne pourrez jamais obtenir. Mademoiselle de Roncourt vous pardonne; elle accepte les excuses que vous faites à madame de Charzay. Maintenant, monsieur, nous n'avons plus rien à vous dire, vous pouvez prendre votre chapeau et vous retirer.

Jean va pour parler, mais il fait un geste de dédain, hausse les épaules et prend un chapeau sur la table.

MATHILDE.

Vous vous trompez, monsieur, vous prenez le chapeau de mon père.

JEAN, avec fierté.

Je l'aurais rapporté, mademoiselle.

Il salue et sort.

SCÈNE IX

Les Mêmes, hors JEAN.

DE RONCOURT, à René.

Mon fils, je suis bien heureux.

DURIEU, à la comtesse.

Nous avons de la chance d'en être quittes à si bon marché !

MATHILDE, après avoir serré la main d'Élisa.

Décidément, mon père, j'épouserai M. de Bourville.

ACTE CINQUIÈME.

DURIEU.

Et le cousin de Batavia?

MATHILDE.

Oh! mon père, j'ai oublié de vous le dire : il est mort...

DURIEU.

Je le sais bien; comme il a vécu.

MADAME DURIEU, à son mari qui écrit.

Qu'est-ce que vous faites là, mon ami

DURIEU, l'embrassant.

J'écris à mon agent de change de m'acheter du 3.

FIN DU TOME DEUXIÈME

TABLE

LE DEMI-MONDE. 1

LA QUESTION D'ARGENT. 205

ÉMILE COLIN. — IMPRIMERIE DE LAGNY.

www.ingramcontent.com/pod-product-compliance
Lightning Source LLC
Chambersburg PA
CBHW060612170426
43201CB00009B/992